押井守監督が語る映画で学ぶ現代史

日経BP

押井守監督が語る　映画で学ぶ現代史

まえがき

映画は時代のタイムカプセルだ、という言葉には二つの意味があります。

一つは「映画を観たこと」あるいは「観た映画の記憶」がきわめて個人的な体験の一部であり、そのときどきの個人史を封入していると言う意味です。いつどこで誰と観て、その感想を誰とどのように語り合ったのか。その記憶を辿ることで、自分が生きたある特定の時代をたぐり寄せることができる、という意味で映画は個人の（多分に情緒的な）記憶を封入したタイムカプセルなのです。さらにもう一つの意味として、映画は――とりわけエンタテインメントとして制作された映画は、それが公開された時代の風俗や世相を、かなり正確に反映するものであり、さらに言うならその特定の時代の「無意識の欲望」とでもいうべき価値観を、登場人物や設定や物語の中に潜ませているものなのです。

私たちが昔の映画を――特にひと昔前の邦画を観るときに覚える気恥ずかしさ、お尻がムズムズするような、あの妙な気分は、実は通り過ぎてきた過去の日本の社会が抱えていた価値観や、かつての自分自身の欲望と向き合った時の居心地の悪さに由来します。懐かしさとはまた違う、今となっては口にするのも憚られるような願望や、それなりにひたむきだった情熱が、突然目の前に具体的な姿をもって現われたときの、あの何とも言えない面映ゆい気分――それこそが、過去の日本映画を観ることの現在における意味なのです。

映画という表現は、その意味できわめて即物的であり、ある意味では残酷な表現である、とも言えます。これが小説や音楽であれば――せめて洋画ならばともかく、なにしろ時代の顔そのものである日本人の俳優が、その時代の欲望を秘めた物語を全力で演じているのですから、どこにも逃げ場というものがありません。あの時代にあれだけカッコ良かった登場人物たちが、今となっては突っ込みどころ満載の勘違い人間にしか見えないとするなら、それはそのまま、私たち自身がその時代に演じた勘違いの物語であるからにほかなりません。

映画というタイムカプセルを開けるということは、そういうことなのです。

過去の映画を懐かしみたいのなら、その記憶を語るに留めておくべきであり、掘り出して白日の下に晒すなどという行為は厳に慎むべきでしょう。

何を物好きな、そのまま埋めとけ、の一言で済ませておけば良いのです。

がしかし、少し見方を変えて、気恥ずかしい風俗や世相の向こう側に、かつての日本が追い求めていたもの、そのナマの姿を思い描こうとするなら、映画ほど格好のサンプルはほかにありません。現代史やら評論やらとはまた趣が異なり、なにしろ虚構として極大まで誇張された時代の欲望が、面白おかしく、時に感動的に描かれているのですから、生半可な体験では済まされません。

いかに勘違いであったとしても、一所懸命に演じたことは確かなのですから。

戦後の復興から始まって高度経済成長、所得倍増の時代を経てバブルを膨らまし、弾けさせてそのまま現在の停滞に至る、その筋道をあれこれの映画とともに辿ることができるはずです。本書はそのためのお気楽なガイドブックですから、どこから読んでもらっても構いませんが、読者それぞれの世代に合致したところから読み進み、さらに時代を遡って戴ければ、日本という社会が戦後75年間に何を追い求め、何を勘違いしてきたかを何となく得心してもらえる仕掛けに――少なくとも、それを考える一助になっているはずです。そこから翻って、現在ただいまの日本が何を勘違いしているのかを考えるためにも、少しは役立つかもしれません。

良くしたもので（あるいは若干マズいことに）現在ただいまの日本では、それを望むなら、およそ思いつく限りの映画を配信やレンタルで視聴することが可能な世の中になっています。本文に登場した映画作品は現在視聴可能な作品から選ばれていますので、本書と併せて鑑賞して戴ければ、考えるところも楽しむことも倍増すること請け合いです。

よろしくお楽しみください。

押井守

※文中では敬称を略させていただきました

Contents

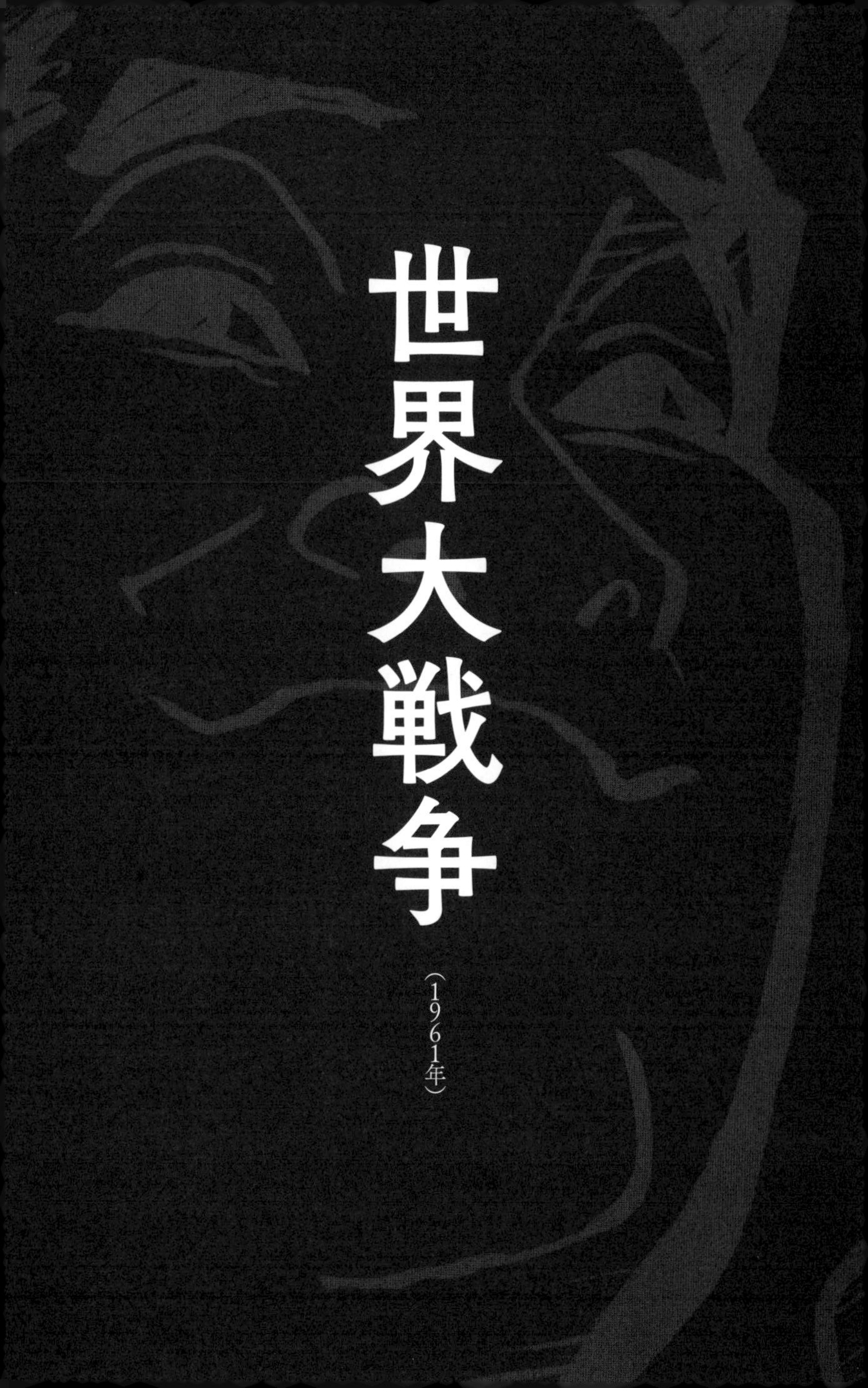

世界大戦争

（1961年）

映画は「時代の不安」のタイムカプセルだ

終戦から16年後の日本が「連邦国」と「同盟国」との争いに巻き込まれていく中、アメリカ・プレス・クラブの運転手、田村茂吉（フランキー堺）とその一家が理不尽な運命に翻弄される様を描く。世界中の都市が核で破壊される特撮シーンは必見。監督：松林宗恵。

――押井監督、よろしくお願いします。聞き手の野田です。今回のテーマは「歴史」なんですが、押井監督は以前「文化は歴史の忘却装置だ」とおっしゃっていましたね。

押井：もう少し補足するなら「今現在、文化は歴史の忘却装置にしかなっていない」という話。僕が主張したいのは「文化は歴史の忘却装置であっていいのか？」ということなんだよ。

――「あっていいのか？」とのことですが、忘却装置であってはいけないんでしょうか。

押井：「嫌な日常を忘れて、エンタメを楽しみたい」という気持ちはわかるよ。開放感を味わいたいとか、カタルシスを味わいたいとか、誰かの夢いっぱいの人生を追体験して、たどってみたいとか。それはもちろん映画の基本的な機能だから。だけどそれだけになってしまって、浮き世

のことを忘れる「忘却装置」になっていいわけではないんじゃないかと。

――現状、そうなっていますかね。

押井：典型的なのが「戦争」という歴史だよ。日本は「第二次世界大戦を忘れよう」としながら戦後文化を築いてきたわけだから、まさに「文化は歴史の忘却装置」になっている。

　例えば日本の実写映画は、歴史……というか、歴史の経過で生まれた「社会の中にある不安」と向き合うことをかなり前にやめてしまった。だから今では「戦争」を描くことができなくなっている。それで、日本の実写映画では「反戦」映画しか作れないんだよ。

――映画に限らず、「戦争」を話題にすること自体が不謹慎だという空気はありますね。

押井：その一方でアニメでは実写に比べて方便が成立しやすい。「ファンタジーだ」と言えば戦争を描いても成立するからね。だから「機動戦士ガンダム」（TVアニメ／1979〜80）がミリタリー（戦争）のジャンルに道を開いて、その後にも様々な「戦争」を描くアニメが現れた。「風の谷のナウシカ」（1984）なんて、戦争そのものを描いてるけど、誰も「不謹慎だ」なんて言わないでしょ。

――確かに。

押井：同じ年に公開された「超時空要塞マクロス　愛・おぼえていますか」（1984）だって戦争映画だし、その年に僕の作った「うる星やつら2　ビューティフル・ドリーマー」（1984／以下、「ビューティフル・ドリーマー」）だって、そういう意味でいえば、「戦争」がテーマなんだよ。

――えっ、「ビューティフル・ドリーマー」は、どの辺が「戦争」なんでしょうか？

押井：あれは端的に言うと、戦後の焼け野原だよ。僕が子どものころから妄想している、ポストアポカリプス（黙示録の後）の世界。それにハリアー（イギリスの戦闘機）もレオパルト（ドイツの戦車）も出てくるし。おまけに劇中で「ゴジラ」（1954）も上映してるじゃん。

――なるほど！　言われてみれば確かにそうですね。

押井：いまだに「戦争」を描いているのは、日本映画ではほぼアニメだけと言ってもいい。それ以外はほぼ全滅だよ。

「忘れたいものがある」から、そのためにテレビを見よう、映画を見よう、という人が多いんだろうけど、見る側はともかく作る側がそれじゃダメなんだよ。

――なぜですか。

映画はエンタメとして「時代の不安」を記憶する

押井：観客には「自分が抱えている不安を、具体化、形象化してほしい」という気持ちがどこかに必ずあるからだよ。

能天気でありたいけれど、能天気なだけでは生きていけない。現代はそういう意味では生きるのがしんどい時代になったよね。右肩上がりにどんどん豊かに良くなると思っていた高度成長期やバブルの時代はとうに終わって、「悪くなるかもしれない、いや、悪くなりそうだ」という時代なんだから、特に若い人には不安の影がすごく濃いでしょ。

――はい、それは感じます。

押井：そういう観客の中にある「無意識の不安」の影を探り当てて、エンターテインメントにするのが我々の仕事なんだから。

――そういう意味では、不安の影を探り当てたら、それはヒット作になるし、ビジネスにもつなげることができるということですね。

押井：そう。例えば「アイアンマン」や「キャプテン・アメリカ」、「アベンジャーズ」なんかの

MCU（マーベル・シネマティック・ユニバース）が大ヒットを続けている背景には、間違いなく意図的に、「アメリカ（アメリカ合衆国、以下本書では「アメリカ」）の社会が抱える不安」を練り込んでいることがある。はっきり「そういう映画」になっているのは「キャプテン・アメリカ／ウィンター・ソルジャー」（2014／以下「ウィンター・ソルジャー」）くらいだけど。

要するに、映画というのは時代の不安を記録するものなんだよ。それは、お上が作る公式記録映画ではなく、エンタメの中に手を替え品を替えて入れ込まれている「記憶装置」なんだ。

——なるほど。

押井：「映画で時代の記憶を保存し、当時の不安と嘘偽りなく向き合う」ということの価値は、欧州のほうがはるかに深く理解している。イタリア映画のネオレアリズモ、「自転車泥棒」（1948）なんかもまさしくそうだよ。特にイタリアは延々と「戦後映画」を繰り返してきた歴史がある。（フェデリコ・）フェリーニなんて人はそこから出てきた人なんだからね。「イタリアの戦後を語ろう」というさ。

第二次大戦後のフランス映画なんかは「不安のタイムカプセル」だね。といってもフランスのレジスタンス映画なんて全部ウソっぱちで、ほとんどそれらしいことをやってない。あれはただの神話を作っただけ。一方で「フィルム・ノワール」の巨匠、ジャン＝ピエール・メルヴィルは生涯をかけてレジスタンスを描いた監督だよ。

——えっ、でもメルヴィルはギャング映画の監督ですよね。

押井：彼はギャング映画の形を借りて、実はレジスタンスの真の姿を延々と追い続けた。本人もレジスタンスをやっていたそうだけど。フランスのルイ・マルとかあの辺の監督たちというのは、やっぱり戦後の世界から出発しているんですよ。ヨーロッパはしつこいから、いまだにやっている人もいる。そういうふうな、「戦後」というものをずっと抱えて映画を作り続けるという系譜は、少なくとも邦画の世界ではほぼ絶滅した。世代を超えられなかったよね。

だけど、そういう大切な歴史や不安の記憶を保存するために、映画は機能しなくてはならない。もちろん、大それたところで上映する文化映画とか社会派の映画じゃなくて、それをエンタメでやれよって話なんだよ。

日本の戦争映画は「みんなが被害者」意識で作られている

押井：とは言え、今の日本で戦争映画を作るって言ったら、どんなものが可能だと思う？

――「男たちの大和／ＹＡＭＡＴＯ」（２００５）とか、いくつも大作の「戦争映画」は存在しますよね。

押井：それは大戦中を追いかける……要するに本当に「大戦中」をテーマにした映画だよ。そういう映画は「戦争を語る」という意識がゼロ。ただの浪花節というか、五分に一回は愁嘆場。田舎のカアちゃんから参謀本部に至るまで、出てくる人間のほとんどが泣いているっていうさ。

「みんな可哀想」と言いたいだけの単なる愁嘆場映画。戦後、鈴木京香が大和の沈没現場に行くっていう基本設定はなんのためにあったんだよ。大和があそこで沈んだことの意味について、誰も何一つ語ってない。「みんなが被害者だ」って、みんなが被害者であるわけないじゃん。

――それは……落としどころとして「みんなが被害者だ」ということにすれば、誰からも文句は出ないであろう、ということなんですかね。

押井：そういうこと。そもそも、あの映画で日本は誰と戦ってるんだと。加害者は誰だっていう話になっても「アメリカ」とは言えないから、加害者を全然描かない。人間としてアメリカ側が誰も出てこない。そんなことでまともな戦争映画になるわけがないよ。

――ああ、わかってきました。言い方を変えると、第三者として戦争を見る映画は、押井監督の言うところの「不安のタイムカプセル」にはならない、ということですね。

冷戦時代のタイムカプセルを開こう

押井：そう。前回の本（『仕事に必要なことはすべて映画で学べる』日経BP）でも言ったけれど、シミュレーターとして使えるのがいい映画です。ある状況……今回だったら戦争を行っている社会の中で、自分だったらどう感じるか、どう行動するのかをシミュレーションして考える。ひいては見た人が、今自分を取り巻く状況に似たものがないか、と不安になってしまう。そういうのこそが「戦争映画」だよ。そうでなければ「第二次大戦を舞台にした」というだけの、単なるエンタメ作品です。

――なるほど。この本の意図が見えてきました。

押井：というわけで、最初に取り上げる映画は、東宝の「世界大戦争」（1961）にしよう。僕は1951年生まれだから、「戦後」といっても覚えているのは60年前後からになっちゃうんですよ。そしてその当時は小学生だから、東宝の特撮映画くらいしか観てないわけ。「世界大戦争」は確かキューバ危機のあたりの映画じゃなかったかな。

――キューバ危機は62年の10月ですね。

押井：僕もキューバ危機自体は全然記憶にないし、朝鮮戦争ももちろん記憶にない。でも「冷戦」ということに関しては、小学生といえどもみんな知っていた。キューバ危機は記憶になくても、ケネディが暗殺されたことは覚えているから。あれは確か、衛星中継放送のテスト放映の第一弾だった記憶がある。いきなりそれ（ケネディの暗殺映像）が入ってきて、そういうような時代だったよね。

――小学生だった押井少年は、どこからそういう知識を得るんですか？

押井：当時は「冷戦」という言葉だったかどうかはちょっと記憶が定かじゃないんだけど、最初はマンガだったと思う。映画以前にマンガでさんざん読んでいたはずなんですよ。だけど決定的に冷戦を描いたというか、トラウマっぽく記憶に残ったのはこの映画じゃないかな。

当時は東宝の特撮と言えば怪獣モノで、その延長線上で「世界大戦争」も観に行ったと思う。もちろん怪獣は出てこない映画で、それは当然出てこないと知ってて観てるんだけど（笑）、戦争映画だと思って観に行ったら、その「戦争映画」という言い方も正しくないっていうか。

――特撮を駆使した戦争のシーンはそれなりに多くありますが、テーマ的には戦争を描くことが目的の映画ではないですね。

押井：でも「世界大戦争」は小学生レベルでも話題にはなっていたんだよ。「なんか、すげえらしいぞ」って。あくまで小学生だった自分の、印象に残っている当時のこの映画の記憶をたどると、38度線（現実の世界では、韓国と北朝鮮の境界線）で軍事衝突があって、戦術核が使われた。次が北極上空だったかなあ。いずれにせよ「戦術核」という言葉はそのときに覚えた。「戦術核って何だ？　原子爆弾とどう違うんだ？」「戦闘機の空対空ミサイルの弾頭に付いているらしい」っていう。戦闘機の空対空ミサイルという知識は、小学生といえどもあった。マンガでさんざん読んでるから。ただ「戦術核弾頭」というのは知らなかった。38度線で衝突があると、なぜ世界戦争になるのかということも理解できなかった。

映画はしょせん「記憶の中のモノ」

――その辺はさすがに小学生ですね。

押井：この映画、子ども時代に観たときの印象と、後で見直した記憶とゴッチャになっているし、記憶違いもいっぱいあった（笑）。人と話す度に何度も「いや、それは違う」とか「そんなシーンはなかった」とか言われた。

――そうですか（笑）。

押井：いろいろそういうことになるのが映画なんだけどね。だからといって、いちいち調べ直すことに意味はないと僕は思ってる。映画というのはしょせん記憶だから、事実関係を争ったってしょうがない。「あのときの自分は確かにそう観たんだ」と言い張るのが正しい観方だと思うよ。

――見たいように見て、語りたいように語ればいいと。

押井：この映画に関してはいろんな人間と話した。特にシンちゃん（映画監督の樋口真嗣）とか、映画関係者系。逆に映画関係者以外とは語りづらいというか、あまり興味を持ってもらえないんだよ。「昔、東宝で作った冷戦時代の世界大戦の映画なんだけど」「あっ、そう」で終わっちゃう（笑）。でもそういう人たちにこそ、むしろ観てほしい。

――ＡｍａｚｏｎプライムやｉＴｕｎｅｓで見られるみたいですよ（２０２０年９月現在）。

押井：今観たらいろいろツッコミどころはあるんだろうけど、なかなかユニークな映画です。要するに「戦争」とタイトルに入れつつ、「軍人たちの映画」になってないんですよ。軍人とか政治家とかは要所要所に出てくるんだけど、主役の田村茂吉（フランキー堺）はいわゆる市井の人、一市民なんだよね。僕の記憶の中では、この人がてっきりアメリカ大使館の運転手だと思い込んでいたんだけど、「それ、違うよ」って真っ先に指摘された。

――外国メディアのプレスセンターの運転手ですね。

押井：外国人を乗せてるから大使館かと思ったみたい。それで車の中で外国人記者が……要は東宝特撮によく出てくる外国人のオジさんなんだけど……「ドウモ戦争ニナリソウダ」とかたどたどしい日本語でしゃべっていて、車の中の会話で「情勢の推移」が進展する、そういう構造だったと思う。

田村茂吉は基本的に戦後の日本人の典型として描かれているんだよ。戦争が起きるなんて全く思ってない。今の日本人もそうだけど。「そんなこと考えてたら生きていけないよ」っていうさ。

――まあ普通はそう思っちゃいますよ。

押井：「みんなワアワア言ってるかもしんないけど、そんなもんが起きるなんて考えて生きていられるか」という典型的な日本人。家に帰ると、当時の日本のオトウチャンがそうであったように、家長なわけですよ。絶対的独裁者。奥さんが乙羽信子で、この人も典型的な「日本の主婦」。家のことは全部やるんだけど、お父さんがあんまり景気いいことを言うと、ちょっとたしなめるとかね。

そして子どもが3人だったかな。年長の長女（田村冴子）が星由里子。あと下に小さい娘と息子がいたような気がする。

――冒頭に七五三のシーンがあるから、下の女の子が七歳で、男の子が五歳なんでしょうね。

押井：星由里子は下の子と年が離れてるんだけど、子どもは基本的にドラマを担えないから、星由里子が「家庭のドラマ」担当なわけ。宝田明（高野）と恋仲で、この二人はどの映画でもだいたいいつも恋人（笑）。宝田明が確か外国航路の船員だったかな。だから度々日本を留守にするんだけど、帰ってくる度に二人で会って「結婚しよう」「でもお父さん頑固だし」みたいな話をしている。この設定が後で効いてくるんだけどさ。

戦後の典型的な庶民像

押井：当時の日本の家庭はだいたいそんなもんだったんだよ。そろそろ女性の権利がどうのこうのあったけど、お母さんは控えめ。娘は多少そういう意識があっても、「お父さんをどうやって説得しよう」みたいな感じだったよね。今だったら説得もヘチマもあるか、勝手に生きるぞってなるんだろうけど、この頃はそういう時代じゃなかった。

――でもフランキー堺も実は恋愛結婚で、そこを突かれると反対できませんでした。

押井：そして基本的に一家の収入源は親父。星由里子は働いていたと思うんだけど、仕事は何か全然覚えてないなあ。そういうふうな一家。

僕が一番覚えているのは、フランキー堺が「マネービル」をやってるの。マネービルという言葉自体が今は死語だけど。

――すみません、この映画で初めて聞きました（笑）。

押井：マネービルディングってやつだよね。要するに庶民の家庭でも財産を増やしていくっていうことが流行り始めたんだよ。給与生活者が増え始めたということなんだと思う。株だったり、投資信託だったり。確かうちでも一時、親父が手を出したことがある。大損こいたんだけど。

――私立探偵のお父さんですよね。

押井：うちの親父は元々ホラ吹きで、「いやー、このあいだもね、株で五百万もスッたんだ」とか言ってたんだけど、それも嘘で、たぶんその10分の1ぐらい。それはともかく、財形貯蓄とか投資信託という言葉が日常的に交わされ始めた頃なんだよ。フランキー堺はハイヤーの運転手だから固定収入があるわけで、それでマネービルをやっている。その情報源がつまりプレスセンターの記者なんだよ。世界の経済がどう動くかということを記者から聞いて、なけなしの財産を投資しているわけ。たぶん株だったと思うんだけど、もちろん子どもだから興味もなくて何も覚えてない。

奥さんには別荘、息子は大学に

押井：それで金を貯めて、自分がやれなかったことを子どもたちにしてやるんだっていうさ。奥さんには別荘を買ってやり、星由里子、長女には派手な結婚式をっていう……たぶんフランキー堺の夫婦はちゃんと結婚式をしてないんだよね。一番下の息子は絶対に大学に入れるんだと。下の娘のほうは何だったかよく覚えてないんだけど。

――「スチュワーデスにする」ですね。

押井：そういう夢を持ってるから金儲けしたいっていう、当時の戦後の日本人庶民の典型。非常にエネルギッシュで前向きで、その代わり危機意識とかはほとんどない。どうせなんとかなるだろう、日本だってちゃんと復興したじゃないかって思っている。庶民で親父が働き手で、裕福ではないけどまずまず普通に幸せに暮らしていて、一所懸命に働いて子どもたちには豊かな未来を与えるんだっていう、当時の平均的な庶民像だったと思う。脚本は当時の世相を正直に追っているわけだ。

――僕の父親もそういう感じでした、世代的に。

押井：それが、戦争の勃発で何もかも失う、基本的にはそういう構造を持った映画。その話のところどころに、エスカレートしていく軍事紛争、軍事衝突のエピソードがあって、なんとかそれを阻止したいとなぜか日本の総理大臣が頑張るっていう話なんだよ。「日本の総理大臣が頑張ったってピクリともしないだろ」って、今なら思うんだけど。

――小学生にそんなこと言われたら辛すぎますね（笑）。

押井：リアルにやりたくても、アメリカの大統領やクレムリンの書記長を出すわけにはいかないわけだ。宇宙人と戦う「宇宙大戦争」だったら国連が舞台になってもいいんだけどさ。割とその辺のリアリズムっていうか、シブいところを狙ってたみたいだから、日本の国政レベルを超える動きというのは具体的には描かれないいんだよね。情報としては入ってくるけど。

戦争のディティールはぼかしまくり

押井：一方でこの映画、なぜか日本以外の国家の実名は出てこないんですよ。アメリカ合衆国、ソビエト連邦っていうんじゃなくて。

――「連邦国」と「同盟国」ですね。それ以外のトルコだの中国だのは実名なんですけどね。

押井：「連邦」と「同盟」が東西陣営だっていうのはあからさまなんだけどね。子どもだった僕でもわかるのに、なぜ「アメリカ」「ソ連」って言わないのか。何にどう配慮したのかよくわからないんだけど。マンガの世界では普通にやってんのに、映画だとなぜダメなの？っていうさ。

――近作だと「空母いぶき」（２０１９）もそうでした。原作マンガでは「中国」なのに、映画では中国とは言っていません。

押井：子ども心にも、冷戦というものがあってアメリカとソ連が敵対しているというのは知ってたよ。東のほうに中国もあって、中国とソ連は必ずしも一枚岩じゃない、とかそういうようなことまでは知らなかったけど。東西冷戦という言葉はすでにあったたし、なぜ実名じゃないんだろう。当時、それを慮る空気があったとは思えない。

兵器も実在の兵器じゃないんですよ。それが東宝特撮である所以なのか、むしろ本物を出すことを回避したのか、その辺もよくわかんない。だけどどう見てもこれはMｉG－21だろうっていう戦闘機が出てくる（笑）。

――字幕で「モク」って呼ばれてたのがミグをモデルにした戦闘機みたいですね。

押井：「MｉG－21じゃん」と思った記憶が正しいとすれば、間違いなくデルタ翼だったんだよね。ピトー管（速度計測器）の位置が違ったような気がする。当時から、割とディテールにうるさいガキだったので。

ミグくらい子どもだって知ってるぞって思ってた。実は当時のマンガの世界で、ミリタリーは一大勢力だったんだよね。

――第二次世界大戦の戦記マンガですか？

押井：大戦中の戦記マンガがメインではあったけれども、片方でSFに足を突っ込んでいるような戦記モノ。大和級が3～4隻出てきたりとか、ゼロ戦がジェットになって飛びまわってたりとか。そういう類いが半分くらいだった。全部が「紫電改のタカ」（マンガ／作：ちばてつや）じゃないんですよ。未来モノはそんなに多くなかったけど、与太話が多かったよね。大和の三連装砲塔を潜水艦に積んだやつが大暴れとかね。「これ、浮かねえだろ」って（笑）。撃った瞬間に横転するに決まってるじゃん。

――米ソが戦った、みたいなマンガもあったんですか？

押井：あったような気がするけど覚えてないなあ。基本的には大和、ゼロ戦の世界で、未来戦ってのはかなりマイナーだったから。

そういうマンガ雑誌で特集やってたから、みんな兵器に関する知識を持ってたんだよ。兵器のディテールに関しては、当時のガキはうるさかったからね。隼の一型だ、二型だ、とか。ゼロ戦の二一型だ、五二型だとか。特撮映画だからって、小学生を舐めんなよって気分はあったわけだ。

――あははは。

押井：それで言うと「世界大戦争」も割とリアルだった。ICBM（大陸間弾道弾）のシーンなんてかなりよかった気がする。発射シーンとかね。そういう特撮的な、技術的な評価ってのは別として、ドラマ的に言うといちばん有名なのが最後の晩餐のシーンなんですよ。これから核戦争が始まるということで、フランキー堺が一家揃って「最後の晩餐」をするんだよ。

押井版「最後の晩餐」

――もう核戦争でみんな死んじゃうから、最後は一家揃って好きなものを食べようと。

押井：その最後の晩餐で庶民が何を食べるか。これが結構、子どもの世界では真剣なテーマだったんですよ。「お前だったら何食べる？」って、散々ああでもないこうでもないって話をしたの。

――押井少年の「最後の晩餐」は何だったんですか。

押井：僕はね、断然マスクメロンだった。マスクメロンって食ったことなかったから。

——食べたことなかったんですか。

押井：庶民が食えるわけないじゃん。当時は八百屋とは別に果物屋が存在してさ、季節の物しかないんだよ。柿の季節は柿、梨のときは梨、リンゴのときはリンゴとかね。それで、いちばん奥の神棚っぽいところに桐の箱に入ったメロンが鎮座ましましていたわけ。これは温室で作っているから季節は関係ない。

これがとんでもない値段だったんですよ。死にかけた病人か、宝くじ当てたおっさんしか食えないだろっていうような。当時の子どもにとって、マスクメロンは幻の果物だったんだよね。僕が最初に食ったのは、確か誰かの結婚式だったと思うんだけど、「こういうもんか」っていう感じだった。

——期待が大きすぎてがっかりしたわけですね。

押井：まあ、「世界大戦争」が公開された当時、このシーンも子どもたちにとっては話題沸騰で、「世界が滅びるときにお前は何を食いたいの」って、いろんなことを言い合うわけ。僕にとってはマスクメロンだった。だから、その一家は最後に当然マスクメロンを食ってたと思い込んでたわけ。そしたら「そんなもん出てこない」って言われてさ、「いや、そんなはずはない」って。確かお稲荷さんの山があった。巻き寿司もあった気がするんだけど。それはみんなも、なんとなくあった気がするって。でもメロンはなかったって言われたんだよね。

——あれ、つい先日この作品を見たんですが、お稲荷さんの後に子どもたちはメロンを食べてましたよ？　あの混乱の最中にどこで手に入れたんだろうと思いましたが。

押井：やっぱり俺の記憶のほうが正しかったんじゃん！　それとさ、フランキー堺がとっておきのウイスキーを飲んでた気がしていたんだよ。外国の記者から貰った舶来で、何かいいことがあったときに飲むんだって大事にとっておいたやつを、一人でちびちび飲む……と思ってたら、「いや、奥さんと熱燗を飲んでた」って。

——あ、そちらは「奥さんと熱燗」が正解です（笑）。

押井：映画の中の食べ物って、僕は印象に残っているほうなんだけどなあ。フランキー堺がウイスキー飲んで、子どもたちに「マスクメロンを食え」って。子どもたちが「こんなおいしいもの、後に取っておく」って言ってさ。でも「後」なんてないんだからさ。あそこ、いいシーンだったよねって言ったら、「そんなシーンなかった」ってみんなに突っ込まれた。

――「後に取っておく」もなかったですね。すぐにもりもり食べてました。その辺は押井監督お得意の「記憶のねつ造」ですね（笑）。

押井：僕はしょっちゅう、その手の記憶のねつ造をやらかすんだよ。でもそれを検証しようという気がおきないんだよね。「そのほうがいいじゃん！」って思ってるから。だってさ、フランキー堺がウイスキー……スコッチかなんかの舶来物を少し飲んでて、子どもたちがメロンを我慢している、後に回したがっているっていうシチュエーションのほうが、本当の映画より全然いいじゃん（笑）。

――いいですね（笑）。演出としてもすごく面白い。

押井：だから後々までずっとそう思ってたの。だけど、どうも僕の記憶違いだったらしい。

――押井版だったわけですね。

押井：その最後の晩餐のシーンについて、観た人みんながそれを語るんだよね。ミサイルのシーンがすごいとか、軍事衝突のシーンがすごいとか、そういうことよりも、普通の家の最後の晩餐の話になる。僕の周辺では少なくともそう。ある種の名シーンだと思うんだよね。

――僕も子どもたちが無邪気なのが泣けて……ぐっと来ました。

押井：そしてフランキー堺が最後に絶叫っていうか、泣きながらセリフを言うんだよ。「かあちゃんに別荘を建ててやるんだ！」とか「娘（長女の冴子）にすごく派手な結婚式を挙げさせるんだ！」とかね。いちばん覚えてるのは「息子を大学にやるんだ！」っていうセリフ。それは間違いないと思う。

——そこだけ改めて観てみましょうか。

「やい！　原爆でも水爆でも来てみやがれ！　俺たちの幸せに指一本差させねぇから！　俺たちは生きてんだチキショウ！　チューリップの花が咲くのを見て、俺は楽しむんだ！　母ちゃんには別荘を建ててやんだ。冴子にはすごい婚礼さしてやんだい！　春江はお前スチュワーデスになるんだし、お前、一郎は大学に入れてやんだよ！　おっ、俺の行けなかった、お前、大学によぉ！」

——これは……すごい。

押井：僕も「お前は大学に行くんだ」とずっと言われ続けてきたから。「お前は東大に行くんだ」って、なぜか東大なんだよ。子どもの頃はこれでも秀才で神童と呼ばれた時期もあったからさ。

それはともかく（笑）、当時の庶民が考えることというのは、子どもを大学にやる、車を買う、あとテレビ、冷蔵庫、洗濯機、別荘。だいたいそんなパターンなんだよ。うちもそうだったから。うちの優先順位は独特で、真っ先にテレビだった。

――どうしてですか？

押井：親父が相撲を見たかったから。3時から飲み始めてずっと相撲を見ているからね。で、夜はプロレス。親父は当時、例の探偵稼業であまり働かずにゴロゴロしてたからさ。親父の優先順位としては、息子を大学に入れるだの、別荘だの、車だのはどうだってよくて、基本的にまずテレビ。次にビール飲みたいから冷蔵庫。洗濯機は最後。わかりやすい。

――欲望に忠実ですね。

押井：この映画の田村茂吉は庶民の最大公約数的な主人公であり、願望であったわけ。それは（演じたのが）フランキー堺だから説得力があるわけだよね。

誰もが戦争を「見ないふり」していた

押井：もう一つポイントとしてあるなと思ったのは、星由里子の彼氏の宝田明が外国航路の船員だったっていうこと。要するに日本が国際化する時代だったんだよ。脚本はそれを意識したと思うんだよね。これが最後に効いている設定になっていて、さすがだなと思った。脚本が誰だか忘れちゃったけど（八住利雄と馬淵薫）。

日本が核ミサイルで廃虚になっちゃった後でも、外国や洋上にいた船は無事なわけ。だけど日本に帰るんですよ。「自分たちも死ぬかもしれないけど、やっぱり日本に帰ろう」って。それがラストだったと思う。

――そうですね。

押井：そのラストになる前、戦争が確実になってから星由里子と宝田明が、無線で最後のやりとりをするんだよ。星由里子が自宅の無線機で、洋上の宝田明とモールス信号を打ち始めるんだよ。

――これも有名ですね。「サエコ・サエコ・コウフクダッタネ」ですね。

押井：当時はアマチュア無線が流行りかけた時期でもあるんだよ。「緊急指令10-4・10-10」（TV／1972）っていうシリーズがあったぐらいだから。アマチュア無線をやってる奴はカッコいいという時代。僕もやりたかったんだけど、親父は息子たちに何も買ってやらない親父だったから無理だった。

――あらら。

押井：でも世の中は生活に剰余価値というか、「食って寝るだけ、生きるだけ」じゃない、リッチな文化生活というのをイメージするものがちらほら出始めた頃なんだよ。テレビが入り、冷蔵庫が入り、洗濯機が入り、次は車だって。で、子どもたちは大学、老後は別荘だっていうさ。そのためにはマネービルしかない、庶民といえども資産運用して稼ぐんだっていう、まさにあの時代の世相そのものだよ。

でもポイントになっているのは「誰も戦争になるなんて信じてなかった」ということ。大国が睨み合っているのは知ってるけど、本気で核戦争なんてやるわけねえじゃんと。そう思いながらも、でも不安はあったと。フランキー堺の言い草じゃないけど、「そんなこと考えて生活できるか」って。これ、今なら当たり前に見えるかもしれないけど、映画でそれをやったのは当時は画期的だったと思うよ。小学生だった自分でもポイントになっているセリフを覚えているんだから。

「心の中の不安」は現代と変わらない

押井：「世界大戦争」はやっぱり、日本の戦後映画、戦後史を語る際に外せない一本だと僕は思う。かなりドラマチックにできてたし、特撮もよかった。映画としての出来はもちろんよかったし。

最後、マグマの中に沈んでいく国会議事堂というのがキービジュアルなんだよ。まあ水爆が落ちても、マグマの渦の中に国会は消えないと思うんだけど、当時はそういうイメージだったんだよね。「熱核戦争」だから。灼熱のマグマに国会議事堂が崩れ落ちていく。そのシーンは製鉄所の溶鉱炉で撮影したって。炭団か何かを固めて建物を造ったらしいよ。じゃないと一瞬で燃え上がっちゃうから。それがすごい画だったことは、僕も覚えている。

だけど今観ると、当時の日本人がどういう生活意識を持っていたのか、どんな願望を抱えて生きてたのか、すごくいろんなことを思い出す。かつてそういう時代があったんだっていうことだけじゃなくて、実は今もたいして変わってねえじゃん……というのが、僕のとりあえずの結論。

――先ほど伺ったように、映画はそれが作られた時代の人々の「心の中の不安」を閉じ込めたタイムカプセルだという、まさにそれですね。そしてそれは現代にもつながっている。

押井：実は今も、映画でフランキー堺が演じた「田村茂吉」はいっぱいいるんだよ。ただ昔と違うのは、星由里子とか、下の二人の娘と息子とかね、現代の子どもたちはあれほどかわいくないけど。

――いやいや（笑）。

押井：ていうか、逆じゃないの？「おい親父、大学ぐらい行かせてくれるんだろうな？責任取れよな」って、そっちじゃないかと思うよね。このあとクレージーキャッツの映画になっていくとそうなるんだよ。植木等が歌ってたけど、青島幸男の作詞だったか、「これで日本も安心だ！」っていうやつ。子どもたちは「口を開けば、メシ、カネ、ウルセーナー」って。願望は大学に行くことであって、その先のことを別に考えているわけじゃないんだけど、「いくら何でもそれぐらいやってくれるんだよな」っていうさ。

――そうかもしれませんね。

押井：結局のところ、生活意識というか生活の中の価値観って、やっぱり家を買って、できれば別荘もとか、車があってとか、家電製品がとかさ、最高学府まで行けてとか、何も変わってねえじゃん、と思うんだよ。それを与えたと思うか、要求して当たり前だと思うかの違いは生じたにせよ、今と何も変わってない。

ただ一つあるとすれば、今の日本にあと数時間のうちに間違いなく核が落っこちて来るというときに、一家が揃って最後の晩餐をするかどうか。これは是非問うてみたい。あんたは最後の瞬間に誰と一緒にいたい？　ってさ。「親父と一緒にいたい」と言ってくれる娘はどれだけいるんだろう。

核ミサイル着弾まで数時間、自分だったらどうするか？

——かなり切ない問いですね。

押井：僕はこれを真剣に問いたい。「世界大戦争」から60年弱経過して、今世界が終わるとしても……実際に今、核戦争が起こったとしても、世界が滅びるわけじゃないんだけどね。あれは冷戦の一種のロマンチシズムであって、実際には核の応酬があっても、地球が消えてなくなるわけでも人類が滅びるわけでもない。だけど東京に核ミサイルがあと数時間で落っこちてくるとわかった瞬間、あんたは誰と一緒に過ごしたい？　家族揃って最後の晩餐をやりたいかどうかをアンケートしたいくらいだよ。

——ぜひ聞いてみたいですね。

押井：これは確実に、日本人がどう変わったかのバロメーターになる。「最後の瞬間、誰と何が食いたい？」という問いに対する回答に、結構本質が出てくるはず。そりゃ、野田っちは家族と一緒にいたいだろうけど。

――もちろんそうです。

押井：僕はやっぱり、犬猫と一緒にいたい。でも犬は死んじゃったから、ニャンコ5匹と一緒にいたいとは思うね。

――でも家族と一緒にその時を迎えたいというのは、小市民にとってそれ以外の回答は逆にあるんでしょうか。

押井：いや、親父やおふくろはそう思うかもしれないけど、息子や娘はどう思ってるのか。親友と一緒にいたいとか、彼氏彼女と一緒にいたいとか。そう思っててもおかしくないと思うよ。

――星由里子だって、宝田明が海の上じゃなかったら、東京のどこかに駆けつけたかもしれないですよね。

押井：間違いないね。その辺がやっぱり、脚本がうまくできてるよ。

――ああ、なるほど！

押井：ちゃんと「涙の別れ」というか、モールス信号で最後は別れるってさ。お互いに「幸せだった」と確認し合う。要するに「帰って来い」とか、そういう無線じゃなかったよ。間に合うわけないんだけどさ。

――声じゃないところが、またいいですよね。

押井：こういう映画は、単に懐かしくぼーっと見て終わっちゃうかもしれない。だけど映画というのは「自分だったらどうする?」ってところで観ないと意味がない。じゃないと単なる他人事で、他人の人生を傍観しているだけ。「他人の人生を見ることの意味」というのは、映画のいちばん基本的な機能です。自分だったらどうするか。さっきも言ったけど、要するにシミュレーションなんですよ。

僕は子どもの頃からそういう見方しかしてこなかった。「あの時逃げたか?」とか「闘って死んだか?」とか「お前だったらどうする?」とかさ。子どもだって割とそういう会話をしていた気がする。

——確かに、そうだったかもしれません。

今の観客は「ヒーロー」になんてなりたくない

——翻って、現代の映画はその辺どうなんでしょう?

押井: 今は「俺がもしスパイダーマンになったらどうするか?」とか考えながら観るヤツはそんなに多くないと思うんだよね。アイアンマンになりたいとか、キャプテン・アメリカになりたいヤツなんているのかな。ヒーローになりたいと思って観てないでしょ?

——となると、今の観客はどういう視点で観てるんでしょうか。

押井: 単なるカタルシスだよ。カッコいいから観てるだけ。ヒーローに本気でなりたかった時期というのは、みんなそれぞれにあったんだろうけど……日本の子どもが仮面ライダーをマネしたように。みんな風呂敷着けて変身ポーズ取って。今は子ども以外はそういう映画の見方をしないんだろうね。「しょせんは、自分とは違う人生だ」って。

逆に、自分が思っているのと違う展開や映像になるとすぐに怒り出すよね。「何でそんなことするんだよ！　そうじゃないだろ」って。いや、そっちこそ違わないか、と思うんだけど。でも「観客の見たいものを見せるのが当たり前だ」って要求する権利があると思い込んでるからね。僕もそれで散々反発されたくちだし。

——押井監督は確信犯的にやってますよね。

押井：だいたいいつも裏切り続けてきたから。「機動警察パトレイバー2　the　Movie」（1993／以下、「パトレイバー2」）のとき、映画館から出てきた女の子が泣いてたってのを聞いてさ。感涙にむせんでたんじゃないんだよ、悔し涙。「オヤジとオバサンしか出てこないじゃない」って。

——その代わりオヤジは喜びましたが（笑）。

押井：そういうのはアニメをやって散々体験した。ファンの期待にどこまで応えるかって、僕は裏切るのもサービスだとずっと思っていたから。

でも少しは「自分だったらどうするか」って考えてみないと、映画を観たことにならない。そうじゃなかったら、昔の映画を観る価値がどこにあるんだよ。カッコいい戦争映画を観たいんだったら「エネミー・ライン」（2001）とか山ほどある。核戦争の映画だって無数にある。この「世界大戦争」だって、特撮のすごさがなければとっくに消えてなくなってたかもしれないけど、それと同時に僕的にはよくできたドラマだと思ったわけ。

——押井さんの論点を逆手に取ることになりますが、この映画の登場人物はみな一般的な市民で、善人で、ベタな設定ではありますよね。

押井：もちろん、典型を並べただけっていえば、その通りなんだよ。だけどそれが力を持つのが映画なんだよ。奇をてらってない、いわば「渋い特撮映画」だけど、だからこそいまだに語られてるし、観ようって人間もいる。要するに消えてなくなってないわけだよね。半世紀も経ったら8割くらいの映画は消えてるんだから。NetflixとかAmazonプライムでこの世の全ての映画を見られるわけじゃない。

——50年前と共通の不安感とか危機感みたいなものが、ずっと我々日本人の中にあるから、いまだにネット配信で見られる……というのがあるかもしれないですね。

いつ核戦争が起こってもおかしくない

押井：ただ、冷戦は確かに終わったけど、核の脅威自体は消えてなくなったわけでも何でもないわけだ。

――子どもの頃から「いつ核戦争が起こってもおかしくない」と言われ続けて、いろいろフィクションも見てきて、そして今50年前の映画を見ると、よく核戦争が起こらないものだなという思いもあります。

押井：それはいってみればフランキー堺と一緒で「年がら年中そんなこと考えて生きてられるか」というやつだよ。生活というのは、昨日と同じように今日があり、今日と同じように明日があると思わないと成立しないから。「明日、戦争があるかも」と思って、安らかでいられるヤツなんていない。それはないことを前提にして生きているわけだから。

日常というのは、非日常を前提にしては成立しない。だからこそ「日常」なんで。それは言ってみれば、当たり前といえば当たり前なんですよ。

だけど僕は逆に「今年こそ、どっかに核がぶっ放されるぞ」とあちこちに言いふらしながら生きてるから(笑)。「最初に使うのはイスラエルだ」とかね。226イベント(押井監督が軍事評論家の岡部いさくさんと毎年やっている、戦争をテーマにした野田が主催するトークイベント。正式名称は「Ｈｏｗｌｉｎｇ　ｉｎ　ｔｈｅ　Ｎｉｇｈｔ」)でも言ってるよな?

――言ってますね。

押井：今は核の敷居が下がって、どんどん核を使いやすくしようとしている。威力削減兵器(低出力核兵器、低威力核兵器)っていったかな。あえて威力を落とした核を何とか作って使い勝手をよくしようとしている。空中爆破式にすれば、被害地域を限定できるからね。地上や地中でやったら大変なことになるけど。空中で爆発させる限り、長崎も広島も一定期間で復興したから。地上や地中で爆発してたら、いまだに立ち入れないよ。

核なんて使うのは自殺行為だから、使うわけないじゃん……というのは大間違いで、使うときは使います。というか使いやすく、使える核兵器にしようと必死こいてる。だから使うヤツが出てきても、全然おかしくないと思っている。それが原理主義者のテロで最初に使われるのか、イスラエルが自衛と称して最初に使っちゃうのか。パキスタンだって使うかもしれない。北朝鮮がどうのこうの言う以前に、使おうとしているヤツは山ほどいるよという話なんだよね。全面核戦争とは言わない。だけど核が広島・長崎以降、実戦で永遠に使われずに済むかと言ったら、大間違いだよ。

「考えたくないことを考えさせる」映画の社会的機能

――これだけ長いこと使われなかったんだからもう使われないよな、と思っちゃいけないんですね。

押井：僕は「いけない」と思っています。少なくともそう思って生きるように心がけている。だから最後の時を誰と一緒に過ごそうか、ということを考える。

――ああ、考えたくない……そうか、考えたくないことを考えさせる映画なんですね、これは。

押井：そうそう。実は映画にはそういう社会的機能があると思っている。今は全部、他人様の話になっているから。全部よそ事。自分の生活の延長線上で何かを考えようってことじゃないんだよね。むしろ自分の生活を可能な限り忘れたいから、違う世界を生きたいから観ているんであって。

――忘れたいほうですよね。

押井：さっきちらっと「自分がバットマンだったらどうする」とか、「自分がアイアンマンだったらキャプテン・アメリカと本気で殴り合うのか、そもそもどっちが正しいのか」、とか、漠然と「キャプテン・アメリカが好きだから」とか「アイアンマンなんてしょせんはただの金持ちじゃん」と思うのかって話をしたじゃない？

でも、これも最初に言ったけど、ヒット作や残る映画というのは、エンタメに見せながら物語の深いところに「社会の不安」をちゃんと収めている。だから「自分なら」と考えてしまう。先ほどもちょっと触れたけれど、実はマーベルの「ウィンター・ソルジャー」というのはそういう傑作なので、この本で取り上げようと思ってる。

――あれは傑作なんですね。

押井：あれはあきらかに仕掛けてます。ハリウッドは今でもそういう使命感をちゃんと持っている。大エンタメの陰に隠れて、結構なことをやって、言いたいことを言っている。これはハリウッドの伝統です。特に脚本家や監督にその意識が強い。「キャプテン・アメリカ」というのはそういう構造を作りやすいんだよ。だって主人公は「戦前（第二次大戦前）の男」なんだもん。

――なるほど。

押井：やっぱり特撮系とかSFとかヒーロー系の映画というのは、「戦後」を語る上でもっとも語りやすいというか、語り得る部分だと思う。変に社会派の映画で語るよりも、こういうエンタメで語ったほうが手っ取り早いし、わかりやすい。それが映画の王道だから。そこで何も語れてないとすれば、いくら端っこまで映画を観ても無駄。それが映画人の使命でもあるし。僕はそう思ってやってきた。じゃなかったら「パトレイバー2」なんか作んないよ。

「世界大戦争」を作った当時は、日本映画にもそういう機能があったし、そういう使命感もあったと思うんだけど。

――「世界大戦争」の後に、これと同じような使命感を持った映画はなかったんでしょうか。

押井：いや、よく見ていけばあったと思いますよ。あれだけのスケール感を持ったかどうかは別として。日本の戦後を語ろうとした映画は、どっかしら日本映画の中で尊重されてきたし、使命感もあったと思う。別に山本薩夫だけじゃないんですよ。大島渚もやったし、あの頃の松竹ヌーヴェルヴァーグとかアートシアター（日本アート・シアター・ギルド＝ATG）の連中もみんなそういう意識を持っていた。日本の戦後を語るんだ、日本の戦後に対して迫らないといけないんだって。しかも商業映画の世界において。僕は実はその末裔にすぎない。

――すぎないっていうか、押井さんがまだ撮っているということは、途絶えていないってことじゃないですか。

押井：でもこの国ではとっくに王道じゃなくなっちゃったよ、いつの間にか。本流じゃなくなっちゃった。傍流もいいとこで全然流行らない。今の日本映画の系譜にはそれが途絶えちゃった。「立喰師列伝」（2006）はあきらかにそれを意識してやったんだよ。戦後史をもう一度語ってみたいというテーマで。意外にヨーロッパで支持されたけど。こっちの意図を見抜いた質問がたくさん来てビックリさせられた。欧州のほうが「映画」の機能をよく理解しているということの一つの証左だと思う。

最近ますますそう思うんだけど、「世界大戦争」の頃から日本はあまり変わってないんじゃないの。今の僕のテーマでもあるけど「この国は戦争を経て何が変わったんだろう」という意識のほうが強い。それじゃあマズいんじゃないのっていうんで、映画が踏ん張っていた時代は確かにある。だけどそれすら今はほとんどない。まさに「歴史の忘却装置」と化しつつある。真面目に戦争を描こうなんて映画がどこにあるんだよ。絶えず戦争を追っかけてきた僕だからこそ言うけど、気概を示してほしいんだよね。

007 ロシアより愛をこめて

（1963年）

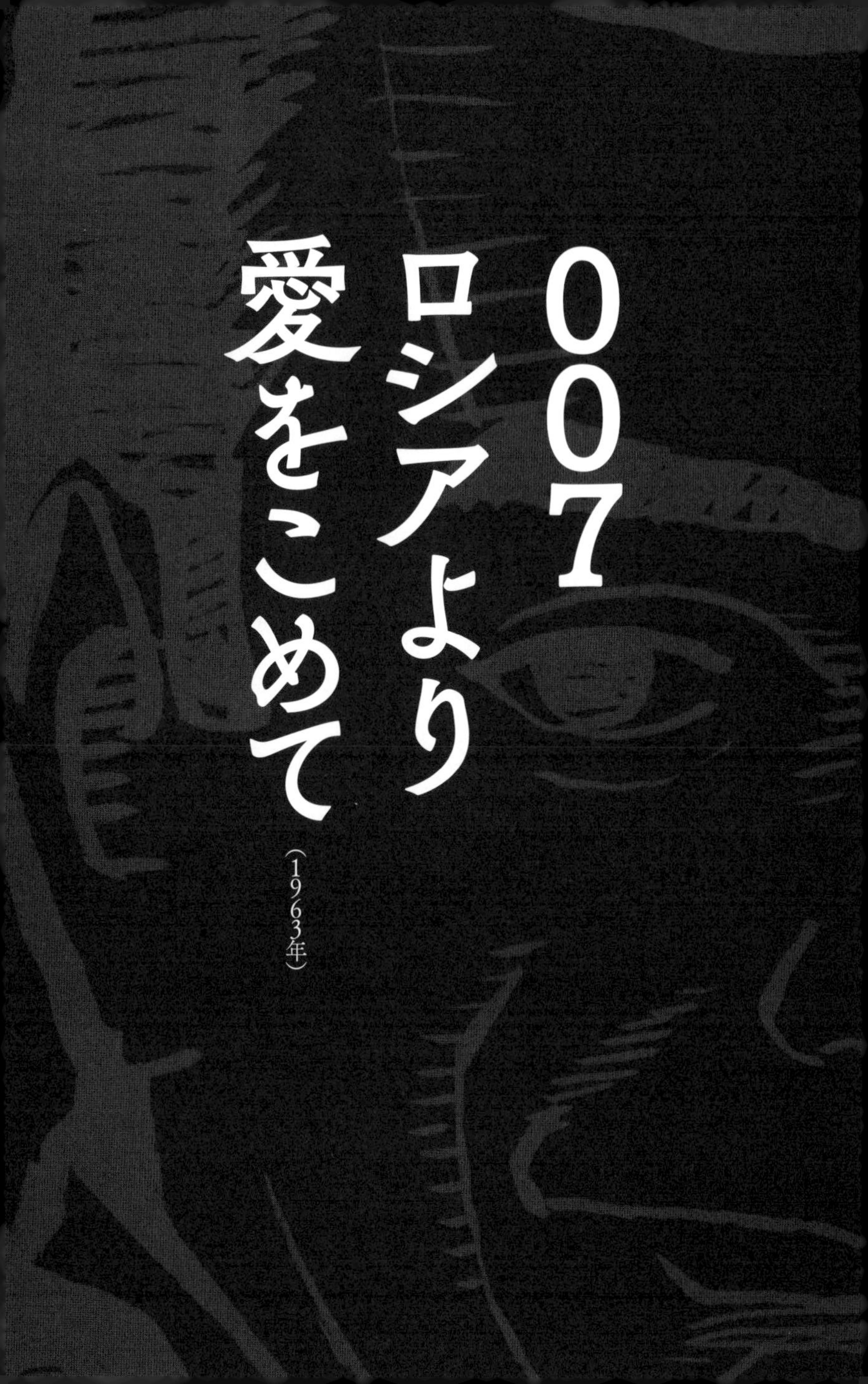

冷戦期を象徴する「領収書100%OKの男」

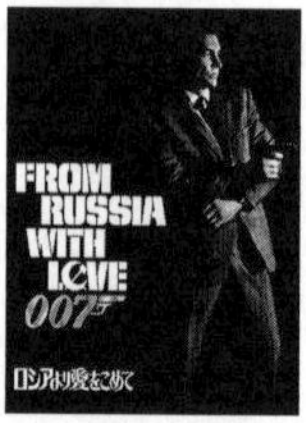

第一作「ドクター・ノオ」の成功を受けて作られた「007」シリーズ第二作。英国情報局の諜報員007ことジェームズ・ボンド（ショーン・コネリー）への復讐を図る犯罪組織・スペクターは、ソビエト情報局の美人女性情報員をボンドの元に送り込む。監督：テレンス・ヤング。

――今回のお題は007シリーズの第二作「007　ロシアより愛をこめて」（1963）ということですが、007シリーズでは前回の単行本『仕事に必要なことはすべて映画で学べる』でも「007　スカイフォール」（2012）を取り上げていました。そして次回作（「007　ノー・タイム・トゥ・ダイ」）は今年（2020年）公開予定でしたが、21年以降に延期となりました。

押井：「スカイフォール」は素晴らしかったね。でも次の「007　スペクター」（2015）はダメだった。たぶん元の路線に戻そうとしたんだろうけど、「スカイフォール」に比べて格落ちしすぎ。いくらなんでもスカスカすぎる。「スカイフォール」であのおばちゃんの「M」も死ん

じゃったし、シリーズの継続性というか、007を続ける意味というのはどこにあるのか、という思いはある。

――もはや「歴史の記憶装置」としての役割を終えたシリーズ、ということでしょうか。

押井：そうそう。だからもうやめてもいいじゃん、というのが今回の趣旨。

だいたい、とっくの昔に忘れちゃってる人が多いけど、ジェームズ・ボンドシリーズには原作があるのは知ってるよね？

――イアン・フレミングの小説ですよね。

押井：イアン・フレミングというのは、実はスパイの世界に〝両足〟を突っ込んでた人なんだよね（元英海軍情報部で、第二次世界大戦中は諜報員として活動した。1964年没）。

――そうなんですか。

押井：作家としては異例の経歴の持ち主なんだ

よ。そのイアン・フレミングの原作を読んだことのある人間が、今どれだけいるのか。ほとんどいないと思うんだよね。

――押井さんは読んだんですか？

押井：全部じゃないけど読んだよ。現代の日本で、007シリーズの立ち上がりを覚えてる人間は、世代的に言って当時中学生から上だったはず。ということは若くても七十歳前後。僕はその立ち会った世代なんですよ。当時は中学生だったけど、半ばエロ小説として読んだ。

――まさかのエロ目的ですか（笑）。

007は中学生のエロ小説だった

押井：007の原作小説は当時の中学生の間ではエロ小説として流通してたんだよ。特に「私を愛したスパイ」※。あれは純然たるエロ小説ですから（笑）。ジェームズ・ボンドは最後に出てくるだけで、あとは延々とドイツを舞台にした女性の性の遍歴話なんだよ。もともとあれをネタに映画作ることが無茶なの。ウブいお姉さんがいろんな男に引っかかって、いろんな体験をして、結婚もしたけど相手がトンデモ男だった……みたいなさ。それで、傷心旅行の最中に事件に巻き込まれて、ジェームズ・ボンドが解決してくれて、最後にしっぽりやって翌朝別れましたという、そういう話だよ（※ハヤカワ・ミステリ文庫。タイトルは『わたしを愛したスパイ』）。

――そのあらすじだけ聞くと、完全にエロ小説ですね（笑）。

押井：それでも当時はジェームズ・ボンドの007シリーズとして出版されてたから、中学生が本屋のカウンターに持っていくのはOKだった。だからみんなエロ小説と承知の上で、ジェームズ・ボンドの陰に隠れて購入したり、あるいは回し読みしたりしてたわけだ。

――わかるような気がします。

押井：それはともかく（笑）、007という映画シリーズは時代によって扱いが変わってるんだよ。お客さんも変わってるし、配給とか制作側も変わってる。だからイアン・フレミングは早々に用無しになった。彼の回想によれば、奥さんと楽しく試写に行ったと。で、主人公のジェームズ・ボンドはもともとイアン・フレミング自身をモデルにしてたんだから「亭主があっちに行ったりこっちに行ったり、いろんな女のベッドに入ってるのを夫婦で楽しく拝見した」と語ってるからね。

――それもすごいですね（笑）。

押井：そもそも、007というのは冷戦の産物なんだよ。冷戦というものがなかったら、MI6もジェームズ・ボンドもない。もともとエスピオナージ（フランス語のespionage／スパイもの、スパイ小説）というジャンルそのものが冷戦の生んだジャンルなんだから。「寒い国から帰ってきたスパイ」のジョン・ル・カレとかね。ミステリーの世界の鬼っ子でしかなかったジャンルだから、冷戦がなかったら隆盛を迎えることはなかったはず。

――時代の産物ということは、その当時はかなり流行ってたんですか。

押井：僕が中学生の頃はみんな「スパイはかっこいい、スパイになりたい」と思ってた。

――そうなんですか。それはまたなぜ？

押井：だってスパイになったら国費は使い放題だし、うまいもの食い放題、車乗り放題、素晴らしいお姉さんとやり放題、それは男の願望そのままでしょ（笑）。

――今から見ると、めちゃくちゃマッチョなジャンルですね。

押井：そうそう。しかも国家権力がバックについてるんだから、そんなの最高じゃん。私立探偵どころの騒ぎじゃない。でも考えるべきなのは、「そういうタイプのヒーローがなぜ成立したか」ということなんだよね。

――007の登場までは、スパイ映画や小説は日本では定着しなかったんでしょうか。

押井：日本でもそれ以前からイアン・フレミングの小説はあったけど、映画がなかったらイアン・フレミングという名前が日本人に知られることもなかったと思うよ。そしてさいとう・たかをが007シリーズを劇画にしたというのも大きいんだよ。

冷戦が生んだエスピオナージ作品の流行

――さいとう・たかをの劇画は1960年代に4作が出版されて、近年復刻もされたみたいですね。

押井：それが「ゴルゴ13」（マンガ／作：さいとう・たかを）の原型みたいなもんだからね。ゴルゴ13は最初、エスピオナージだったんだよ。CIAだKGBだMI6だという世界だったんだから、ゴルゴ13はあきらかにジェームズ・ボンドの末裔というか、血を共有してる。さいとう・たかをはご丁寧に「0011　ナポレオン・ソロ」（米TV／1964〜68）の劇画まで描いてるんだから（1966〜67、秋田書店刊）。

――そうなんですか。

押井：そういう意味では、さいとう・たかを自身がジェームズ・ボンドシリーズが生んだ作家だと言ってもいいくらいだよ。もちろんそれ以外にもいろいろ描いてるけど、ハードボイルドだったりギャングだったりスパイだったり、要するにノワールの世界に関わってきたマンガ家。彼は劇画というジャンルを生んだ一人でもある（貸本漫画時代に劇画という分野を確立した作家集団・劇画工房のメンバーの一人）。そのことは象徴的なんだけど、エスピオナージの世界に関わることで劇画はメジャーになった。

それまでは単に殺し屋の世界だったから。影男シリーズ（前述の「劇画工房」のメンバー、佐藤まさあきが描いた「日本拳銃無宿　影男」のシリーズ）の世界だよ。今でいえばサブカルなのかもしれないけど、劇画は貸本屋でだけ流通してたマンガであり、ジャンルだった。つげ義春だって一時期は劇画を描いてたんだから。

——そうらしいですね。

押井：そういう劇画やエスピオナージを生み出した大元締めといったら、冷戦以外にない。その冷戦という時代背景が変わっていけば、当然007シリーズだって変わっていかざるを得ないんだよ。

だから、あのシリーズはあきらかに苦悶してた時期があった。東側という「敵」がいなくなったから、誰と戦ったらいいのか、というさ。いつまでも「ロシアより愛をこめて」では成立しないわけだ。逆に言うと、007が冷戦とシンクロして絶頂期にあった作品が「ロシアより愛をこめて」なんだよ。真正面からKGBとやり合って、しかもターゲットはジェームズ・ボンド自身。KGBがジェームズ・ボンドを抹殺したい、そのために送られてきた女スパイの話だよね。

——ソ連とやり合う話にしたらまずいので、スペクターという敵組織を出した、みたいなことはどこかで読みました（原作小説は英国情報部対ソ連特務機関スメルシュという構図になっている。以下、本書では英国を「イギリス」と表記）。

「スペクター」が日本のアニメに与えた影響

押井：そんなに気をつかうほどのことじゃなかったと思うけど（笑）。ただ、そういう意味では都合のいいことに、007にはスペクターという敵がいたわけだよね。

――007映画の第一作「007 ドクター・ノオ」（1962）に、原作小説に先駆けてスペクターが登場しています。

押井： グローバルなテロ組織。007といえばスペクターと戦っている話と思うかもしれないけど、最初に原作小説で戦ってたのは、さっきも出たけど冷戦時代のソビエトだった。USSRであり、KGBだよ。スペクターはそこから仕事を受ける、外注の業者みたいなもんですよ。

――我々と同じ、下請けですね。

押井： だけど若い観客には、そのほうがKGBやソ連より受けたわけだよね。謎の悪の組織だもん。その後に登場する、いろんなアニメやマンガの悪の組織のはしりといえばはしりなんだよ。「科学忍者隊ガッチャマン」（TVアニメ／1972〜74）のギャラクター（地球征服を企む秘密結社）だって、あれのモデルはスペクターでしょ、どう考えたって。

――違いは団員が覆面をかぶってるか、かぶってないかぐらい（笑）。

押井： そうそう。あとは奥の間に「総裁X」という宇宙人がいるかいないか。でも結局グローバルな悪の巨大組織という発想の本家本元はスペクターだよ。中学生だった僕はしびれたもん。「これは戦い甲斐があるぜ」というさ。KGBよりかっこいいじゃん。その組織についていろいろ想像するわけ。構成員をどこから集めて、どういう給料体系になってるんだろうかとかさ（笑）。「まさか全員、独身の男じゃないよな」「経理部門もきっとあるでしょ」とか。

――巨大な組織ですからね。

押井：そういう疑問はギャラクターにもあった。だから僕が「科学忍者隊ガッチャマンⅡ」（TVアニメ／1978～79）に参加するときに、先輩たちにいろいろ聞いて回ったんだよ。

——「ガッチャマン」はリアルな描写が売りの一つでしたから、敵組織の設定もありそうですね。

押井：そしたらこれが実にいいかげんで、誰に聞いても「知らない」って（笑）。

——誰もそこまで考えてなかった（笑）。

押井：だいたいうちの師匠（鳥海永行／「科学忍者隊ガッチャマン」総監督）が、SFは全然ダメな人なんだよ。だけど敵幹部のベルク・カッツェという、あのキャラクターを作り出したのも、うちの師匠ですよ。半分女という、そこにこだわった。ベルク・カッツェってどういう意味か知っている？

——そういえば気になりますね。

押井：気になるでしょう（笑）。あれはドイツ語で「山（Berg）」と「猫（Katze）」を合わせたもの。まあ、ほんとはドイツ語での山猫は「Wildkatze《ヴィルトカッツェ》」なんだけどね。

——あ、そうなんですか！

押井：タツノコプロ（当時は竜の子プロダクション／押井監督が最初に入ったアニメ制作会社）はネーミングのもじりで必ず仕掛けるんだけど、科学忍者隊はあちこちに飛ばされる「鳥」なんだよ。大鷲の健とかコンドルのジョーとかみんな鳥で、それがベルク・カッツェという山猫と戦う。

――なるほど。

押井：ベルク・カッツェはうちの師匠の最大のヒットですよ。僕も大好きだった。悪役なんだけど、単純な悪役じゃないんだよね。半陰陽、両性具有者（男女の双生児が総裁Xの力によって一つの身体に融合されたミュータントという設定）という個人的な悩みを抱えてるわけだ。しかも総裁Xというベルク・カッツェ自身にも正体がよくわからないボスがいて、「何やってんだお前は」ってしょっちゅう怒られてる（笑）。そして最後は必ず負けて、脱出カプセルでドーン、で終わる。「（タイムボカンシリーズ）ヤッターマン」（TVアニメ／1977〜79）のオチはあそこから持ってきてるんだからね。

――ああ、そういえば。

押井：だから「ガッチャマン」はタイムボカンシリーズの原型でもあるんだけどさ。ドロンジョ様の源流はベルク・カッツェなんですよ。これを言うとたぶん笹川（ひろし／「タイムボカンシリーズ」の総監督）さんは怒ると思うけど。

――笹川さん的には嫌なんですか。

押井：そりゃそうだよ。彼はタツノコの看板である「ガッチャマン」をすごく意識してたからね。でもタツノコを支えてきたのは笹川さんだから。さらに言うならうちの師匠の先輩格でもある。あの二人はタツノコの両看板で、師匠はハードなリアルもの、笹川さんはギャグ、とすみ分けてたから成立したんだよ。もちろんバチバチやってた。

だから「ガッチャマンⅡ」の総監督を笹川さんがやったというのは、これはタツノコ内部ではみんなわかってたけど、戦いだったんですよ。うちの師匠は「(Ⅱは)絶対やらない」と言って、「しょうがないから俺(笹川氏)がやるわ」という形をとった。だけどそれはいってみれば、あの2人の「戦い」だった。

——鳥海さんが「絶対やらない」というのは「最初のシリーズでやることはもうやった」ということでしょうか?

押井:丸2年ぐらいやって自分で物語に決着つけちゃったから、師匠からすれば「もうやることねえよ」ということだよね。ガッチャマンの大鷲の健の父親がレッドインパルスの隊長で、あの親子の話こそが師匠のドラマそのもの。あの人は家族しか描いてこなかった人で、「父親と息子」というのはあの人の永遠のテーマ。だから「ダロス」(1983~85/世界初のオリジナルビデオアニメで、鳥海永行と押井守が共同監督を務めた)だってそうなっちゃったんですよ。男女のドラマは一切やらない人だったからね。師匠はそこに興味がないんだもん。

——それにしても、007のスペクターが「ヤッターマン」にまでつながっているとは思いませんでした。

押井:スペクターはいろんな作品に影響を与えたんだよ。あれ以降、世界中が謎の悪の組織だらけになったからね。マンガでもアニメでも数えたらきりがない。メジャーどころと言ったら「仮面ライダー」（TV／1971〜73）のショッカー、あと「サイボーグ009」（マンガ／作：石ノ森章太郎、初掲載は1964年）のブラック・ゴースト。あれは武器商人だよね。そういう謎の組織。いろんなところにスポンサーがいて、金もらってテロだの暗殺だのなんでもやりますと。スペクターは株価操作までやるんだから。

そういうものはすべては007から始まった……ということはみんな忘れてるでしょ。その忘れちゃったことを思い出させることも連載のテーマだから、今回選んだ。そういう意味では007シリーズというもの自体が語るべきテーマなんだよ。

イギリスとソ連の「お付き合い」

―― ところで、冷戦が背景にあるのであれば、007はどうして「米ソ」でなく「英ソ」の戦いなんでしょうか？

押井：イギリスとソ連は「米ソ」とは別次元で戦ってたから。独自の歴史があるんだよね。米ソは核ミサイルでやり合う、でもイギリスとソ連はエスピオナージの世界で情報戦がお家芸だった。お互いに付き合いが古くて、ロシア革命以来のお付き合いがあるんだよ。

―― お付き合いですか。

押井：亡命ロシア人の世界というのがヨーロッパにはあったんだよね。それがなぜかイギリスと相性がいいの。不思議なんだけどさ。

そもそもロシア自体がリスペクトしてたのはフランスなんだよ。ドストエフスキーとか読めばすぐわかる。貴族も含めてあの時代のロシアのインテリたちにとっては、フランス語をしゃべれることが特権階級のアイデンティティだったからね。だけどフランスは、意外とロシアに冷たいんだよ。イギリスとは英仏露の三国協商というのもあったし、フランスは仮想敵国のドイツを挟んでロシアと対峙してるから、絶えず政治的に付き合ってはきたんだよ。でもなぜか小説とか映画の世界だと、イギリスとロシアという組み合わせが多い。冷戦の立役者は米ソなんだけど、イギリスももれなく絡んでくる。

――どうしてなんでしょうか。

押井：冷戦時代にフランスが二線級に下がっちゃったというのもあるんだけど、もともとイギリスは情報戦がお家芸で、外交の国なんだよ。エスピオナージというのは外交の裏の世界の話だから。「外套の下にナイフ」というイギリスの有名な言葉があるけどさ、イギリスは独自のポリシーを持っていたの。大陸各国の確執に直接タッチしない、一定の距離を保ち続けるというのが国策だったんだよね。そのために情報戦に力を入れてた、という歴史があるわけ。

――なるほど。

押井：だからイギリスは冷戦時代のエスピオナージに参加する資格があったけど、フランスはなかったの。イギリスだったらMI6だけど、フランスやイタリアの情報部の名前って知ってる？

パッと出てこないでしょ。実はあるんだよ。有名じゃないだけ。

――世界的にはMI6とロシアのKGB、アメリカのCIAが突出して有名です。

押井：結局CIA、KGB、MI6というのが三巨頭なわけで、あとはイスラエルのモサドかな。残りはみんな二線級。もちろんすべての国に情報部はあるんだよ。だけどみんなマイナー。もちろん日本なんか全然お呼びじゃない。日本はエスピオナージが一番遅れている、というかないも同然だよ。かつては陸軍中野学校（諜報や防諜などに関する教育や訓練を目的とした大日本帝国陸軍の軍学校）があったように、戦争ではいろいろあったけど。明石大佐（明石元二郎／明治・大正期の陸軍軍人。日露戦争での諜報活動で活躍した）とかさ。なかなか詳しいでしょ（笑）。実は好きなんだよ。

――現状で、自衛隊にそれに相当するものはあるんですか？

押井：あるよ。陸幕調査部というのがある。僕の「パトレイバー2」のときに、荒川という陸自の情報部員を出したんだけど、その荒川のモデルになったのが昔の映画仲間だった荒川氏という男。彼とは学生だった頃に付き合ってたんだけど、卒業後に陸自に入って情報の仕事をしてた。その彼が荒川の直接のモデルだよ。顔も含めて、ほぼそのまんま。目つきが厳しくて、角刈りというよりは丸刈りに近いんだけど、ああいう変なおっさん。やたらペダンティックで。95％くらい本人の通りです（笑）。

――その荒川さんとは最近も会ったりしているんですか？

押井：あの映画のあと会いに来た。「おお、ひさしぶり。見たぞ」とか言って……いや、その前に1回どこかで会ったんだ。「韓国で怪しいことをやってる」って聞いた気がする。「パトレイバー2」のときは防大の先生かなんかやってたんじゃなかったかな。その後、戦史調査部かなんかに異動になった。彼はインテリなんだよ。今はもう退役してるはずで、たぶんタイにいると思うよ。韓国とかタイとかフィリピンとか、アジアをさんざん回ったおっさんで、ほとんどアジアにいたんじゃないかな。で、タイが気に入ってそこに骨を埋めると言ってたから、たぶん今頃はあっちで悠々自適してると思う。その彼が「パトレイバー2」のあと、「やってほしい企画があるんだけど」って企画の売り込みに来たんだよ。

――それはやっぱりスパイものだったんですか？

押井：いや、武装難民の話。「これからは難民の時代になるぞ。お前がやるのが一番いいよ。『パトレイバー2』をやったんだからお前がやれ」ってさ。僕もやりたくて企画書を書いたんだけど、全然誰も相手にしてくれなかった。

――武装難民というと「攻殻機動隊 S.A.C. 2nd GIG」（TVアニメ／2004～05、以下「2nd GIG」）とつながりますよね。

押井：あのときにはもう難民問題は表面化してたからね。「パトレイバー2」のときはまだそこまでいってなかった。彼の企画には「これからは絶対に難民がテーマになるぞ。世界でも日本でも難民の世紀が来るんだ」という先見の明があった。そういう仕事をしていたから当たり前と言えば当たり前だけど。僕にもそういう予感はあった。それが形になったのが「2nd GIG」。でも僕が神山（健治／「2nd GIG」監督）に持ち込んだわけじゃなくて、神山が勝手に食いついただけ。

現代の「敵」はどこにいるのか

押井：冷戦とか難民問題とか、そういう時代背景なしにエンターテインメントの世界の映画を語るということは、僕に言わせればあり得ない。

それがないと戦う相手も見えてこないんだよ。例えば「ガッチャマン」の南部博士（天才科学者にして科学忍者隊の生みの親）が所属する「国際科学技術庁」という組織は科学者の「国連（国際連合）」だよね。009だって、各国の代表……実はブラック・ゴーストがさらってきたわけだけど（笑）……が集まって紛争の解決にあたるわけでしょ。その時々で戦う相手は変わるけど、影には本来国連が対処すべき悪の国際組織がいる、という構図なわけじゃん。

――押井監督も以前映画で「サイボーグ009」をやりかけたことがありましたが（後述の「009 RE：CYBORG」は当初押井守が監督する予定だった）、そのときの敵組織みたいなものは、何を想定してたんですか？

押井：神山がやった「009 RE：CYBORG」（2012）にその痕跡が残ってるけど、僕はもともとあのサイボーグ9人のうち、何人かを選抜してあとは全部死んでるところから始めるつもりだったの。生き残っているのは001（イワン・ウイスキー）の脳みそと、002のジェット（・リンク）と、003のフランソワーズ（・アルヌール）と、004の（アルベルト・）ハインリヒと、009の（島村）ジョー。

――ギルモア博士は？

押井：とっくに死んでるよ。舞台が現代なんだから当たり前じゃん。原作の時代から何年経ったと思ってるの。フランソワーズは普通の人間よりは老齢化が遅いんだけど、もうすっかりおばちゃんになってて、ジョーだけが永遠の17歳。彼は完全義体だから。ハインリヒはドイツの刑務所に監禁されている。人間核兵器だから、やばくて殺しようがない。意思一つで核兵器を発動できる男。手のマシンガンとか膝からミサイルとか、そういうちゃちいもんじゃないんだよ。だから残す意味があると思った。

――フランソワーズはなぜ残したんですか？

押井：彼女は電子戦に特化してるから。人間シギント（SIGINT＝通信や電子信号などの傍受による諜報・防諜活動）だよ。しかもスタンドアローンのシギントで、世界中の情報が全部入ってくる。001は脳みそだけで十分。だから赤ん坊の体はとっくに腐ってて、脳みそだけをあるものに入れて、フランソワーズが連れて回ってるという、そういう話だよ。

いろいろあるけど、原作者サイドも配給会社もフランソワーズをおばさんにしたのが一番衝撃

的だったみたいね。中年女性と少年の恋愛をやってみたかったんだけどさ。

——僕は面白そうだと思いますけど（笑）。

押井：002をなぜ僕が選んだかというと、あいつがNSA（米国国家安全保障局）で働いているという設定なんだよね。CIAでもいいんだけど。僕が構想していた作品の中での敵役はズバリCIAです。というかアメリカ合衆国そのもの。バックグラウンドとしてそういうふうに考えた。冷戦以降で考えた場合、アメリカの覇権というものが最大の脅威だから。

今、国境を無視して戦争をやってるのはアメリカと、あとはイスラムの原理主義者、その二つだけ。ロシアなんてウクライナに侵攻しただけでもあれだけの騒ぎになる。それを平然とやっているのはあいつらだけなんだよ。だからサイボーグたちが戦う相手としてはそれしかあり得ない。

――今さらブラック・ゴーストでもないと。

押井：そもそも武器商人なんてかつてのような悪役たり得ないよ。もはや国が武器を売ってるんだから。ロシア、中国、フランス、ドイツ、イタリア、みんなそうだよね。売ってないのは日本ぐらいのもんで、フランスなんて最大の輸出国だよ。中国だってアフリカにどんだけAK（－47／ミハイル・カラシニコフが設計し、1949年にソビエト連邦軍が正式採用した自動小銃）を輸出してるか。現金の代わりにAKで払ってるんだからさ。だからそういうことは考えた。

――日本人を主人公とした国連的な組織が、米軍のような超巨大な組織にどう立ち向かうか、ということですか。

押井：「アメリカと戦う資格があるのは誰だ？」ということ。002はアメリカ合衆国の正義の体現者だから、要するに009と002の確執の物語。チーム解散以降、ジェットという男はアメリカのために働いている、「アメリカの正義」を信じている男だよ。原作にもそういうくだりがあって、007（グレート・ブリテン）あたりに皮肉を言われてるんだもん。「やっぱりお前はアメリカ人だ」みたいな。

話を戻すと、007シリーズというのは一連の冷戦をベースにしたスパイ作品の本家本元で、それに影響されたアニメは山ほどある。ロボットものだって、あしゅら男爵（「マジンガーZ」（TVアニメ／1972～74）に登場する敵の幹部）とか悪い科学者とか、ああいう言ってみれば戦争という表舞台じゃなくて舞台裏で暗躍する組織が登場して、それと正義の主人公が超兵器で戦う、という構図はまんまジェームズ・ボンドだよ。ボンドガールがいるかいないかという話。

――ボンドガール的な主人公側のヒロインも、その手のアニメには結構な確率でいますよね。それこそ「マジンガーZ」の弓さやかとか。

スコットランドの野蛮人

押井：ジェームズ・ボンドと言えばボンドガールと秘密兵器。あと酒とメシというのもあるんだけどさ。ジェームズ・ボンドというのは典型的なイギリス男だから。ジョン・ブル（擬人化された典型的イギリス人像）というかスコットランド人だよね。「スカイフォール」を見ればわかる。あの風景はどこから見たってスコットランドだもん。ハイランダー（スコットランド北部のハイランド地方の住民）の末裔じゃないの。それがイングランドで教養を身に付けたというタイプだよね。だからイングランドの上流階級に収まらない、どこかしら野蛮人なんだよ。

――初代007のショーン・コネリーもスコットランド人です。

押井：ショーン・コネリーという役者は典型的なスコットランド人だよ。こないだスコットランド分離独立問題のときに、ショーン・コネリーも分離派で表に出てたじゃん。だからショーン・コネリーがジェームズ・ボンドをやるのには必然性があったし、たぶん最初は好きだったはずだよ。だけど途中で嫌になっちゃったんじゃないかな。

——どうしてですか。

押井：だいたいジェームズ・ボンド役者は「俺はこの役をいつまでやるんだ？」という葛藤に悩むんだよ。三代目（ロジャー・ムーア）は割と長くやってたから、性に合ってたんだろうね。むしろ役にちょうどいい役者だったんだよ。ショーン・コネリー（初代）は大役者になりすぎて、ジェームズ・ボンドには収まらなくなっちゃった。ダニエル・クレイグ（六代目）は前任者たちを知ってるから、最初から辞め時を考えてたはずだよ。ずっとやり続ける気はなかったと思う。それに「スカイフォール」という大成功作がもうあるから、いつ降りてもいいと思ってるはず。「スペクター」なんかちょっと太っちゃって、スーツが画にならない。ボタンが引っ張られちゃってパツパツなんだもん。こんなに太っちゃダメでしょ。

——ダニエル・クレイグ、太ってましたか（笑）。

007は英海軍出身者

押井：ダニエル・クレイグはもともとイギリス映画でギャングとかチンピラをやってた人だからね。最初は「どう見たってKGBの殺し屋にしか見えないじゃん」と思ってたけど、するっとジェームズ・ボンドに収まっちゃった。

ジェームズ・ボンドというのはなんとなくもったいつけてて、酒とメシにうんちくを傾けて、女好きで、博打好きでという典型的なイギリス男だよ。そのキャラクターを考えると、イングランド的上流階級からはみ出る男。もともと海軍の軍人だけど、イギリス上層階級のはみ出し者で問題児という設定じゃん。

——海軍中佐で第二次世界大戦に出征、終戦後にMI6入り、と公式ではなってますね。

押井：イギリスの海軍軍人は外の世界を知ってるからね。はっきりいってイギリスで「軍隊」と言ったら、海軍のことなんだよ。もともと海軍国だから。ここからは軍事的なうんちくになるけど、イギリス陸軍というのは国軍じゃないんですよ。

——そうなんですか。

押井：女王陛下の海軍はある。女王陛下の空軍もある。陸軍はいちおう国軍の体裁は取ってるけど、郷土軍だったんですよ。郷土ごとに連隊があって、そこの名士が郷土を守るために組織していたわけ。

——誰から守るんですか？

押井：もちろんイングランド国王からだよ。それがもともとの陸軍の起源なんだよね。そこはアメリカとちょっと似てる。アメリカも連邦軍を持ちたくなかった国で、連邦軍の力をどうやって抑えるかというのが初期の大統領たちのテーマだったんだよ。なぜかと言ったら陸軍は必ず独裁化して、暴走する。どんな国でも陸軍は問題児で悩みの種なんだよ。軍事クーデターを起こすのは基本的に陸軍だから。南ベトナムの場合は空軍がクーデターを起こしたという珍しい歴史があるんだけどさ。

――どうして、空軍はクーデターを起こしにくいんですか。

押井：空軍は爆撃とか対地攻撃はできるけど、占領も制圧もできないから。最後は銃剣の間合いで権力を押さえるというのは陸軍にしかできないんだよ。

――アメリカには「海兵隊」というのもありますよね。敵前上陸専門の。

押井：海兵隊の本家本元はイギリスで、世界中に海軍を派遣してたけど、必ず陸戦隊（海軍の水兵によって編成された陸上戦闘部隊）を積んでたの。薩英戦争とかもそうだよ。アメリカはそれをマネしただけ。ペリーも陸戦隊を積んでいて、ちゃんと上陸して行進したという記録が残ってる。海兵隊というのはそういう派遣軍として作られたもので、海軍とは切っても切れない関係。あれもれなくセットなんだよね。ただし海兵隊が独自の勢力になっちゃったのはアメリカだけ。あれは（陸軍、海軍、空軍に次ぐ）第四の軍隊になったから。

MI6は女王陛下の組織

押井：だからイギリスでは陸軍はマイナーなんだよ。元は郷土軍だったから。戦争のために国軍を作っただけであって、イギリスでは対外戦争のためにしか存在を許されないんだよ。国防軍という発想はイギリスにはもともとなくて、国防という戦いをするために必要とあらば郷土軍の連合を作ればよかった。独立戦争や南北戦争のときのアメリカに似てる。

――島国だから基本的には陸軍は必要なかったわけですね。

押井：イギリスは大陸に派遣するという以外に陸軍の存在理由なんかないんだよ。空軍はロイヤルエアフォースがやたら有名になっちゃったけど、あれは第一次世界大戦でツェッペリン飛行船に爆撃されなければ永遠に存在してなかった。有名なおっさん（ヒュー・ダウディング）が、バトル・オブ・ブリテンの直前に「やばい」って慌ててファイターコマンド（戦闘機軍団）を強化した。それまでは爆撃のための空軍、つまり戦略空軍しかなかったの。だから海軍こそがイギリス軍そのもの、女王陛下の軍隊ということだよ。イギリス海軍がスペインの無敵艦隊に勝ってなかったら今のイギリスはなかったんだもん。その直系、末裔がジェームズ・ボンドだよ。

――「女王陛下の007」（1969）というシリーズ第6作もありますね。

押井：MI6は誰のために働いてると思う？　政府じゃないよ、という話なの。女王陛下なんですよ。そういう意味で言えばイギリスのエスピオナージというのはアメリカと決定的に違う。MI6は仕える主人が常に明快だから。CIAは時の政府の敵になったり、影の権力になったりいろいろある。

――たしかに、映画によってCIAは善玉にも悪玉にもなりますね。

押井：これがまたエスピオナージの面白いところでもあるんだけど、イギリスの場合は「忠誠心」というものがテーマになってる。その枠であれば敵の女スパイとよろしくやろうが、なんでもOKなわけ（笑）。結果さえ出せばいいよというのはイギリスの伝統でもある。体面を重んじているようで、じつは裏で何をやってもよろしいというのがイギリスの国是、伝統だよ。

――本当ですか（笑）。

押井：まあ、そういうイギリスらしさが007シリーズに横溢していたのも冷戦時代がピークだったね。敵と戦って結果を出せるなら何をやってもOKだった頃の作品だから「ロシアより愛をこめて」を今回挙げたわけ。ある時期までの007シリーズのどれを選んだって同じ。だけど冷戦が終わっちゃったあとは、007シリーズの苦悶が始まるわけだよね。もうスパイが活躍する時代じゃなくなったから。

――でも最近でも「キングスマン」（2014）がありましたよ。あれもスパイ映画ですよね。

押井：みんなあれを面白いと言うんだけど、僕は全然面白くなかった（笑）。要するに全部パクリなんだもん。本家の007シリーズ自体が、かつてのシリーズのパロディになっちゃってるのに、それのパロディをやってどうするんだよ。でも「キングスマン」は、それこそ秘密兵器大会なわけだけど、不思議と女はあまりないんだよね。

――最後に王女様と××して終わりでしたけど……。

押井：ボンドガール的なものは許されない時代になりつつあるから登場させなかったのかもしれないけど、それだけじゃないと思う。「キングスマン」ってなんとなく最初からゲイっぽい匂いがするんだよなあ。テイラードされたゲイの世界というかね。007はあきらかに男の欲望の結晶。だから「キングスマン」にはボンドガール的なものの存在する余地がないんじゃないかな。それっぽい女性キャラがちょこっと出てくるけど、たいした役じゃないじゃん。

――007においてボンドガールは重要な要素ですからね。

押井：ジェームズ・ボンドのシリーズでは、誰と戦うか、どんな秘密兵器が出るかと同じぐらい、ボンドガールというのは重要なテーマだった。「次のボンドガールは誰？」って、みんなそれを楽しみにしてたわけじゃん。

ボンドガールとは何なのか？

押井：今回、007シリーズの中から「ロシアより愛をこめて」を選んだのは、ボンドガールのダニエラ・ビアンキが好きだったからという理由もある（笑）。歴代のボンドガールで断トツですよ。他のお姉さんはほとんど忘れちゃった。

――彼女はハリウッド映画にはほとんど出てなくて、ヨーロッパ映画に何本か出てるぐらいなんですね。

押井：そうそう。その後ダニエラ・ビアンキが何に出たとか、僕も知らなかった。当時は今のようにインターネットはないから、調べようがなかったしね。

「007　ゴールドフィンガー」（1964）も好きで、オナー・ブラックマンというエグいおばさんが出てたじゃん。僕の好みから言えば、本来あっちのおばさんのほうがタイプなんだけど、でもやっぱり007なら金髪のダニエラ・ビアンキだね。すごいインパクトがあったんだよ。

——どうしてそこまで押井監督が魅了されているのでしょうか。

押井：彼女が他のボンドガールと何が違うのかは、語るべきテーマだと思っている。これは「ボンドガールって何？」という話なんだよ。ジェームズ・ボンドといえばボンドガール。ボンドガールと新兵器のない007は007じゃないわけで、現在の007シリーズでもそれはある程度は守ってるわけだよね。最近は新兵器のほうは怪しくなってきたけど。

——ちょっとガジェット感が足りないというか。

押井：小物ばっかりだよね。「スカイフォール」からは、小道具を開発する係の「Q」が電子戦専門のハッカーになっちゃって、小道具係じゃなくなったから全然つまらなくなった。

Qはとぼけたおっさんだったのが面白かったんだよね。スパイのこととか世界情勢なんかどうでもよくて、おもちゃを作ってることが楽しくてしょうがないおっさん。せっかく作った新兵器を本当はボンドなんかに持たせたくない、だってボンドはすぐに壊すから。あれはいいキャラクターだったよね。いかにもイギリスらしい職人。「お前、また壊したのか」とか「そこに触るな！」って。

——いい味のキャラでした。

押井：Qがいて「M」がいて、秘書のミス・マネーペニーがいて、それで初めてジェームズ・ボンドだったんだよ。マネーペニーを必ずデートに誘うんだけど、あの二人がデートしてるのを見たことがない。「また今度ね」「どうせその気なんかないくせに」というさ。どう考えてもボンドの好みじゃないから。

――そもそもボンドの「女の好み」って、あまり良くないですよね。

押井：ボンドは女の好みに関しては相当悪いよ。美人でグラマーだったら誰でもいいのかって感じ。それは多分に「イギリスの男」っぽさでもある。イギリス男のジェームズ・ボンドがロシア女にいかれるというのは、シチュエーションとしてそそられるんだよ。国自体にそういう歴史があるから。

――歴史ですか。

キレイなバラにはやっぱりトゲがある

押井：かつてイギリスで大スキャンダル（プロヒューモ事件＝1963年英・マクミラン政権の陸相ジョン・プロヒューモが、ソ連のスパイと親交がある高級コールガールに国家機密を漏らした事件）があったんだよね。ロシアの息がかかったおネエちゃんに大臣クラスまでたらしこまれて、自殺者も出た。ハニートラップだよ。だからロシアといえば女スパイ。女スパイといえばセックススキャンダル。「ロシアより愛をこめて」でもボンドが盗撮されてるけど、あれはあきらかにあの事件を踏襲してるんだよ。

――「金髪の女スパイ」にも歴史があるんですね。

押井：今ではハニートラップと言えば、いつの間にか中国が本家になっちゃったけど、かつてはロシアの独壇場だった。そういう「金髪の女スパイ」というのは映画的な記憶の一つだよね。邦画的にいうと、女スパイといえばもれなくチャイナドレス。これは伝統の違いですよ。僕が自分で実写をやるときに真っ先に出したのはチャイナドレスの女スパイ。

――「紅い眼鏡」（1987）の鷲尾真知子さんですね。

押井：僕の中では、ギャングの情婦と女スパイはもれなくチャイナドレス。子どものときからそう刷り込まれていた。「紅い眼鏡」だけじゃなくて「トーキング・ヘッド」（1992）でも、小林という演出助手がチャイナドレスで歌ってたでしょ。僕はチャイナドレスが大好きだったんだよ。

――そういう理由だったんですか。

押井：僕にとっては主人公をたらしこみに来る怪しいお姉さん、「莫連女（ばくれんおんな／素行や振るまいが悪い女）」というやつだよ。悪い女、毒婦、ヴァンプ。僕の場合はチャイナドレスか、濡れ髪の着物の裾からリボルバーという（笑）。

僕はガキの頃から悪い女が大好きだった。マセガキだったんですよ。お姫様とかそっちには全然興味なくて、悪い女にしか興味がなかった。だって色っぽいんだもん。ボンドガールもその系譜に属するから、当然注目してました。その中で最強の女スパイがダニエラ・ビアンキ。ボンドガールであると同時に女スパイだから。付加価値が付きまくりなんだよね。

――リーチ一発に裏ドラも乗ったみたいな（笑）。

みんな大好き、金髪のロシア女性

押井：歴代のボンドガールは、単なるボスの愛人だったりとか、地元の連絡員だったりとかその程度だけど、ダニエラ・ビアンキは違うんだよ。ボンドを巻き込むスキャンダルの道具であると同時に本当に愛し合っちゃったりした。なおかつ典型的なイメージのロシア女。白い肌の金髪。

――イタリア国籍ですが、映画では絵に描いたようなロシア美女です。

押井：うちの空手道場にもロシア支部があるから、時々金髪のお姉さんがロシアから稽古に来るんだけど、みんな注目するんだよね。ロシアの女性はみんな金髪というわけじゃないけど、やっぱり日本人の男にとっても金髪のロシア女というのはどこかしらキモなんだなと。この間ウチの流派の二十周年の演武会があってビデオを撮ったんだけど、カメラマンが金髪の姉ちゃんばっかり撮ってやがってさ。

――ああ～（笑）。

押井：まあ、僕も撮れと言ったんだけどさ（笑）。金髪の美少女が空手やってると、なんとも不思議なフェティッシュの世界になる。あと僕が「東京無国籍少女」（2015）でロシア語監修を頼んだロシア人のコスプレイヤーの子なんかも。

——ジェーニャですね。彼女は最初、僕（野田）がCSのTV番組の企画で日本に連れてきたんですよ。その後色々あって日本に移住して結婚もしちゃったんですが、お父さんが元スペツナズ（特殊任務部隊）という。

シリーズの魅力がここで確立

押井：うちのロシア支部のおっさんたちだって半分は元KGBだよ。今はFSB（ロシア連邦保安庁）だけど。もともとロシアで空手やろうなんておっさんの半分はそっち系。半分はインテリ。ロシアって昔から武道好きなの。プーチンの柔道も有名だけどさ。

それはともかく、あらゆる意味で「ロシアより愛をこめて」は007シリーズのピークだというのは、出来がいいとかボンドガールが歴代最強とかそういうことだけじゃなくて、007シリーズの本質が全部出てるからなんだよね。

——この作品の出来がよかったから、これに倣ってフォーマット化したという話です。

押井：そういうことでもある。ボンドガールも最初の「007　ドクター・ノオ」（1962）から出てきてたけど、それは連絡員の女とか色を添えてるだけだったの。やっぱりダニエラ・ビアンキがすべてを変えたと言ってもいい。でも、たちどころに惰性になっちゃったけどね。あと有名なのは「007は二度死ぬ」（1967）の浜美枝とかね。あれは日本で撮影して浜美枝がボンドガールをやるというので盛大に盛り上がったんだよね。僕は高校生になってたかな。

――僕は生まれた年です。

押井：日本人向けに刻々情報が入ってくるんだよ。丹波哲郎も出てるし。浜美枝もそれまでそんなにメジャーな女優さんじゃなかったんだよ。海女の役だったんだけど本編中じゃ水着がせいいっぱいだった。だけど公開後に「プレイボーイ」かなんかで脱いじゃったんですよ。それで大騒ぎになった。

――「007は二度死ぬ」では、若林映子さんもボンドガールでした。

押井：そうそう。若林映子は我々の年代にとっては金星から来た預言者だった（笑）。キングギドラの時（「三大怪獣　地球最大の決戦」1964）に出てくるの、預言者の役で。なぜか知らないけど気を失って運び込まれたあと、医療ベッドの上にシーツだけで横になってるんだよ。僕は当時中学生ぐらいで、盛大に盛り上がった。「あの服を脱がせたのは誰だ？」って。気を失ってる女を医療措置のために裸にするというのは一大テーマだったのね、映画の世界では。見せ場だったんだよ。

おばさん上司の強さにしびれる

押井：「ロシアより愛をこめて」では、ジェームズ・ボンドと戦う殺し屋ロバート・ショウ（役名はレッド・グラント）がKGBの秘密兵器として腹筋モリモリで出てくるじゃん。

――あの登場シーンがいいですよね。

押井：腰にタオル一枚で女はべらせて日光浴しててさ、そこにスペクター幹部のおばさん（ローザ・クレッブ／女優はロッテ・レーニャ）が閲兵に来て「立ってみろ」っていきなり言ってさ。おばさんがメリケンサックはめて、振り向きざまに腹に一発パンチを入れて、でもびくともしないんで「こいつは強そうだ」って、すばらしいシーンだよね（笑）。しびれたもん、かっこいいおばさん。

――ロバート・ショウじゃなくて、そっちですか（笑）。

押井：ロバート・ショウはどうでもいいの。あのおばさんがすごい。しかも映画の最後では掃除のおばさんに変装して出てきて、見せ場もちゃんとある。毒ナイフを仕込んだ靴でボンドを窮地に追い詰めるからね。歴代の悪役の中でも、あの方は特筆すべきおばさんですよ。

――KGBではダニエラ・ビアンキの上司で、えらそうにしてましたよね。

押井：KGBだけどスペクターの幹部でもあるという。いろんなところに籍を置くのがスパイだから。あのおばちゃんからすればダニエラ・ビアンキは小娘だよね。あきらかにそういう目で見てる。生贄の羊を眺めてるような目。それがなんか知らないけどすごくエロい。エロジジイじゃなくてばあさんがやるところがすごい。

――確かにそうでした。

押井：あのおばさんがしげしげと体をチェックするんだよね。やり手ばばあだよ。しかも作戦が失敗したとわかったら、自分で暗殺しに行くし。全部終わったと思って太平楽を決め込もうとしていたボンドに襲いかかるというさ、おまけのレベルを超えてるよ。

――ロッテ・レーニャさんはオーストリアの女優さんですね。

押井：たぶん筋金入りの女優だよね。

――女性上司と言えば、007の上司であるMも女性の時期がありました。

押井：ボンドみたいなやつを押さえつける、上司のMというのは途中（「007 ゴールデンアイ」1995）からおばさんになったけど、変わったときはみんな「え？」って思ったよね。

――それまではずっと男性でした。

押井：もともとは皮肉たっぷりの老紳士で「やばそうだからお前が行け。やりすぎるんじゃないぞ。責任は取ってやるから」と。Mもイギリスの典型的なジジイだったから、女性になった時はすごい抵抗感があった。「いいの、このおばちゃんで？」とか思ってたけど「スカイフォール」でころっと意見が変わった（笑）。

――女性である意味が、ようやくあそこで描かれましたね。

押井：あれを見て「Mは、マザーのMか」と初めて納得したんだよ。「なるほどね。それがやりたかったのか」と、ようやくそこで伏線が効いてきた。あの作品はあきらかに放蕩息子の帰還だからね。「どこ行ってたのアンタ！」って。再テストしたら案の定ボロボロだったけど、まあいいやって母ちゃんが無理やりに合格にしちゃった。

しかも、実は長男がいたという話じゃん。長男は母親に見捨てられて、恨んで母親を殺しに来たのを次男坊が助けるというお話。すごい話だよ。これがやりたくてMをおばちゃんにしたのかどうかはわからないけど。

――女性がMになって20年近く経ってますから（笑）。

押井：最近のイギリスのドラマを見てると、MI6とか諜報機関のボスでおばちゃんがよく出てくるんだよ。昔風の渋いじいさんと言えば、「0011 ナポレオン・ソロ」に出てくる国際機関U.N.C.L.E.のボスもそうだったね。「ナポレオン・ソロ」の話まですると収拾つかないけど、あれはその文脈で見ると、イリヤ・クリヤキン（俳優はデヴィッド・マッカラム）という主人公の相棒がロシア人という設定は結構意識してるよね。U.N.C.L.E.というのは国際的な組織だから、ソ連も加盟していてロシア人がいてもいいということになってたんだけど、あの時代はまだ冷戦中だったからね。だから小説版では亡命したロシア人というご丁寧な設定が書かれてた。

――小説版があるんですか？

押井：これは原作小説というよりは、今で言うノベライズだね。テレビドラマのシリーズで語ってない設定とかを小説とかで補完してるの。「イリヤ・クリヤキンはロシア人なのになぜU.N.C.L.E.なんだろう」って中学生でも思ったからね。

イギリス人は秘密兵器好き

押井：「007 サンダーボール作戦」（1965）が好きだという人間は多いんだけど、僕はあんまり。あれはボンドガールが誰だっけ？

――クローディーヌ・オージェですね。

押井：最初からビキニで出てきて、ウニの棘を踏んじゃってそれをジェームズ・ボンドが吸い出してやるというさ。そこで早くもよろしくやっちゃう。これは原作通りなんだよ。「サンダーボール作戦」の良さと言ったら、やっぱりヴァルカン（英アヴロ製の戦略爆撃機／スペクターに核兵器を奪われる爆撃機として登場）でしょう。

――そこですか（笑）。

押井：あの海中のヴァルカンの美しさ。フォークランド紛争までヴァルカンの見せ場はあの映画しかなかったからね。その後ヴァルカンはフォークランド諸島への渡洋爆撃で復活して、ミリタリーファンはみんな燃えたんだから。不謹慎だけど（笑）。しかもそのとき空中給油に出動したのがヴィクターというさ。

——いわゆる「3Vボマー（1950～60年代の英空軍で使われた3種の爆撃機、ヴァリアント＝Valiant、ヴァルカン＝Vulcan、ヴィクター＝Victorのこと）」の一角ですよね。

押井：そうそう。ヴァリアントの立場はどうしてくれるんだというやつだけど。もともとヴァリアントって保険で作ったやつだからさ。イギリスって面白いんだけど、必ず保険かけるんだよね。戦前の四発（重爆撃機）トリオみたいなもんだよ。ランカスターとスターリングと、出来の悪いやつ（ハリファックス）。でも結局ランカスターの独壇場になっちゃったわけじゃん。……全然関係ない話だなこれ（笑）。

——もしかしたら、Qが奇天烈な秘密兵器を作るのは、イギリス軍が変な兵器を作るのと似てるんですかね？

押井：確かにイギリスは特殊部隊とか特殊作戦とか秘密兵器とかが昔から大好きで、だからエスピオナージになじむんだよ。「サイドボードでものを考えさせたらイギリス人が断トツだ」というさ。要するに企画とか発想とか設計とか開発計画ってことになると、だいたいドイツ人がすごいということになってるんだけど、実はイギリス人のほうが凝り性なの。世間では誰も知らない言葉だけど。

例えばスピットファイア（第二次大戦で使われた、イギリスを代表する傑作戦闘機）って30以上の形式があるんだよ。ユニバーサルウイングという翼だけ変えるシステム作ったりとかさ、そういう凝り性というのはイギリスの得意技。

領収書は100%OKの男

押井：ジェームズ・ボンドが好きだろうが嫌いだろうが、「ロシアより愛をこめて」というのは歴史的な作品として観る価値があると僕は言いたい。出来もいいしね。あれが007のフォーマットを生んだというのはその通り。

冷戦の産物であり、一種の代理戦争でプロパガンダ。そして男の欲望を満たしてくれる。バイオレンス、女、博打、酒、メシ、ファッションや車も出てくる。言うことないじゃん。アストンマーティンでタキシードで、カジノで博打で、金髪のお姉さんで、銃ぶっ放し放題で、殴る蹴るも当然あって、リンチも拷問もあって。おまけに秘密兵器だもん。男の欲望すべてでしょ。日本の中学生だってしびれるよ。

――まさにあの時代の生み出した作品ですね。

押井：当たり前のように思うかもしれないけど、そういうものを見事に構造としてはめ込んだシリーズってなかなかないよ。だからこそ失速し、煩悶も迷走もした。007シリーズは、冷戦が終わってからやることがなくなっちゃった。

――冷戦という背景設定がないと、そこまで「欲望むき出しで楽しくやろうぜ」というのはやれないんですかね？

押井：できない。要するに「ツケ」は全部冷戦に回すんだから。MI6はそれで領収書が全部通っちゃうわけだよ。プロダクションI.Gなんかほとんど通らないからね。

――「この領収書は通せません」というのがバブル崩壊以降の我が国の風潮です。

押井：それまではソ連とかあったから、「あそことの喧嘩に使いました」ということなら必要経費でなんでも通っちゃう。100％領収書OKの男。国を救うことに比べたら、女に金使ったり博打に金使ったりうまいメシ食ったりする経費は安いもんじゃん。

――とはいえ、ロジャー・ムーアになってから（1973～85）かなり雰囲気が変わったような……。話は妙にデカくて領収書もすごいことになりそうですが、チープ感がありましたよね。

押井：そうだね、ロジャー・ムーアになってからはただのアクション映画になっちゃった。敵役に石油成金だったりアラブの富豪だったり、とっかえひっかえいろんな人間を引っ張り出したけど、小物感は拭えないね。あとは宇宙に行ったりしたのも致命的だった。「007 ムーンレイカー」（1979）か。007がレーザーガンを撃ったりとか、何やってんのというさ。

007と言えばオープニングと主題歌

――「ロシアより愛をこめて」以外で見るべき作品を挙げるとしたら？

押井：さっきも言ったけど「007　ゴールドフィンガー」は好きだった。偉大なメインビジュアルがあったから。金粉を塗った女というさ。

――あれで皮膚呼吸ができなくて死んじゃうんだっていうのが。

押井：日本にも金粉ショーって伝統があるんだけどさ（笑）。でもあの当時は金粉を塗られた全裸の女が横になってるというのは最強のメインビジュアルだよ。歴代の007シリーズでもあれ以上のメインビジュアルはない。

その話で思い出したけど、007と言えばオープニングと主題歌。これが見たいというのも理由の一つだったよね。オープニングのあのフォーマットは誰が作ったんだろう。必ずお姉ちゃんのシルエットかセミシルエット。007って裸のお姉さんはいっぱい出てくるんだけど、乳首が見えたことはない。これはお約束なんだよね。

――あそこまで見せてるのに、どうしてその一線は超えないんですかね。

押井：中学生まで客層を広げたいから、PG15じゃダメなんですよ。だからオープニングで裸のお姉さんのシルエットはいっぱい出てくるんだけど、乳首は絶妙に隠す。ダニエラ・ビアンキが寝台列車で脱ぐシーンだって絶妙なタイミングでシーンが変わるからね。いまだにそれは守ってる。伝統なんだよね。確かにそれでなかったら日本の中学生にあれほどアピールしなかったよ。

――確かに、テレビでかかっても親がギリギリ見せてくれる映画でした。

押井：さっきの3つのテーマに加えてオープニングと主題歌。そういう意味でも「スカイフォール」はすばらしかったんだよね。とどめを刺したからね。あの歌（アデルの「スカイフォール」）は歴代の主題歌でも最高なんじゃない？　ひさびさにしびれた。あとは「ゴールドフィンガー」「ロシアより愛をこめて」。見るならその3つがいいんじゃないかと思うよ。

――今後007が新作をやるにあたって、期待でも予想でもいいんですけど、どういう展開や敵が考えられますか。

押井：現実の世界で、国家が非正規戦を始めちゃったわけで、国家同士の戦争じゃなくて国際テロ組織、あるいは少数部族とか国内の特定勢力を相手に戦争する時代になった。不正規戦とも言うけど、そういう時代になっちゃった今、エスピオナージの世界が映画のテーマ足り得るのだろうかと。国家同士で表立って戦争できないからこそそのスパイの世界だったんだよね。暗殺だテロだ誘拐だ拉致だをやってたわけで。だからこういう時代にスパイ映画が成立するんだろうか。渋い映画じゃなくてエンターテインメントとして。

――難しそうな気がします。

押井：はっきり無理だと思うよ。だから007の歴史的使命はとっくに終わったと思ってる。むしろ冷戦終結以降、よくここまでやりおおせたもんだと感心したよ。それも「スカイフォール」を観たからもういいやというさ。惰性で「スペクター」まで観に行ったけど全然ダメだった。過去のコピーでしかない。そもそも「スカイフォール」だって最後のあだ花みたいなもんだからね。「カジノ・ロワイヤル」（2006）もいいと思わなかったもん。「スカイフォール」は死に花を咲かせたなと思った。だからもう007を観に行こうという気持ちはない。

——テレビでも見ませんか？

押井：他に見るものがない時以外は見ないね。僕は家のTVをダラダラ見るんでしょっちゅう奥さんに怒られるんだけど（笑）。快感原則だったりとかそういうレベルで言ったら、まだマーベルのほうが見るべきものがある。007のアクションは昔はかっこよかったんですよ。でもあるときから普通だよなと感じるようになった。チェイスと格闘というのはアクション映画の二大テーマなわけでしょ。でも007はやり尽くしちゃったから。

「ミッション：インポッシブル」と007の違い

——アクションも「ミッション：インポッシブル」シリーズでトム・クルーズがもっとすごいのをやってたりします。

押井：あっちのほうが全然すごい。最近だと「アトミック・ブロンド」（2017）でシャーリーズ・セロンがひさびさにエスピオナージをやってたけど、あれも彼女のアクションとファッションが売りというかね。すばらしかったよ。180センチで金髪の彼女がマッチョたちと本気で殴り合って、青あざ作って、階段落っこって、便器で殴りつけたりとかさ、パワープレイですごかった。それが見たくてひさびさに映画館に行ったんだけどさ。

「アクションなら、007を観に行かなくてもほかにいっぱいあるよな」という話ですよ。銃撃戦とか格闘とかがある映画なら、もれなくなんでも観る主義だけど、007は客観的に言って水準ではあっても「すげえな」というレベルじゃない。今の言葉で言えば、とっくにオワコンになってる。名前で商売させてもらってますというレベルだと思うよ。見る側も期待してない。アクション映画としては並ですね。ちゃんと作ってます、というレベル。

――では、スパイ映画としての「ミッション：インポッシブル」シリーズはどうですか？

押井：僕はあれをエスピオナージだと思って見たことは一回もない（笑）。よくできたアクション映画という、それ以上でもそれ以下でもない。

――なぜ「ミッション：インポッシブル」はアクション映画でしかないんでしょう？

押井：だってほかに何もないじゃん（笑）。

――世界を脅かす陰謀と戦ったりしてるわけですが……。

押井：その世界を脅かす陰謀が何だったのか覚えてる？

――うっ。

押井：ほら、何も覚えてないでしょ。つまりお客さんにとってもどうでもいいんだよね。トム・クルーズのすげえアクションが見たいだけ。

押井：あのシリーズもお姉ちゃんの印象がほぼない。トム・クルーズってそういうキャラクターだよね。相手役の女優の印象がほぼない。トム・クルーズ自身がそういう意味ではセクシャルな俳優なんだよ。だってそんなに演技力があるわけでもなければ、すごい二枚目というわけでもない。ガニ股だし足も短いし背も低いじゃん。僕はトム・クルーズなら「アウトロー」（2012）のほうが好き。ジャック・リーチャーシリーズは大好き。あれは脚本家を目指す人間は全員観るべき。トム・クルーズの映画では一番好き。あとは「コラテラル」（2004）もなかなかよかった。トム・クルーズが悪役をやったんだよね。マイケル・マンの映画だから見たんだけど、髪を銀髪に染めてがんばってた。

エスピオナージはもはや「文芸」か

―― 近年のスパイ映画としては、前の単行本（『仕事に必要なことはすべて映画で学べる』）で取り上げた「裏切りのサーカス」（2011）もありました。

押井：「裏切りのサーカス」は大傑作だよ。あれも冷戦終結がテーマになってるんだけどさ。みんなでパーティーでUSSRの歌を歌ってたでしょ。「すげえシーンだな」と思った。そうやって、今でもエスピオナージはほそぼそとやってるんだけど、「裏切りのサーカス」がそうであるように、エンタメではない。

―― 確かに。大変渋い映画でした。

押井：そういう意味で言えば文芸の世界に近づいている。本来は「裏切りのサーカス」の原作者であるジョン・ル・カレのスパイ小説こそが正統派で、007シリーズのほうが大衆版だったんだよね。「この程度でいいよね。その代わりいっぱいコース付けさせてもらいました」という。

――その「コースをいっぱい付けた007」こそが、当時の歴史の記憶だったんですね。

押井：そうそう。本来のエスピオナージというのはもっとシビアで暗いもので、人間性の暗部みたいなものだったんだよ。そういう作品が出てくること自体、エスピオナージは原点に戻ったともいえるし、そういう意味でも007はもう役目を終えたんだと思うね。

――この章の最初でも触れていたように、現在の007シリーズはもはや「歴史の記憶装置」としての役割を終えたシリーズだと。

押井：そういうことです。

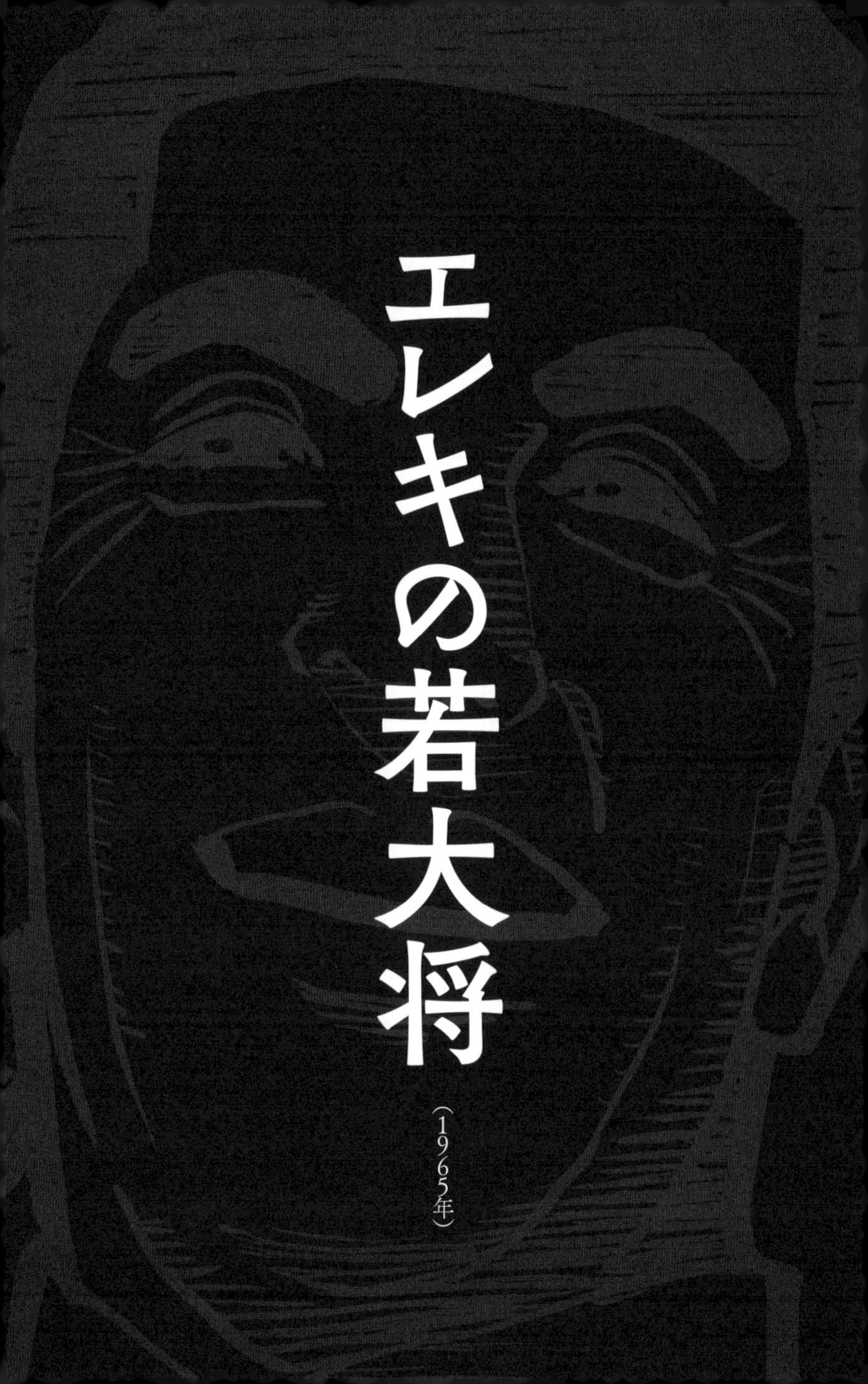

エレキの若大将

（1965年）

ありえない大学生活は高度成長期の夢のカタマリ

加山雄三主演の若大将シリーズ第六弾。大学のアメリカンラグビー部を舞台に、星由里子と恋をして、青大将（田中邦衛）が邪魔をして、最後は試合に勝つというおなじみのストーリー。挿入歌は加山の代表曲「君といつまでも」「夜空の星」。監督：岩内克己。

—— 今回のお題は「エレキの若大将」（1965）ということですが。

押井：別に「エレキの若大将」じゃなくてもいいんだけどさ。若大将シリーズは基本的にどれもみんな一緒だから。

—— 僕は今回初めてちゃんと見たんですけど、このシリーズは毎回、「加山雄三が星由里子（または酒井和歌子）と恋に落ちてどうのこうの」っていう同じ様なストーリーなんですか？

押井：同じ同じ。田中邦衛（青大将）が絡んで妨害があって。最後スポーツの大会で優勝してという、まったく同じパターン。だから「水戸黄門」と一緒だよ。というかむしろ、もっと鉄板だね。スポーツが毎回変わるだけ。

——役者も同じで、同じストーリーを繰り返してて、毎回見ている人は混乱しないのかなという気がするんですけど（笑）。

押井：だから安心して見られるというやつだよね。結末まで全部わかってるから、スポーツのネタがいつ尽きるかという話。「エレキ」のときはアメラグだっけ。

——そうです。「アメリカンフットボール」じゃなくて「アメリカンラグビー」なんですよね。アメラグなんて当時相当マイナーだったんじゃないですか。

押井：いや、そんなこともないよ。どちらかというと先端のスポーツでかっこいいというイメージじゃなかったかな。ただこの映画での扱いはルールもヘチマもないけどね。なんとなく派手なプレイをして、なんとなく優勝しちゃうという。試合自体の展開はさっぱりわからない。

見てるほうも、誰もアメラグの細かいルールなんて知らないからさ。

――映画の中では、試合の部分はほぼ点数の推移しか映ってないですよね。監督（岩内克己）さんもインタビューで「アメリカン・フットボールはよく知りませんでした」と答えていますし。

押井：そんなもんだよ。ボクシング（「銀座の若大将」1962）とか、柔道（「南太平洋の若大将」1967）のときはわかりやすかったけど。

――もう一つ、この作品ではスポーツ以外に「エレキギター」がフィーチャーされています。あの頃はエレキギター人気がすごかったんですよね。

押井：グループサウンズの時代だよ。あの頃の中高生男子はもれなくエレキをやりたいと思っていたよ。だけどみんなあきらめるわけ。金もないし、たぶん難しいんだろうなって。でもめげずにやった人間もいっぱいいる。やっぱりエレキギターそのものがギミックとして新鮮でかっこよかったんだよ。それまではギターといったら、オヤジの演歌、古賀政男（昭和の代表的作曲家にしてギタリスト）の世界だったから。

――演歌とか流しのイメージだった。

押井：それが突如として世界で一番かっこいい楽器になった。それはエレキギターとアンプの威力。胴がなくてソリッドな形がかっこよかったんだよ。それまでの、いわゆるアコースティックギターは胴があるから、ポロポロやるしかないし指先の超絶技巧しかないわけ。でもエレキギターなら演奏しながらステージで暴れるとかね、腰の位置で弾いたりとかができた。エレキが受けたのは日本だけじゃなくて、そういう時代だった。ジェフ・ベックとかさ。そういう意味で若大将が持てる最新のギミックがエレキギターだったんだよね。

どこにも存在しない「理想の大学生活」

押井：「エレキの若大将」は、エレキギターの勝ち抜き番組の演奏中に突然アンプが故障しちゃって、もちろんそれは青大将の仕業なんだけど、本来は演奏のコンクールなのに若大将が一人でジャカジャカ鳴らしながら突然歌を歌い出す。でもそれが大ウケしちゃって優勝する。青大将からすると妨害には成功したんだけど、かえって敵を利してしまったというさ。

――青大将という役どころは敵のはずですよね。でも若大将とくっついたり離れたりして、敵か味方かよくわからないです。

押井：そうそう。最後も、青大将の自己犠牲でアメラグの試合に優勝するしね。「俺を踏んづけて行け」って。青大将というのは、しょせん小悪党だからね。金を持ってるだけで、若大将のライバルたり得ないんだよ。星由里子がそっちに行かないのはわかりきってる。ストーリーを転がすための存在。

――若大将の存在を揺るがすほどではないから、観客は安心して見ていられるわけですね。

押井：その辺も含めて「どこにもない青春」を満喫する映画なんだよ。だいたいあんな大学あるわけないじゃん。あいつらいったい、いつ勉強していつ単位取ってるんだよ（笑）。

――確かに、授業風景はまったくありませんでした（笑）。

押井：なぜかといったら授業なんて誰も見たくないからだよね。授業もゼミもない。なのに停学だけはある（笑）。けんかして毎回必ず停学になるわけだ。その前に部活の合宿とか、放課後の練習とか、パーティーがあったりとか。当時の本当の大学生がそうだったかは別として、「こうだったらいいな」という理想の大学生の姿を綿々とシリーズで描いたわけ。楽しい学生生活、キャンパスライフ。

怪獣映画のついでに見ていた？

――そういう内容の映画を、当時どういう客層が見ていたんでしょうか？　当の大学生とか？

押井：いや、間違いなく中学生や高校生が見たんだよ。東宝の特撮映画の併映作品だったからね。怪獣映画との抱き合わせの二本立てで、子どもたちが見た。

――今の若い人たちにはわからないかもしれませんが、昔は封切りの映画でも二本立てで同時上映というのは当たり前でしたからね。

押井：怪獣映画の併映がクレージー・キャッツの映画（クレージー作戦シリーズ）だったりするわけだ。ドリフはなかったと思うけど。

押井：僕は若大将シリーズは、怪獣映画のついでに見てたんで、それを目当てで見に行ってたわけじゃない。でも見たらそれなりに面白いんだよ。ちょうど中学ぐらいだったと思う（押井監督は1951年生まれ、本作公開当時は十四歳）。

――その頃から「映画少年」だったんですか。

押井：中学のときが一番映画を見てたね。高校になったら学生運動が忙しくて映画に行けなくなった（笑）。逆に背伸びしてアートシアターとかは行ったけど。それでも怪獣映画だけはがんばって見に行ってた。そして意外に併映された作品は覚えてたりするんだよ。ザ・ピーナッツとかね。「私と私」（1962、併映は「キングコング対ゴジラ」）という映画。二本立てって本命はすっかり忘れちゃって、併映作品のほうが妙に記憶に残る。そういう不思議な現象があるよね。

――わかります。

押井：ある意味でいえば意外性があるから覚えてるんだろうね。怪獣映画は王道でだいたい様子がわかってるし、たいして変わりゃしないからね。ゴジラファンが「『モスゴジ』（「モスラ対ゴジラ」1964）が……」とか「『三大怪獣』（「三大怪獣　地上最大の決戦」1964）が……」とか言ってたって、結局はゴジラじゃん。細部にこだわってるのはオタクだけでしょ。ゴジラは顔が何種類あってとか、「モスゴジ」のゴジラが最高だとかさ、それはシンちゃん（映画監督の樋口真嗣）とか伊藤君（脚本家の伊藤和典）の世界だよ。僕はそこまでファンじゃないから。

――その割にはよく見てますよね。

押井：当時は怪獣映画以外に「非日常映画」がなかっただけなんだよ。日常の作品ばっかりで、SFだファンタジーだというのは怪獣映画ぐらいしかなかったから見に行ってた。僕は怪獣より、どちらかというと自衛隊に燃えてたからね。本当に怪獣がかっこいいなと思ったのは……「空の大怪獣ラドン」（1956）はちょっと燃えたかな。地上でバサバサやってるのはみっともないと思ったけど。雲の上からガーッと黒い影がというのはすげえなと。ヴァルカン（イギリスの爆撃機、アヴロ・ヴァルカン。81ページ参照）みたいでさ。結局はやっぱりミリタリー小僧だったの。

――非日常映画が少ないというのは製作に予算がかかるとか、そういう問題なんでしょうか。

押井：いや、そもそも観客に「非日常を見たい」という欲望がなかったんじゃない？　高度経済成長を過ぎるまでは、みんな日常にしか興味がなかったよね。SFだのファンタジーだのはテレビで子ども向けにはやってたけど。「遊星王子」（TV／1958）とかその類い。映画だと大映や松竹も作ったけど、だいたい超人ものだった。「黄金バット」（1966）よりもうちょっとSFっぽい。宇津井健の「スーパージャイアンツ」シリーズ（1957〜59）のパチモノみたいなのがいっぱいあった。

――「スーパージャイアンツ」自体がだいぶパチモンっぽいですけど（笑）。

押井：あとはアイアンシャープとか。

――「宇宙快速船」（1961）ですね。

押井：千葉真一主演だよね。近所の映画館で見て興奮した記憶がある。でも本当は超人ものじゃないSFが見たかったんだよ。だから「ウルトラQ」（TV／1966）が出たときに狂喜したの。要するに「アウター・リミッツ」（米TV／1963〜65）とか「ミステリー・ゾーン」（原題「THE TWILIGHT ZONE」米TV／1959〜64）のファンだったから。僕は昔からSF小僧でありミリタリー小僧だったんだよね。怪獣とか超人とか怪人とかそっちじゃなかった。だけどスペースオペラみたいなのは嫌だったんだよ。正統派のSF者だったので、スペオペとかは馬鹿にしてたからさ。マルペ（「宇宙英雄ペリー・ローダン」シリーズのファンのことを少し揶揄する感じの呼び方）とか。

――マルペという言葉を久しぶりに聞きましたよ（笑）。

押井：マルペって言う奴、もうめったにいないでしょ（笑）。要するに「スペオペなんか読んでいる奴はみんな馬鹿だ」というさ。僕はSFでもニューウェーブとか、そっちのほうだったから。破滅ものとか好きだったし。ただそういう映画がほかにないから怪獣映画に行かざるを得なかっただけ。シンちゃんや伊藤君みたいに怪獣に思いがあるかといったら、はっきりいって、ない。むしろ自衛隊のほうに思い入れがあった。そもそもなんで自衛隊が怪獣を殺せないんだというさ（笑）。戦車砲で貫通できない皮膚ってなんだそれはと。

――うははは。

押井：なんでそんなもんが動き回れるんだよと思ってた。だから世間でちょっと誤解されてます。

僕はむしろ正統派のSFファン。

――怪獣はむしろ邪道だと。

押井：怪獣って幼稚だよな、と思ってた（笑）。だから「ウルトラQ」が終わって「ウルトラマン」（TV／1966～67）が始まったときがっかりしたのよ。「結局これかよ」って。でも全部見た。ほかにないから。

――じゃあ次の「ウルトラセブン」（TV／1967～68）はどうだったんですか？

押井：「ウルトラセブン」はシリーズの中で一番SFっぽかったしハードだったから、ギリギリ「ウルトラセブン」はまあいいかという。宇宙人がいっぱい出てきたし、やっぱり「ウルトラセブン」は傑作が多いよね。当時は情報誌とかないからオープニングを見て「監督　実相寺昭雄」って出ると「やった、今回はいいぞ」って。まずハズレがなかったから。それ以外にも確かにいいのはいろいろあったけど。だから「ウルトラマンタロウ」（TV／1973～74）とかあの辺までしか見てない。

――十分ですよ（笑）。僕らの世代でも「ウルトラマンレオ」（TV／1974～75）まで見てない奴はいっぱいいますから。

押井：「ウルトラマンタロウ」は結構好きだったよ。隊員服がかっこよかった。

――あの頃からだんだん派手になって、僕はついていけない感じになりました（笑）。

押井：あとお姉さんがちょっとかっこよかったかな。やっぱり特撮のお姉さんに萌えるというのは、僕もあるんだよね。「謎の円盤UFO」（英TV／1970）のエリス中尉みたいなもんだよ。伊藤君はエリス中尉が永遠のマドンナなんだけど、ウチの先生（小説家の今野敏／押井監督の空手の師匠）もそうだよ。先生も「特撮お姉さん萌え」だからね。いまだにレーザーディスクを持ってるんだから。

高度経済成長期の妄想

――ところで、今回はどうして「若大将シリーズ」を題材に選んだのでしょうか。

押井：やっぱり、時代の産物だったからだよ。少し前でいえばコカコーラのCMの「楽しい職場」というやつ。あれを見たうちの甥っ子が、当時は学生だったんだけど「ああいう職場で働きたいな」って言ってさ。若い人間がたむろして、コーラ飲んで歌ったり踊ったり。

――そんな職場は現実にあるわけないんですけどね。

押井：それと同じなんだよ。知らないから妄想の大学生活だったり、妄想の職場だったり。60年代後半ぐらいまではそういう妄想が成立した時代だったんだよ。テレビでいったら高校生ドラマ全盛期で、森田健作の世界。

――「おれは男だ！」（TV／1971～72）ですね。

押井：それは誰が見ていたのかといったら、テレビの高校生ドラマというのは中学生が見るものだったんだよ。だいたい、自分よりちょっと上を見る。で、学生は何を見るかといえば、大人の世界をのぞき見たいわけだよね。

――大学生活の現実を知ってれば、大学生のドラマなんか見ても仕方がないと。

押井：あの頃はまだそういう妄想が成立する時代だったんだな、と。今回はそういうテーマで話そうと思って。

――なぜあの時代にはそういう妄想が成立したんでしょうか。

押井：経済がどんどん伸びている時期だったからだよ。自分のリアルな現実や日常のレベルで、かつての願望が形になりつつある時代だった。僕が小学生か中学生の頃に兄貴がテープレコーダーを買ってもらったんだよ。「英語の勉強のためだ」と称して。

――ありそうな理由ですね（笑）。

押井：もちろん、実際には英語の勉強なんかしなかった。テープレコーダーを使っていろいろ遊んでただけだよね。妹とか弟とかにはいっさい触らせないんだけど、兄貴が留守の間に勝手に使って遊んでた。バレると殴られるんだけど（笑）。カレッジエース（東芝テープレコーダ GT－600）という当時画期的な新製品だったの。結構デカいんだけど、ハンドルがついていて持ち運びできますという。それまでのテープレコーダーはスタジオにある据え付け型だったの。そこに携帯型のテープレコーダーが出たというのは、後のウォークマンと同じぐらい威力があったんだよ。

――それはカセットテープじゃなくてオープンリールですか？

押井：もちろんオープンだよ、6ミリテープ。テレビCMでハンドル付きのテープレコーダーを持った学生がキャンパスを走るというさ。ご丁寧にも授業中にテープ回したりとかさ。今でいうところのスティーブ・ジョブズじゃないけど、商品が世の中を変えるというか、ライフスタイル自体を売るはしりだったわけ。ウォークマンに先行すること15年ぐらい前にもあったんだよ、そういうのが（カレッジエースは1962年発売、ウォークマンは1979年発売）。そういうのが日常化してきた時代だったわけ。

――まさに、国民生活全体が「成長」しているのが実感できるような時代だったんですね。

押井：冷蔵庫だったり洗濯機だったり自家用車だったり、「三種の神器」とかいわれてたわけだよね（1950年代後半は三種の神器＝「白黒テレビ・洗濯機・冷蔵庫」、高度成長期は「カラーテレビ・クーラー・自家用車」が「新三種の神器」と呼ばれていた）。そういうモダンな生活。

日本でリッチになるか、あるいは日本をぶっ壊すか

押井：当時ガキだった自分からすれば、アメリカのテレビドラマで見ていた世界が目の前に近づいたわけ。家にでっかい冷蔵庫があって、でっかい瓶の牛乳を取り出してゴクゴク飲む。学校には食堂があって、ガールフレンドと帰りにハンバーガー食って。要するに「アメリカンスタイ

ル」だよ。戦後の貧乏ったらしい日本から、そっちに移り変わる時期だったわけ。そういう妄想を抱けた時代。僕もその一人だったんだよ。

――前回の東京オリンピック（1964）の頃ですよね。

押井：これから日本はどんどん豊かになる。「鉄腕アトム」まで一足飛びに行かないにしても、テレビで見てたアメリカのホームドラマぐらいにはなるかなということがリアルに思えたんだよ。スーパーに行ってカートでお買い物をするとか。今はそれが全部現実になった。そして現実になってみたらつまんねえやというか、たいして面白くもなんともない。

――まあ、そんなもんですよね（笑）。

押井：いざ豊かな時代になってみると、十円玉握りしめて肉屋にコロッケを買いに行った頃のほうが懐かしいという、そういう現象になるわけじゃん。

――「ALWAYS　三丁目の夕日」（2005）の世界ですね。

押井：今や映画でもマンガでもアニメーションでも、そういう懐古的なものが流行ったりするわけじゃん。だけど「エレキの若大将」の当時はそうじゃなかった。日本中がまだ貧乏だったから。大学に行くということ自体珍しかった。誰もが当たり前に大学に行ってた時代じゃないんだよ。まだ「集団就職」という言葉があった時代だからね。昔の映画スターだって大卒なんてめったにいないもん。芸人だからね。

――劇中でも、加山雄三の父親が自分の母親から「これだから高卒は」みたいなことを言われてました。

押井：だから慶應大卒の加山雄三というのは、そういう意味では名実ともに新しい世代だったわけ。大学も行ってるし、ヨットも乗ってるし、茅ヶ崎の結構な家に住んでてさ。車も乗り回すし、ギターも弾くし、歌も歌う。しかも親父もおふくろも大スターで血統書付き（加山雄三の父親は俳優の上原謙、母親は女優の小桜葉子）。絵に描いたようなスターじゃん。「巨人の星」（マンガ／原作：梶原一騎、作画：川崎のぼる）の花形満みたいなもんだよ（笑）。

――星飛雄馬とか左門豊作じゃないわけですね。

押井：そういう貧乏ったらしい日本の現実を忘れて見るというか、怪獣映画を見に行ったガキが「いずれ自分はそっち側にいくんだ」と夢を抱いても無理ないわけ。怪獣映画というのはそれとはまったく逆のベクトルでしょ。「こんな貧乏ったらしい日本はぶっ壊せ」という話だから。そういうアンビバレントな二本立てだったわけだよね。よくできてるんだよ。

――なるほど！ 確かにそうですね。製作者側は、本当にそういう意図があって二本立てにしたんでしょうか（笑）。

押井：誰が考えたのか知らないけど、プロデューサーはたいしたもんだよ。今は二本立て自体がないから、プログラムという考え方が成立しないけどね。ＣＤのアルバムが少なくなったのと一緒で、みんな単品商売になっちゃった。組み合わせで物を売るという発想がなくなった。

――抱き合わせ商法とか、悪い使い方もありましたね。

押井：任天堂のファミコンでもあったよね。僕はファミコンが発売されてから5年ぐらい買わなかったんだよ。それは最初に買いに行ったときにおもちゃ屋の抱き合わせに激怒したから（笑）。

——しようもないソフトと一緒に買わされそうになったと（笑）。

押井：このソフトと一緒じゃなきゃ売らないとか、今だったら考えられないよ。あんな商売許されない。公正取引委員会にタレ込もうかと思ったよ。だから伊藤君が「スーパーマリオブラザーズ」を始めるまではファミコンは遊ぶ気なかったの。でもやってるのを見ていたらたまらなくなって買いに行った（笑）。それからものの見事にゲームにはまっちゃったんだけどさ。

二本立て映画はラーメンチャーハンセット

押井：だからいってみれば、当時の二本立て公開は映画の抱き合わせ商法だよ。でも怪獣映画のついでに見るからこそいいんだよね。若大将を単品で見に行くかっていうと、行かないんだよ。お姉ちゃんがキャーキャー言って加山雄三を見に行ったわけじゃないんだから。

——あ、そうなんですか？　でも結構ヒットしてたんですよね？

押井：大ヒットはしてた。二本立てのどっちが大ヒットだったか知らないけど。どちらかが不調でもそこそこなんとかできるという、ラーメンチャーハンセットみたいなもんだよね。ラーメンもチャーハンも両方まずい、という店はめったにないじゃん（笑）。

——そうですね（笑）。

押井：このセットは最近「チャーラー」と言うらしい。ＹｏｕＴｕｂｅで覚えたんだけど。

——押井監督はＹｏｕＴｕｂｅｒの動画までチェックしてるんですか？

押井：そうそう、「冴えないおっさんの休日」というのを最近見てる。休日のたびにいろんなところに行って飲んだり食ったりを延々とやってるんだけどさ。だいたい地元で朝からビールを飲んで、居酒屋行ってキャバクラ行って麻雀やって、最後に深夜の締めでニンニクチャーハンと台湾ラーメンを食うという、それだけなんだよ（笑）。だけどチャンネル登録者が10万超えてるんだから。

——どれどれ（検索して）……すごいっすね！　１本の視聴回数が30万とか１００万とか。

押井：何がいいかって、飯の食いっぷりとビールの飲みっぷりがめちゃくちゃいいの。ガバガバ飲んでるんだよ。これで死んでもいいみたいな勢いでさ。めちゃくちゃうまそうなの。

——本業は何をやってる人なんでしょうか？

押井：ただのサラリーマン。で、休日が楽しみで楽しみで、朝から走り回ってビールがうまい店探してさ、飯を食い始めて深夜までやってるの。それが生きがいなんだよ。そういうのが今の時代にフィットしてるなと思ったわけ。

——なるほど。

押井：わかりやすいじゃん。これだったら誰でも手に入るし、独身のサラリーマンだったら十分可能な範囲の享楽なんだよね。本当に楽しそうなのがいいんだよね。いま登録してるチャンネルが他にもいくつかあるんだけど、その中に「ニカタツBLOG」というのがあって、こっちは飯を食うだけなの。このおっさんは酒を飲まない。とにかくおいしそうに食べる。庶民中華系が多くて、ラーメンの麺をおかずに山盛り飯食ってるわけ。これがまた結構なアクセス数なんだよ。

──えーと（検索して）……だいたいアベレージで4～5万前後アクセスありますね。

押井：私は1万超えの前後から見てる。成長するチャンネルはちゃんとわかるんだよ。

──どんなところが違うんでしょうか。

押井：単純だけど、まずうるさいことを言わない。うるさいコメントとか、顔出してワーワー騒いだりとかしないの。テロップだけ。めったにしゃべらないんだよ。ひたすら食ってるだけ。時々「うますぎて気絶」とかやってるんだけどさ（笑）。

文化の「枠組み」がかつてはあった

──それにしても、押井さんがYouTuberまで押さえてるとは衝撃です。「時代を見ている」ってことなのかもしれません。

押井：その時代を表すものっていうのが、それぞれの時代にあるんだよ。でも、日本の映画はとっくの昔にそうじゃなくなった。今の映画は全部マニア向け。普通の人間が見る映画はほとんど

作ってない。だからマンガ原作ばかりだし、半分以上は高校生のドラマじゃん。

あれ、いつも思うんだけど、誰が見に行くんだろう？　かつては高校のドラマは中学生が見る、大学生のドラマは高校生が見る、という感じではっきりターゲットがわかってたわけ。だけどいまの高校生のドラマって結構おっさんも見たりするらしいんだよ。中学生限定じゃないんだよな。

――高校生は新海誠監督の作品とかを見てるんじゃないんですか？

押井：だけど「君の名は。」（2016）とかは、OLのお姉さんとかいい年のおばさんまで見てるわけじゃん。家族連れでも見たりするし、高校生も大学生も見るわけでしょ。だから割とまんべんなく見てる。昔は違ったわけ。

――「エレキの若大将」の時代は、もっとセグメントされていたと。

押井：当時は高校生の熱血ドラマなんて中学生ぐらいしか見なかったもん。大学生が見たら「お前恥ずかしくない？」って話だったんだよ。僕も言われたからね。学生のときに「ウルトラセブン」を見てたら「いつまでこんなもん見てるんだ、お前は」って親父に言われたもん。

――それも含めて時代なんでしょうね。

押井：でも今は大人が特撮番組を見るのも当たり前じゃん。うるさく言うオヤジが存在しないどころか、当のオヤジがその番組を見てるから。その頃「ウルトラセブン」を見てた僕ぐらいの連中は、みんなもれなくオヤジを通り越してジジイになりかけてるんだからさ、そんな時代に誰が注意するんだよ。

――もちろん、僕も一緒になって特撮を見るほうの口です（笑）。

押井：そういう「文化の枠組み」があったのがあの時代だったんだなと思うわけ。若大将シリーズがピークであり、あの頃が「枠組み」の最後だったのかもしれない。あのあとそういうシリーズってあまり記憶にないんだよね。

その若大将シリーズでは「エレキの若大将」がたぶんピークにある作品だった。出てくるのがアメラグであり、当時絶頂にあったエレキギター。寺内タケシ（「エレキの神様」と呼ばれたギタリスト。1962年に「寺内タケシとブルージーンズ」を結成）がゲストで出てたでしょ。寺内タケシといったらブルージーンズでエレキギターの第一人者。顔はじゃがいもみたいでイケメンじゃないんだけど、エレキの超絶テクニックで有名だった。

――演技のほうはなかなかすごかったですね（笑）。

押井：当時の「時代」をもれなく全部映画に盛り込みましたと。だから「エレキの若大将」は特に覚えてるわけ。ほかの作品の印象は薄れてるんだけど、あれは鮮明に覚えてる。同時上映が「怪獣大戦争」（1965）だったから、怪獣映画も爛熟したときだよね。みんな出しちゃえというてんこ盛り。全乗せラーメンと、唐揚げ付き五目チャーハンみたいなさ（笑）。さっきのニカタツの世界だよ。

大衆文化が成立しない時代

押井：「エレキの若大将」で思い出すのはそういう時代のことなんだよ。昔の映画を見るとその時代を思い出す。そういう意味では便利な装置でもあるんだよね。でもそれを同時代で見てない人間にとってはナニモノでもなかったりするわけ。そこがいわゆる「古典」とは違うんだよ。時期限定というか世代限定。それが映画の宿命と言えば宿命なんだけどさ。

――「映画は時代の記憶装置」ですね。〝不安〟に限らず。

押井：そういう「時代を思い出す映画」はみんな思い当たる節があるはずだよ。僕にとっては「エレキの若大将」だったり怪獣映画だったりするものが、もうちょっと下の人間にとっては

「ガンダム」だったり「エヴァ」だったりするわけでしょ。いずれも普遍的なものではあり得ない。でももっと生々しい「時代」が見えてくる。ガンダム世代にはガンダム世代の思い入れがあるはず。飲み屋で話す類いの「あの頃はこうだった」というやつだよね。

――どうして、人はそういう同時代に執着するんでしょうか。

押井：自分のアイデンティティになってるからでしょ。じゃあ日本人のアイデンティティってほかに何があるのという話だよね。自分が生きた時代、若かったときの同時代感。それ以外にアイデンティティってあるんだろうか。

――うーん。

押井：昔はあったんだよ。極端に言えば、戦前は日本人であることがアイデンティティだった。いまは日本という国にアイデンティティを求めてるのはネトウヨぐらいのもん。そうすると今生きている日本人にとってどこにアイデンティティを求めるのか。かつてはアイドルだったりさ、ポップスだったり歌謡曲だったりした時代もあった。

――ありましたね。キャンディーズとか、ピンク・レディーとか。

押井：だけどいまは、そういうのもなくなったじゃん。アイドルだったりガンダムだったりエヴァだったり細分化されていて、いずれにしても言ってみればサブカルチャーだけど、いまやサブもメインもありゃしない。かつての文化的な事象、時代のアイデンティティたりうる「大衆文化」であり「大衆芸能」のようなものが成立しなくなった。アニメーションも映画もみんな同じくくりだけど、芸能に近いかな。「文化」と言ったって小説はアイデンティティになってないから。マンガもギリギリなってないような気がする。何のマンガを見て育ったって言えるのは僕らくらいの世代が最後かもしれない。

――今だと、三十代でも十代でもジャンプや「ドラゴンボール」（マンガ／作：鳥山明）を延々共有してるような気はしますけれど。

押井：それって基本的に個別の作家というよりは「少年ジャンプ」というメディアでしょ。メディアなんだよね。今ではマンガって、それを読む人間自体がマニアだもん。マンガなんか読まない子どもも増えてるし。そもそもコマを読む順番がわからない子もいるんだから。

――若い世代はそうらしいですね。

押井：マンガはフレームが任意だからね。フレームのないメディアってダメなんだよ。それはiPhoneのサイズだったり、タブレットのサイズだったり、モニターのサイズだったり、いろいろあるけど、今やメディアというのはフレームのことであって、そこで何をやってるかはどうでもいいわけ。そのフレームでゲームやろうが番組見ようがメールやろうが全部同じこと。そうじゃなくて「個別の作品」というレベルで自分の同時代にアイデンティティを求める現象というのは、いったいいつまであったんだろう、と思うんだよね。

――そういう「時代のアイデンティティ」が失われて久しい気がします。

押井：ギリギリでガンダム・ヤマト世代な気がする。いまだにガンダムもヤマトも商売になってるし、その世代の人たちはいまだに金を使ってるでしょ。ガンダムなんておっさんが金使ってる世界。高くて高校生が買えるわけないじゃん。あんな買い物するのは独り者のおっさんだけだよ。

若い子の欲望を全部かなえる映画

押井：映画もそういう現象がかつてあった。映画というフレームを共有するんじゃなくて、映画の中で細分化されたジャンルを、ある世代で共有してた時代があったんだよ。

——それが「エレキの若大将」の頃なんですね。

押井：怪獣映画と若大将やクレージーキャッツというセットを愛好する中高生は、あの当時確実にコアとしていたんだよ。だから鉄板だった。当時は小学校でガリ版刷りの映画割引券を配ってたんだよね。持っていけば夏休みは五十円で映画見れるというさ。

——僕の小学校も割引券を配ってましたね。

押井：僕が覚えてるのは、それが「宇宙大戦争」（1959）だった。併映は忘れちゃったけど（「サザエさんの脱線奥様」1959）。怪獣映画の併映作品もいろいろ替わってたよ。ザ・ピーナッツもあったし、若大将もあったし、クレージーもあったし。でも若大将が一番相性がよかったんじゃないかな。「スクラップ&ビルド」で片方で日本をぶっ壊して、片方で甘い夢を語るというさ。

――ほんとによくできたカップリングですね。

押井：加山雄三（が演じていた田沼雄一）の実家はすき焼き屋という設定じゃん。わかりやすいよね。肉食って、大飯食って、スポーツで大暴れして、恋愛して。若い子の欲望を全部かなえてるわけ。飯、女、あとバイオレンスだよね。

――けんかも劇中でしょっちゅうしてます。

押井：すき焼きを全員で食うシーンが必ずあるんだよ。ピンク映画にもすき焼きを食うシリーズがあったけどさ。「未亡人下宿」シリーズ（山本晋也監督）ってやつ。下宿のおばさんがすき焼きを下宿人に食わせる。で、全員とやるんだけどさ、名物シリーズだった。性欲と食欲と両方から攻めたわけ。生卵付きで精力絶倫なわけじゃん。

――確かに（笑）。

押井：そして下宿のおばさんであるところがいいんだよね。お願いしたらできそうだという。男は全員プーでさ、日雇いとか受験生とかでサラリーマンなんか一人もいないんだもん。そういう底辺の観客を総ざらいしたんだよね。すき焼きと豊満なおばさん。

――わかりやすすぎます（笑）。

押井：高校生ぐらいの男の子って考えることは3つぐらいしかないじゃん。大飯食いたい、お姉ちゃんとお付き合いしたい、大暴れしたい。僕は高校の時、二年からはほとんど学生運動しかやってなかったけど、学生運動やってても同じパターンなんだよ。

――学生運動はやったことないからわからないですが、そうなんですか？

押井：大飯は別に学生運動の特権じゃないんだけど、学校で普通に高校生活をやってるよりも、いろんなお姉ちゃんと出会いの可能性があるんじゃないか、と思っちゃうわけ。もちろんそれは幻想なんだけど、そう思って学生運動をやってたヤツはいっぱいいるんだよ、本当に（笑）。

――でも、学生運動をやってる女の人自体が少ないのでは？

押井：少数だけど、逆に言えば「さばけてるはずだ」という思い込みがあったわけ。もれなく落ちこぼれだから、優等生じゃないでしょ。男と一緒に走り回ってもまれてるから。機動隊と戦ったり。

――そういうものなんですか？

押井：学生運動だから大暴れはもちろんついてまわるけど、大暴れどころの騒ぎじゃない。いつパクられて停学や退学になるかという、こんなスリリングなバイオレンスはないからね。街でけんかしてるよりはるかに危険なわけだ。だって相手は機動隊員だから、下手すりゃ殺されるんだよ。

もちろんデモに行くときも帰るときも大飯食ってたよ。それが楽しみでもあった。何かというと会議と称しては飯を食ってた。そこら辺は以前、小説（『獣たちの夜　BLOOD　THE　LAST　VAMPIRE』）に書いた通り。

各世代の欲望の階梯

押井：それはともかく、若大将シリーズは即物的だけど「飯、女、バイオレンス」をちゃんと組み込んでいて、よくできてるんだよ。

――それって、前の章の「007」シリーズと似てますね。美女や暴力、メカとか、そういう男子の好きそうなものがてんこ盛りと言う。

押井：そうそう。だからどちらもヒットした。だけど、同じ鉄板シリーズでも「水戸黄門」ほど高級な欲望じゃないんだよ。

――中高生たちの若い欲望とは違うんですか。

押井：「水戸黄門」の欲望というのは権力欲じゃん。ただのバイオレンスじゃない。いちおう立ち回りはあるけど、暴力じゃなくて印籠が決着つけるんだもん。「これが目に入らぬか」って。あれは権力欲だよ。自分もやってみたいんだよ。さっきまでの悪党がみんなひれ伏しちゃう。欲望としてはちょっと高級で、だからじいさんが好んで見るんだよ。うまい飯も暴力もほどほどでいいやと。大飯は食えないし、女はとっくにダメだし。最後に残るのは権力だけ。

――お色気はちょっとありますよ（笑）。

押井：由美かおるが風呂に入ってるだけじゃん（笑）。

――それが「のぞき」というあたりが「じいさんの欲望」という感じですね。

押井：そうそう（笑）。谷崎潤一郎に近いじゃん。「息子の嫁の足をなめたい」みたいなもんだよ。

――手籠めにしたいわけではないと。

押井：そんなパワーあるわけないじゃん。そんなパワーがあったら「暴れん坊将軍」か「桃太郎侍」に行ってるよ。「水戸黄門」というのは、そういう意味では淘汰されたフォーマットだよね。助さん格さん郎党引き連れて旅して、風車の弥七とか女忍者とか、いっぱいいるじゃん。あれってチームなんだよ。みんなそれぞれの役割に特化してる。それはトップに水戸黄門という権力がいるから成立するんであって、そうじゃなかったらただの野盗かヤクザにしかなり得ない。同じ「定番もの」であっても、若大将シリーズと「水戸黄門」ではあきらかに欲望の階梯が違う。あっちがジジイ専門だというのはそういうことなんだよ。

――でも、今やそれすらも成立しなくなっちゃったんですね。

押井：だってそういうジジイ自体がテレビ見てないもん。

――でも、今どきテレビを見てるのはむしろ高齢者なんじゃないんですか？

押井：いやいや、僕らのちょっと上の世代がすでに「『ウルトラQ』から見てます」という世代だよ。そういう世代が今のジジイなんだから、「水戸黄門」じゃ満足できないよ。

――確かに。

押井：ところで、水戸黄門で思い出したけど、ガンダム世代において権力欲というのは何で満たすんだろう。ザビ家じゃないよね。ガンダムとかロボットものはみんなそうだけど、トップは人気ないじゃん。

――人気はむしろシャアのほうでしょうか。

押井：シャアは一兵卒ではないけど、どちらかと言うと異端の男じゃん。だから正統派のトップというのは、アニメではもれなく人気ないんだよね。人気があるのはみんなはぐれ者で落ちこぼれじゃん。だから共感できるんでしょ？（笑）

――そうですね。

押井：思うんだけど、昔は権力のトップを目指すのがスタンダードな時代がきっとあったんだよ。

――男の子の夢は連合艦隊司令長官みたいな。

押井：「末は博士か大臣か」って、僕も子どもの頃にさんざん言われたもん。そういうトップを目指せというのは確かにあった。でもあるときからトップはどうでもいいから、外れたところで好きなことをやりたいという、そっちのほうが共感を呼ぶようになったんだよ。「聖闘士星矢」（マンガ／作：車田正美）だって最高ランクじゃないのが上を倒すのがかっこいいと思ったわけじゃん。そこである種の構造的な変化があったんだよ。昔はトップが好まれたんだから。トップかトップ直属の部隊。「ワイルド7」（マンガ／作：望月三起也）とか「ガッチャマン」は最高権力者の直接の部下。これは一番行動の自由があるから。「ワイルド7」なんかただのならず者なのに警視正だからね。

――バッジを見せれば警官は皆直立不動みたいな。

押井：暴力と権力、両方兼ね備えてるんだよ。最後は権力者に切られちゃうんだけど、あれだけ好き放題やれば当たり前。つまり欲望の構造的な変化に対応してるんだと思うよ。確かにガンダム以降、組織のトップは人気がない。

——責任も伴いますからね。

押井：だけど、一兵卒じゃ嫌なんだよね。だからパイロットなんだよ。パイロットでちょうどいいと思ってるんじゃない？　好き放題できるし、責任取らなくていいし、最前線で大暴れできるし、すべて満たしてる。もちろん、パイロットと言っても戦闘機のパイロットであって、爆撃機のクルーの一員じゃ嫌なわけだ。

そう言えばタンデムのロボットというのは少ないよね。だいたい単座。それで言ったら昔の合体ロボって爆撃機みたいなもんだよね、十何人とかあったし。

——「機甲艦隊ダイラガーXV《フィフティーン》」（TVアニメ／1982）ですね（笑）。

押井：15人か。ランカスター（第二次世界大戦で活躍したイギリスの爆撃機）で10人だから、二桁ということは爆撃機なんだよね。だから「ああ、爆撃機か」と思って見てたよ。とは言え、普通は一人乗りだから単座戦闘機なんだけどさ。まあ、タンデムも珍しい。

——「太陽の牙ダグラム」（TVアニメ／1981）のコンバットアーマーは、確か三人乗りもありましたよね。

押井：（高橋）良輔さん（「太陽の牙ダグラム」の監督）はミリタリーの人だから、そういう発想に行ったんだろうね。だけど、基本的にみんな単座願望だよ。あとは「宇宙戦艦ヤマト」（TVアニメ／1974〜75）とか「銀河漂流バイファム」（TVアニメ／1983〜84）とか家族とか集団で艦に乗るパターン。「超時空要塞マクロス」（TVアニメ／1982〜83）だって似たようなもんだよ。集団でなんかやる。そのほうがドラマを作りやすいからでもあるんだけどさ。

「共有」する願望がなくなっている

押井：結局いろいろあっても、文化の枠という意味で言えば、構造的な変化を繰り返して、みんな時代の欲望を反映してきたんだよね。その時代を生きた同時代の人間の欲望。映画というのはかつてそれに敏感な時期があった。今は全然ダメ。まるっきりダメ。オヤジが見る映画なんか一本もないもん。

――「時代の恐怖や欲望をかつては映画が表現していた」というお話だと思うのですが、それは「今は欲望が多様化して、それぞれに対応するようになったから時代を反映できなくなった」という話ではないのでしょうか。

押井：僕はちょっと違う気がするんだよね。「今は欲求とか欲望が垂れ流されてる」とか「かつてのような支配的なメディアが存在しない」とか「アイデンティティとして成立する作品がない」とかさ、そういう議論がされてるのは承知してるけど、僕はそれだけじゃないと思ってる。

もっと深刻なんだという気がしてるんだよ。

――深刻ですか。

押井：「何かを他の人と共有する」という意欲そのものがなくなってるんじゃないか、と思ってるんだよね。細分化されたそれぞれのジャンルの中で共感構造があるかもしれないけど、実はそれも大したことない。それはネットで同じような言葉を使って満足しているというレベルだよ。果たしてそんなものが「文化」と言えるんだろうか。

――そう言われてみると確かに、最近「流行語」のはやっている範囲が狭いというか、流行語大賞なんかを見ても「それ、どこで流行してたの？」と思うことが多いですね。

押井：少し前までは、その時代その時代で「流行り」があって、それを若者がみんな使うわけじゃん。それをさらにオヤジがマネして使ったりもする。でも今はそれが細分化されているというよりは、共有したいという願望そのものがだんだんなくなってるという気がすごくするんだよ。

――他人と共有したいと言う願望がなくなると、どうなるんでしょうか。

押井：それがなくなると「文化」自体が成立しなくなる。

――え？

押井：当たり前だよ、文化というのは「価値観の共有」のことだから。僕が今漠然と危機感を持ってるのは「文化はもしかしてなくなるんじゃないか」ということ。必ずしも日本だけの現象とは思えないんだけど、日本がその先端を行ってることは間違いない。

――ちょっと怖いですね……。

押井：確かに日本は戦後、生まれ変わって「文化国家」になった。ただその文化が、高尚な文化ではなかった。アニメだったりアイドルだったりマンガだったりゲームだったりであって、残念ながら「芸術」ではなかった。まあ、それでもいいと思うんだけどさ。

――しかし、その「サブカルチャー」すら危うくなってきたと。

いかに枯れて、いかに死ぬか

押井：そこで、じゃあ何が残るのかっていうと、いつもの話になっちゃうんだけど「快感原則」だけなんだよ。健康で長生きしたいという願望。テレビのCMとか、それこそYouTubeの広告だって、大半はダイエットとアンチエイジング。元気な老後。いつまでも若いおばあちゃん。

――確かに多いですよね。

押井：ダイエットとアンチエイジングは二大テーマだよ。というか、それしか価値観がなくなりつつあるような気がする。元気で長生きして若々しくて……それが実現したとして、じゃあ何をするの？

――手段が目的そのものになってますね。

押井：いや、本当に。単に九十や百歳まで長生きしたいわけじゃないんだよね。元気でいたい、若々しいジジイババアになりたいわけだ。これって退廃そのものだよ（笑）。悪夢のような世界。

――若々しい老人の世界ですか。

押井：何だそれ？　古代ローマよりひどいよ。ローマにはまだ「死ぬ文化」があったからね。「いかにして死ぬか」という価値観があった。今はそれすらないもん。死は敗北で、終わりで、ゼロ。「死んだ奴は負けた奴だ」ってさ。

――ということは、そういう人たちにとって「生き残ったら勝ち」なんでしょうか。

押井：それは「何かやってる奴」はそうだよ。政治家だったり表現者だったりとか、そういう人はやっぱり死んじゃったら終わり。生きてる奴だけがやり放題やるんだからね。でもそうじゃなくて国民レベル、人民レベル、大衆レベルで「若々しく長生きする」しかテーマがない、という状態が今の日本。それを考えると空恐ろしいなという気がするわけ。

――みんな「若々しく長生きする」ことがいいことのように思っているけど、実態は非常に空疎であると。

押井：これで「人生百年」とか言われたらどうしたらいいの？　あとは年寄り同士で殺し合いでもやるしかないのか。

――筒井康隆がそういう小説（「銀齢の果て」）を書いていましたね。

押井：あながちバカな妄想でもないかもよ。若々しい老人が若者を食いつぶしていく時代。「若い奴が年寄りに反感を持つ」というのは古典古代から続いたテーマだけど、現実はそんな生易しいもんじゃないぞというさ。だって年寄りが若い奴と同じことやろうとするんだもん。

――かつての若大将の加山雄三も、今やゲーマーおじいちゃんになって「バイオハザード」をやって若者にウケるみたいな時代ですからね。

押井：そうそう。加山雄三って今でもヨットに乗ってギター弾いてさ、つい最近までコンサートやってたじゃん。いつまでも若く振る舞いたいという人たちのある種の象徴だよ。

思うんだけど、役者というのは「どう枯れるか」が最終的なテーマのはずなんだよ。外国の俳優なんかはそれがあるわけだよね。ピーター・オトゥールとか、アラン・ドロンもそうだけどさ。そしてそれに失敗した人間もいっぱいいる。

イギリスの俳優は伝統があるからだけど、みんな枯れ方がうまいんだよね。老人役だったらイギリスに行って探せというぐらいでさ、「ゲーム・オブ・スローンズ」（米TV／2011〜19）なんて、たぶん7割ぐらいイギリスの俳優だよ。こないだも家で見てて奥さんとその話になったんだけど「やたらイギリスの俳優ばっかりだよね」って。それはファンタジーだから様になるという話なんだよね。ヤンキーじゃダメ。若い役はともかく、王様だ女王様だと言ったらもれなくイギリスの俳優だよ。

――「シェイクスピアやれる奴を連れてこい」みたいな。

押井：そう。堂々たる押し出しがあってさ、セリフも顔も三拍子揃ってるわけだ。渋いし。そういうふうに、役者というのは枯れることがテーマだったのに、最近は枯れないことがテーマになった。「あの人いつまでも若いわね」って。女優だったらまだわかるよ。端的に言うと、今日本の実写の世界でじいさん役をやる役者がいないんだよ。もう払底しちゃった。

――うーん。

押井：今「じいさん役者」で誰がいるかって言われたら、いないんだよ。ばあさんはそこそこいる。元タカラジェンヌとかはものすごくかわいい、品のいいばあさんとかやれるからね。かっこいいジジイがいないの。昔はいっぱいいいたんだよ。声優の世界だって同じ。ジジイ役を振るのは大変なんだから。いつもワカ（若林和弘／音響監督）が嘆いてるからね。ジジイはいない、若い奴であふれ返ってる。

映画監督は「死生観」の映画を撮る

――いかにして死ぬかの価値観がない、死生観がない、というお話ですが、それは言い換えると「じゃあどうして今生きるのか？」「これからどう生きたいのか？」というテーマがなくて、ただただ「とにかく若く健康で生きたい」という手段の部分が目的になっているという話ですね。

押井：さっきも言った通り、快感原則しかない。それは「文化の爛熟」と呼ぶんじゃなくて、単なる退廃だと言ってるわけ。文化の爛熟というのは、最終的には死生観にたどり着くはずなんだよ。いかにして死ぬかという。それが文明の最高レベルですよ。これは割と本質的な話なんだよね。

映画監督は長くやってると必ず死生観をめぐる映画を撮るものなんですよ。例えば宮さん（宮崎駿）の「千と千尋の神隠し」（2001）は死生観の映画。

――どの辺が「死生観」なんでしょうか。

押井：賽の河原みたいなエピソードがあったでしょ。小さな少女（千尋）が賽の河原を電車で渡って向こうに行くという話はゾクゾクしたよ。あそこだけ。あとはつまんない。あと高畑（勲）さんの「火垂るの墓」（1988）。川のあるあの自然って、三途の川を渡るわけだよね。あの映画自体が死生観だよ。妹を見殺しにする話だからね。映画監督はみんなやるんだよ。鈴木清順も「ツィゴイネルワイゼン」（1980）でやった。

――押井監督もやられたんですか。

押井：僕もやった。「イノセンス」（2004）だよ。あれは冥土の話だもん。あの世に行く一歩手前の話。だから幽霊と人形と動物しか出てこない。「スカイ・クロラ The Sky Crawlers」（2008）も死生観と言えばそうなんだけどさ。

サー（リドリー・スコット）ももちろんやってる。特に物語に関わってる人間は最終的にそっちにしか行けないの。やってないのはマイケル・ベイぐらいのもんだよ（笑）。

――かつての中高生が見ていた映画「若大将シリーズ」は、死生観どころかどうやって俺の欲望を満たすかという映画だったわけですよね。まあ若者が死生観について考えるのも変ですし。

押井：だからつくづく、「若大将シリーズ」が怪獣映画とセットというのは本当によくできてるよ。若者というのはケダモノと変わらないから。怪獣映画というのは、この間の「シン・ゴジラ」（2016）がその典型だったように、一種の文明論にしかならないんですよ。

――文明論ですか。

押井：大量破壊というのは文明の問題なしには語れないんだよ。じゃないとただの破壊にしかならないし、それだと爽快感も何もないからね。というか、そもそも物語にならない。片方（怪獣映画）でそういう壮大な文明論をやっといて、もう片方（若大将シリーズ）で欲望自然主義をやり放題というさ。実に見事なセットメニューですよ。

死ぬことについて考える人はまれ

押井：さっき言った「文化が退廃に向かってるんじゃないか」というのは、今僕が世の中を見る上での最大のテーマ。全部がそれで説明がつくような気がするときがある。

――取材で認知症の研究をやってる先生に会った時に「みなさん認知症になることを心配するよりも、認知症になる前に『何をやりたいか』を考えるべきでしょう」とおっしゃってたんですよ。そうなるとガンプラを集めるとかやってる場合じゃないなって（笑）。

押井：死に方を考えるのはすごい大事なことで、最終的なテーマというのはそれしかない。どんな人間にとっても分け隔てなく、富裕層だろうがド貧乏だろうが、もれなく訪れる。「死ぬ」ということを避けられた人間は誰もいない。ブッダだろうがイエス・キリストだろうが。

――キリストは復活したということになってますよ（笑）。

押井：それはともかく（笑）、基本的にはみんな死を通るわけだ。その「死」がデッドエンドだと思うのか、一つの過程だと思うのか。うちの姉ちゃん（舞踏家の最上和子）みたいに「生きるプロセスの一部だ」と考えるのか。彼女に言わせると「生きながら死んでるんだ。生死ははっきり分かれるものではなくて、なんとなく死につつあるんだ。生と死は同じにしか語りようがない」というさ。

――ははあ。

押井：だけど、そうやって「死について考える」ことができている人はまれなんだよ。今の人間にとっては死という形式がなくなっちゃったから。病院で死ぬというのは最悪に近いわけだよね。「病院で死ぬということ」（作：山崎章郎）という本もあって僕も読んだけど、つくづく病院で死にたくないなと思ったよ。今は「だから在宅で」と言ってるけど、ただ最終的に死というものが社会的に認知される形式というのが必要だと思うんだよ。

――葬儀という「儀式」とはまた別でしょうか。

押井：葬式というのは生きてる人間側の必要性でやっていることじゃん。「これから死ぬ人間にとっての死の形式」というのは、個的にしか作りようがないんだよ。安楽死とか単純な話じゃないんだよね。生物学的に言っても死をいつ認定するかはいまだに確定してないんだから。脳死の問題もあるし、心臓が止まったら死んだのかと言ったらそうじゃなくて、細胞レベルではまだ生きてるからね。じゃあいつ死ぬの、という話になるじゃん。

そういう議論もある一方で、「個人として死ぬ」ということをどんなレベルで受け止めたらいいのか、そもそも受け止められるものなのか、あるいはもっと積極的に加担するものなのか……という話もあるんだよね。僕もそういう歳だから、ぼんやりそういうことを考えてる。

でも本当は歳を取ってから考えるんじゃなくて、若いときから考えろよという話なの。それができていれば、たぶん人生はもっとリッチになる。ある種の不安がなくなるから。これは永遠のテーマじゃない？　不安を抱えて生きる、悩んで生きるという。「みんな悩んで大きくなった」というやつだよ。

——野坂昭如ですね。懐かしい（笑）。

本も映画も「死んだら終わり」

押井：ブッダだろうがイエスだろうがみんな同じようなことを言ってるわけじゃん。「生きることは苦しみだ。悩みの連続だ」というさ。

——映画監督や表現者であれば、自分の作品が残るんだという思いは、救われる部分がありませんか？

押井：僕は全然ないです。死んじゃったら終わりだもん。小説家でもマンガ家でも映画監督でも、だいたい死んじゃったら絶版になるし、読まれなくなる。今、開高健とか誰が読んでる？　高橋和巳とかさ。

――読もうにも、本屋に置いてなかったりしますからね。

押井：ギリギリ三島由紀夫ぐらいでしょ。開高健とか高橋和巳とか探さないとないよ。だから同時代であっても、作家は死んだら終わり。ファンは覚えてるだろうけど新たな読者は獲得できないですよ。だからファンと一緒に滅びるんですよ。

以前は作家が死んだら全集が出るみたいなこともあったけど、「全集」という文化もなくなったでしょ。昔出た手塚治虫の全集だって、今は探さないと読めないよ。図書館にはあるだろうけどさ。ということは読者を失ったんですよ。石ノ森章太郎だって今誰が読むの。

――本は図書館に行けば出合う可能性もありますが、映画はもっと厳しそうですね。

押井：映画はもっと残らないよ。観るのが大変なんだもん。フィルムであろうがブルーレイであろうがデータだろうが、どんな形式でも再生しなきゃいけないから。今は配信なんだろうけど。

話を戻すと、映画というメディアに関してはもちろんだけど、文化というものが同時代性とか、もしくはアイデンティティを満たす器たり得なくなりつつあるんじゃないの？　ということだよね。

――「エレキの若大将」はそれが色濃く残っていた時代の一本ですね。

押井：その黄金時代の典型と言っていいと思う。だからこそ若大将シリーズが何本も作られたわけで、典型が持っている意味ってそこら辺にしかないんじゃないの？　作品の優劣とは関係ないんだよ。いろんな監督が撮ってるし、出来不出来もあったと思うけど、シリーズを通して「若大将」という一つのジャンルだったんだよね。

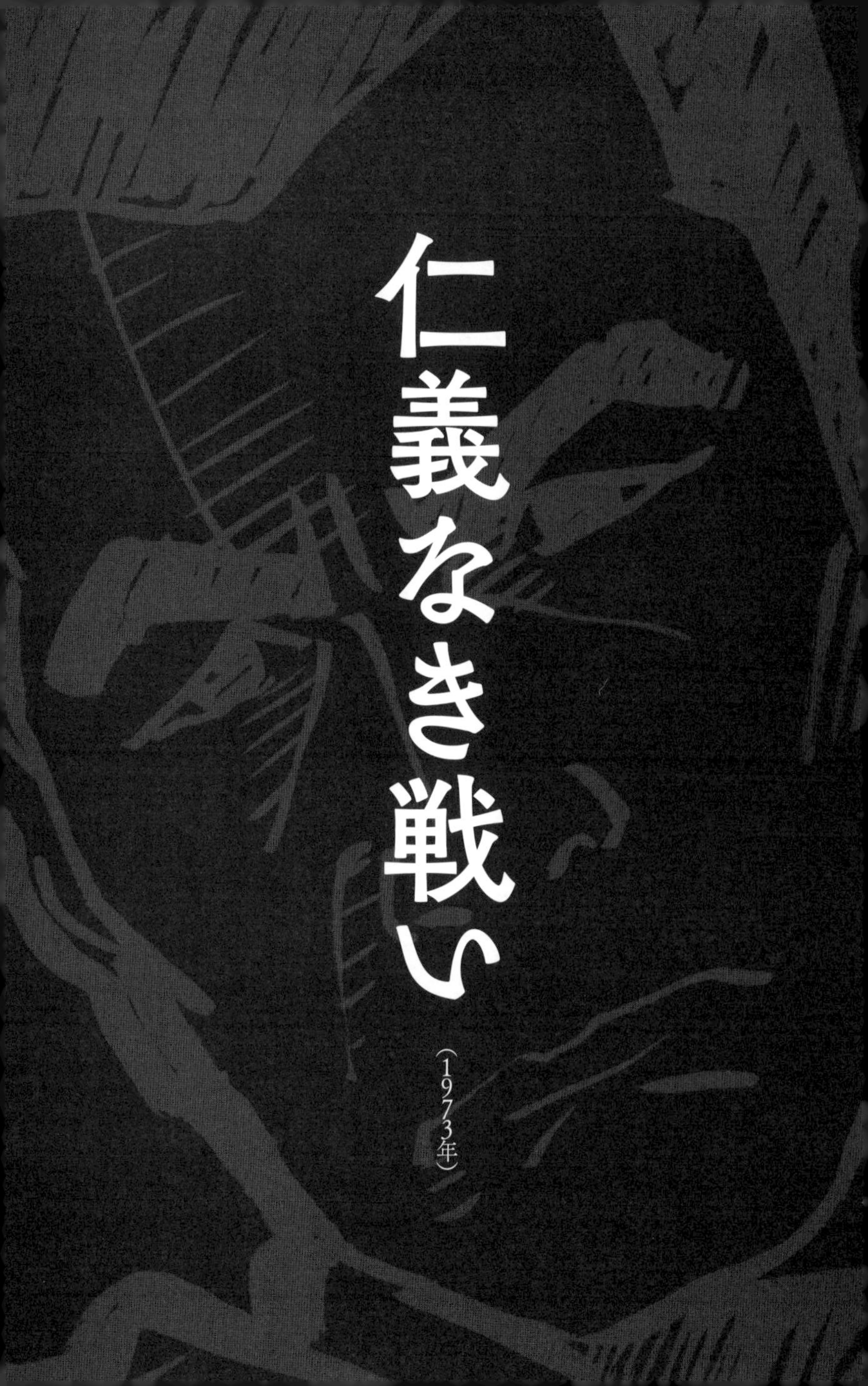

仁義なき戦い

（1973年）

取り残された人々の叫び「こんな〝戦後〟に納得できるか」

敗戦直後の広島県呉市。復員兵・広能昌三（菅原文太）が友人のため犯した殺人による服役から出所、山守組の一員としてやくざ同士の抗争に身を投じていく。ドキュメンタリータッチの斬新な暴力描写で大ヒットを記録。青春映画でもあり、戦後史のドキュメンタリーでもある。監督：深作欣二。

――今回のお題は「仁義なき戦い」（1973）です。

押井：僕はあのシリーズが大好きで、全部見てるしブルーレイのボックスも持ってます。

――僕も改めて見直しましたが、やっぱり面白いですよね。このシリーズは全5作を2年ぐらいの間に立て続けに作っているというのも驚きです。

押井：深作欣二も若かったんだよね。誰か役者が……北大路欣也か松方弘樹だったか「監督も若かったし、俺たちも若かったから」とか言ってた。あっという間にボコボコと勢いで作ったんだよね。しかもああいう撮影だからさ。照明もへチマもあるかみたいな。

――この作品はノンフィクション的な原作があるんですよね。

押井：原作は当時有名だったんですよ。実録ものというヤツ。だけどそれ以前から日本映画の世界にはヤクザ映画の伝統というか系譜があるわけ。昔は「股旅もの」というジャンルもあって、それはヤクザ映画とは呼ばなかったけど、股旅ものとか任侠ものとかと系譜としてはつながっている。

――最近は見ませんね、股旅もの。

押井：主人公は旅をしていて、一本独鈷の旅ガラス。日本の情緒的な世界。僕が好きな長谷川伸（小説家、劇作家。股旅ものを中心に活躍）の「瞼の母」（長谷川伸の戯曲。映画化もされた）とかね、親子とか、兄弟分とか親分子分の情。そういう日本的な情緒の世界を描いてたわけ。「清水の次郎長」（清水次郎長を主人公とするヤクザの抗争劇、浪曲や講談の人気演目だった）的な世界観ですよ。

――懐かしい世界です。

押井：「清水の次郎長」とか「赤城の山も今宵限り」の「国定忠治」とか。僕も親父に連れられてさんざん見た（笑）。

――そこが入り口なんですね。

押井：私立探偵をやってた親父が暇で暇で、僕が小学校から帰るのを待って「守、映画行くぞ」とか言われてさ、連日連れて行かれたんだよ。たぶんうちにいるとおふくろがうるさかったんだろうけど。親父は基本的にチャンバラ映画しか見なかったから、「新吾十番勝負」（1959）とか「柳生武芸帳」（1957）とか、そういう映画を死ぬほど見た。あとたまにギャング映画。

――お父さんはどうして一人で映画に行かないんですか？

押井：おふくろがうるさいからでしょ。僕は末っ子で学校から帰るのが一番早かったから。小学校の低学年だと午後の1時か2時には帰ってくるから、親父からすれば格好のアクセサリーですよ。口実というかさ。それと、親父の言うこと聞くのは僕だけだから（笑）。姉ちゃんや兄貴はとっくの昔に愛想を尽かしてた。

――子どもの相手をするていで映画を見に行くお父さん（笑）。

押井：そういう小さい息子を連れて「柳生武芸帳」とか「新吾十番勝負」とか。それ以外だと第二東映とか新東宝。エロ映画ですよ。「黄線地帯」（1960）、「黒線地帯」（1960）とか見たからね。普通子どもに見せないよ（笑）。

――見たんですか（笑）。

押井：親父のおかげで、邦画専門というか、チャンバラ・エロ専門小学生だったわけ。新東宝の、修道院を舞台にしたレズビアン映画（「汚れた肉体聖女」1958）とかあったからね。プールサイドで抱き合ってキスシーンとか、いまだに覚えてる。だからマセガキになったんですよ。

――押井監督の原点がそこにあるのかもしれません（笑）。

ヤクザ映画で語る「日本の戦後」

押井：そういう股旅ものなんかの伝統的なヤクザ映画を引きずりつつ、現代ヤクザを描いた作品がその頃ぼちぼち出始めたわけ。だけど、そこにいきなり「仁義なき戦い」が飛び出したんじゃなくて、その前にも現代ヤクザものはあったの（例：「現代やくざ　与太者の掟」（1969）降旗康男監督、現代やくざシリーズ第一作で菅原文太の東映移籍後初主演映画）。東映の錚々たる巨匠たちが撮ったんだけど、これが伏線になっていた。そういう現代ヤクザものという映画シリーズで何をやったかというと……当時の批評家たちがよく語ったんだけど、要するにヤクザの世界を借りて「日本の戦後」を語ったんだよね。

――その「戦後」とはどういうものだったんでしょうか。

押井：「戦後日本の近代化路線と、それについていけない人間たち」という構図だよ。どんどん近代化していく日本の中で、行き場を失った人間たちの生き様みたいなもの。だいたい最後は悲劇というか、主人公たちが死んじゃって終わる。近代化の波に押し潰されていくわけだよね。ヤクザ映画で言うなら、大企業とか役人や警察なんかと癒着したりお金に走ったり、そういう近代化しつつあるヤクザの世界の中で、昔気質の義理だ人情だにこだわってた連中が抹殺されていく。そして、主人公が最後に憤死して終わるんですよ。蜂の巣にされたりね。

――（高倉）健さんの映画なんかもそうですか？

押井：健さんの「（昭和残侠伝）唐獅子牡丹」（1966）とかあの辺は現代ヤクザよりも前、まだ任侠映画なんですよ。時代も現代じゃなくて、だいたい大正とか明治末とかそのぐらいの時代。だからみんな着流しを着てる。

――着流しの「任侠映画」は、「現代ヤクザもの」よりも古いジャンルなんですね。

押井：現代ヤクザは着流しじゃないから、それが一つの記号になってる。そういう「着流し系」はだいたい港湾の工事を仕切っててとか、そういう歴史があるんだけど、実はそれが明治以降の日本が抱えてた根本的な問題の一つなんですよ。

――どういうことでしょうか。

押井：港の整備とか道路とか、国主導、官主導でいろんなインフラ工事をやるわけだけど、そういうのを当時は全部地元のヤクザに仕切らせてたの。だから昔の着流し系の任侠映画というのは、だいたい港湾工事をめぐって企業役員と癒着した近代派と、地元の義理人情の守旧派が対立して、守旧派が卑劣な罠にはめられるというパターンが多い。そして最後は古い任侠系の義理人情を大事にする清く正しいヤクザが、役人や警察と結託した近代派ヤクザと対決する。

――「清く正しいヤクザ」という言葉に矛盾を感じます（笑）。

押井：近代派がそういう土着勢力のヤクザを殲滅しようとして、最後は高倉健が反撃に殴り込んで、近代派の奴らを皆殺しにして、だいたい警察に御用になって終わり。

――最後に捕まって終わりというのは、今の感覚とはだいぶ違う印象です。

押井：でもそれは当時それでみんな納得してたわけ。僕は納得してなかったけど。

「少人数殴り込み」にはわけがある

――殴り込みに行ったら、そこにいる全員を殺戮するわけですよね。

押井：皆殺しです。大量殺戮。だって完全に殺す気で行ってるんだもん。出来心でとかそんなわけないじゃん。ちゃんと行く前に腹にサラシを巻いて、タンスから長ドスを出して、手ぬぐいで手に縛り付けるのよ。血糊で滑らないように。あきらかに殺《や》る気まんまんなわけ。

――ということは、捕まったらもう刑務所から出て来れないと。

押井：出て来れないどころじゃないよ、死刑確実。そんなのどこに納得するんだよ、と当時から思ってた。そもそも、なんでおとなしくお縄につくのか。「あなた行かないで」って藤純子（現・

富司純子）とかがいちおう言うけど、律義にサラシを巻いてあげたりとかね、黙って見交わす目と目とか。

――わかってて誰も止めないわけですね。

押井：殴り込みに行くときにはだいたいなぜか雪が降るんだよ。そのシーンを歌舞伎や文楽になぞらえて「道行き」って言ったりするんだけどさ、撮影所の中でスポットライトだけで、ドスをぶら下げて、番傘を差してね、そこに演歌が流れるんだよ。

――様式美の世界ですねえ。

押井：橋の袂で菅原文太とか池部良とかが待ち構えてて、黙って合流してさ。「俺も行くぜ」と。単独の場合もあるんだけど、二人連れの場合もある。なぜだか大勢で集合しては行かないのね。それをやると凶器準備集合罪になるんだけどさ（笑）。最大限で二人なんだよ。

――戦力は多いほうがいい気がするんですが。

押井：もちろん実際に殴り込むなら多いほうがいいけど、多すぎると撮るほうが収拾つかないから。殴り込む側が数が多いとどう撮っていいかわかんなくなるんだよ。実際、「忠臣蔵」の討ち入りシーンはあまり盛り上がらないでしょ。

――確かにそうですね。

押井：大石内蔵助自身はしっかり構えてて、老臣、要するにおじいちゃんがまわりを固めている。結局はせいぜい数人を中心に撮らざるを得ない。忠臣蔵の映画やドラマはずいぶん見たけど、これという決定打がないね。市川崑が「四十七人の刺客」（1994）で、吉良邸内に迷路や水濠があったりと、変なことをやっていたくらい。だけど何かやろうとしても「なんかやろうとしたのね」というレベルにしかならないんだよ。忠臣蔵はそこが難しい。

――なるほど。

押井：だから、殴り込みが最大限二人だというのはよくわかる。誰を撮ればいいのかわかりやすいんだよ。寄ってたかって来る奴を迎え撃つだけでOKだから、殺陣として組み立てやすい。忠臣蔵みたいに隠れてるジジイを探しながら戦うというのは、映像にするのはなかなか難しいんだよ。

――少人数で殴り込むのは撮影側の都合なんですね。

「道行き」はオペラの世界

押井：でも、見せ場は最後の殺陣よりもその前の道行きだよ。あそこでみんな泣くの。感情が高まるところを演歌で高らかに歌う。あれはセルジオ・レオーネのマカロニウエスタンみたいなものので、（オペラの）アリアとすごく似てるんだよ。構造がよく似てる。その当時でいったら高倉健の「唐獅子牡丹」とか「兄弟仁義」（1966）とか……「兄弟仁義」は健さんじゃなかったか（北島三郎主演）。

あと、山下耕作監督の「博奕打ち　総長賭博」（1968）という任侠映画の集大成みたいな映画があるの。三島由紀夫がギリシャ悲劇にも通じるって絶賛したくらい、脚本がよくできている。すごく様式化されていて、必然の糸に絡め取られて主人公が悲劇を演じるというさ。「総長賭博」は今でも一見の価値がある。

――今度見てみます。

押井：でも普通に任侠ものの典型を求めるんだったら「唐獅子牡丹」とか「兄弟仁義」とかあの辺でいいんじゃないかな。両方とも同じタイトルの主題歌がヒットしてるからね。どのぐらい評判になったかわかるでしょ。「唐獅子牡丹」は健さん自身が歌ってて、うまくはないんだけどやたらドスが利いていてうなってるんだよ。だけどやっぱり北島三郎の「兄弟仁義」は僕もしびれた。アリアですよあれは。

――すごい高評価ですね。

押井：北島三郎は海外からの評価が高いんだよ。向こうのミュージシャンが「ソウルがある。彼は偉大なソウルシンガーだ」って言ってたんだけど、間違ってはいないよね。節回しとかコブシとか、日本人の琴線をわしづかみにするところがあるわけだから。それはよくわかる。

押井：そんな東映の任侠映画を見ていたのは、低所得者層のお兄ちゃんやオヤジたち。女性客は僕の記憶ではほとんどいなかった。とにかく鬱屈した若者たち、学生、無職、飲食店従業員とかそういう世界。某映画会社の社長曰く「柄の悪い客たち」って。

――お客さんにそういうことを言うんですね（笑）。

「柄の悪い客」にウケて大量生産へ

押井：本当にそう言ったんだから。そうやって任侠映画は一定の人気を得て、作品が連綿と作られて、いくつか大傑作も残したわけ。だいたいそういう大量生産するジャンルは、たくさん作るために手を替え品を替えていろいろやるから、結果的に傑作が生まれやすい。数が作られるジャンルというのは成熟するんだよ。その過程で怪作、珍作、奇作、傑作、名作が生まれるというさ。それはプログラムピクチャー（公開予定のスケジュールに沿って量産される映画）だからこそ。

――先程の「総長賭博」もシリーズものの一本（「博奕打ち」シリーズ）なんですね。脚本は「仁義なき戦い」と同じ笠原和夫で。

押井：そうそう。笠原和夫は「仁義なき」の前からずっと大御所だった。「総長賭博」は格調高くて様式化されてて、脚本に隙がなくて、キャスティングが重厚で、いかにも日本映画という映画。その一方で「博徒百人」（1969）という、仮面ライダー総決起集会みたいな映画もある。

――仮面ライダーは決起しないと思います（笑）。

押井：どんだけいるんだというさ（笑）。一個中隊は言いすぎだけど、何十人も仮面ライダーが出てくる映画が最近あるじゃん。全員に着せて撮るのって大変だと思うよ。昔から東映はそういうの好きなんだよね。集団戦闘というかさ。

――押井さんも好きなんですか。

押井： 僕は好きじゃない。だって傑作になるわけないんだもん。さっきの忠臣蔵と同じだよ。誰を撮って何やったらいいか、絶対わかんなくなる。せいぜい「VSもの」が限界。「博徒百人」は、主役級が百人出るわけじゃないいんだけど、そっち系の役者総出演みたいなすごい映画だった。あれを撮らされた監督は大変だったと思うよ。とにかく現場が大変だし。内容も案の定ダルダルでとんでもない映画だったけどさ。

凡庸であるより破綻を選べ！

――その「博徒百人」シリーズは日活のようですね。

押井： あ、日活か。任侠ものや股旅ものは別に東映の専売特許だったわけでもないから。当時は堂々たる邦画の一ジャンルで、松竹も日活もやってた。

例えば鈴木清順が日活で撮った「刺青一代」（1965）、高橋英樹のヤクザ映画だけど、これが様式化の極致なんだよ。有名なシーンがあって、殴り込みに行って襖をバーッと開ける。さらに襖があってバーッと開ける。次々に開けていくわけ。で、カメラがスーッと横に移動すると、廊下にダーッと敵が待ち構えてる。で、照明がパーンと変わったりとかね。清順だからそういう様式化されたヤクザ映画を撮ったんだけど、当時の映画青年が「清順すげえ」ってワアワア言った映画なの。

——その頃はいろんな監督が任侠映画を撮ってたんですね。

押井：言ってみれば任侠映画とかヤクザ映画というのは、昔はどんな監督も一度は経験すべきものだったんだよ。市川崑だってもっと正統派の任侠映画を撮ったから。その一方で後に股旅ものの「木枯し紋次郎」（TV／1972）とか「股旅」（1973）とか、そういう大変化球も撮ったけど。時代劇だけど役者にカツラをつけさせないで、長髪で撮ったからね。渡世人はヒッピーだというわけ。

——あれは斬新でした。

押井：市川崑という人はとにかく新しいことをやる人なんだよ。ある種のモダニスト。時々そういう変わったことをやるんだけど、僕に言わせれば、半分はスカ。破綻してる。

——ええっ、スカですか（笑）。

押井：だけど僕は破綻してる映画のほうが好きなんだよ。凡庸な映画は救いようがない。だけど破綻してる映画はいろんなことを学べる。だから破綻してる映画は大好きなの。それに、何かをやろうとすれば破綻するリスクを冒すのは当たり前なんだよ。

——テーマを持って何かをやろうとすれば失敗することもあると。

押井：だから「破綻を恐れるな」といつも言ってるのに、辻本（貴則）とか田口（清隆）とか湯浅（弘章）とかヤマケン（山岸謙太郎）とか、あいつら小器用にまとめやがってさあ。「まとめようとすんな！　勢いで撮れ！」って言ってるんだよ。勢いがある映画が破綻するのは当たり前じゃん。

ヤクザ映画は邦画の王道

押井：そもそもヤクザとか任侠とか、そういう日本映画の独特なアウトローな世界というか、日陰者の世界、これは邦画の正統派というか王道なんですよ。

――日陰者が正統派ですか。

押井：邦画の黄金時代には「若様お姫様」という映画もなかったわけじゃないけどね。二枚目の若殿様とわがままだけど美しいお姫様が紆余曲折あって結ばれましたみたいな。しょうもない映画だけど需要はあったんですよ。当時の日本は貧乏だったし、甘い夢物語も必要とされていたからさ。その一方で、江戸時代とかもっと前から綿々と続く、日陰者たちの哀感をうたった映画というジャンルがあって、そういうのは義理人情がもれなくついてくるわけだ。江戸時代の近松（門左衛門）の心中物なんかみんなそうですよ。零落していった階級を主人公にして、でも純愛を貫いたとか、義理を貫いたとか。だいたい最後は死ぬんだけど。

――歌舞伎や文楽にはそういうストーリーは多いです。

押井：その流れを汲んでいるから、日本映画というのは日陰者を扱った映画が王道なんですよ、どちらかというと。そういう長い長い歴史に連なるのが股旅ものであり、任侠映画であり、任侠映画の流れから実録ヤクザものというのが出てくる……という、ようやくそこにつながるわけ。

――その「日陰者」の流れの中では新しい路線ということになるわけですよね。

押井：さすがにいつまでも着流しはやってられないと思ったんだろうね。でも、ファンというのは自分が好きなものを永遠にやってほしいわけだ。今でもそうだけど「パトレイバー」だろうが「ガンダム」だろうが、ファンは永遠に同じことをやってほしいわけだよね。

――自分が好きなものを永遠に見たいと。

押井：卒業する気なんかこれっぽっちもないんだよ。だけど健さんだって歳を取るしさ、それに着流しが似合う役者がいなくなったんだよね。着流しというのは着こなすのが難しいんですよ。今の若い役者で、着流し以前に着物を着れるヤツなんて何人もいないよ。女優さんもそうだけど、だいたい（生地が）反物で足りないでしょ。

――昔より体格がいいからですか？

押井：そうそう、昔より日本人が大きくなったから。だから一つには、役者に着流しが合わなくなってきた。菅原文太だって最初は着流しをやってたんだけど、なんかもうひとつだったんだよね。小林旭とか高橋英樹もロマンポルノの前の日活で任侠映画をやってたけど、当時から鶴田浩二とかにボロクソに言われてたの。「着流しで歩くときにケツを振るな」とかね。やっぱりもうひとつなんですよ。

――その時代の役者さんでも、すでにそうだったんですね。

押井：やっぱり和服の立ち姿、裾さばきとか帯の位置とかさ。体格がよければいいというもんじゃないんですよ。なで肩で、どちらかといえば足が短くて、膝から下で歩くみたいなね。チンピラじゃないんだからのし歩いちゃダメ。日本刀だって、チャンバラ映画みたいに振り回していいものじゃない。長ドスなんだから扱いが違うわけ。あとはやっぱり、親分を演じる大物俳優たちが払底しつつあった。

新しい路線で新規顧客を開拓

押井：だから実録ヤクザ路線がなぜできたかというと、キャスティングが限界に来たのかもしれないというのが一つ。そしてもう一つは、新しい路線を作りたかったんだよ。いつだってどの映画会社だってそうなんだけど、新しい路線で新しい客層をつかみたい。映画会社だって企業だから、基本的には事業を拡大したいという気持ちは絶えずあるんだよね。

――そりゃそうですよね。株主に配当もしないといけないし。

押井：撮影所もできる限り稼働させなきゃいけないし、食わせなきゃいけない人間もいっぱいいる。だからいろんな会社がいろんな路線を開拓するわけだよね。落ち目になった日活がロマンポルノをやったのだって同じ。東映も様々な路線をやたらいっぱい作ったんだから。忘れ去られようとしてるけど「東映ポルノ」というのもあった。

――ありましたね。

押井：わざわざアメリカとかフランスからお姉ちゃんを呼んでまでポルノ映画をいっぱい作ったんだから。サンドラ・ジュリアンだったかな。なかなかいい人だったけど。あとアメリカで売れたぽっちゃりした、なんつったかな？

――（調べて）シャロン・ケリーですか。

押井：そうそう、それが梅宮辰夫と絡むんだけど（「色情トルコ日記」1974）、いきなりパラシュートで下りてくるんだよ？　何の設定もない。

――すごい映画ですね（笑）。

押井：東映というのは面白い会社だけど、僕は一生縁がないだろうと思ってたんだよ。だけど「東京無国籍少女」（2015）で初めて組むことになった。

――あれが初めてですか。

押井：あの撮影で初めて東京撮影所に行ったときに「撮影所の所長がお待ちです」とか言われてびびったんですよ（笑）。まあ、なんとかなるだろうと思って付いて行ったの。そしたらその所長というのが僕より若いんだよ。しかもすごく腰が低くてさ、自らコーヒーをいれてくれて「ひとつよろしくお願いします」みたいな。あとから聞いたんだけど「東映といったって、昔の怖い世界は関係ないですから」って。

――そりゃそうですよね（笑）。

押井：そもそも、東京撮影所で東映の映画はもうほとんど撮ってないし。変わったんですよ。「恐ろしい所長とか恐ろしいプロデューサーとか、ヤクザみたいな役者が出る世界じゃありませんから」って言われて、その通りだった。なかなか面白い会社だったよ。いまだにキャスティング部があってとか、撮影所の名残があちこちにあるんだよね。撮影所も僕は撮りやすくて好きだった。

「ちゃんと売れそうに撮ってね」「もちろんです！」

押井：犯罪実録ものに限らず、当時の東映は売れそうだったらキワモノだろうがなんでもやりますという会社だった。それを映画青年たちはみんな面白がってたんだよ。僕もそうだけど、片方でゴダールだベルイマンだアントニオーニだと語りながら、もう片方で東映の映画も追っかけてた。僕も当時は東映の実録ものはもちろん、日活ロマンポルノも第一作からほぼ見てた。

――押井さんはピンク映画もずいぶん見に行ってたそうですが、エロ目的だったんですか？それとも映画的な興味で？

押井：そりゃもちろんエロいものを見たいというストレートな欲望もあったけど、映画青年だっ

たから「どんな新しいことをやるんだろう？」という興味もあった。実際に手を替え品を変え新しいことをいろいろやったからね。

——後のVシネマじゃないですが、最低限のエロさえ押さえてれば中身は割と自由ですからね。

押井：そうそう。日活ロマンポルノにはハードボイルドだってあったんですよ。長谷部安春とかね。「ダーティハリー」（1971）もどきの映画を作ったりとかさ、時代劇もあったし、いろんなことをやったのよ。そういう新しくできた路線というのは注目するに値した。だから東映の実録ものは「仁義なき戦い」はもちろん、だいたいもれなく見てるよ。「ルバング島の奇跡　陸軍中野学校」（1974）とかね。

——なんですかそれは。

押井：戦後、進駐軍の時代に米軍に対する抵抗組織があって、陸軍中野学校の残党が進駐軍に対するテロを計画していたとか、そういう映画を本当に気合入れて作ってたんだよ。それをあの人が帰国してきてすぐ公開したからね（元日本陸軍・小野田寛郎氏が1974年3月に帰国、6月に映画公開）。だってネタ物だから、鮮度がすべてなんだよ。半年後に公開したって面白くないから速攻で撮って公開するの。そういうところが面白いと思った。東映はそういうの得意だったんだよね。だから「仁義なき戦い」が立て続けに撮られたのもお家芸みたいなものだよ。

―― 今では考えられないスピード感です。

押井：昔のテレビがなかった頃、邦画はテレビと同じ役割をしてたんだよ。映画は毎週見に行くものだったから、週替わりで三本立てとか、すごい量産してたわけ。だからこそいろんな作品ができて、その中から珍作迷作駄作愚作がもれなく生まれる。企画を絞って売れそうなものを、なんてやり方のところには迷作とか怪作が生まれる余地なんかない。どんどん普通になっていくんだから。「よくわかんないけど本数が必要なんだから撮れ！　予算だけは守れ」という、そういうときこそ監督にとっては「やった！」とほくそ笑むんだよね。

―― 押井さんがよく使う手ですね。

押井：僕はその手の映画が半分以上だから。「予算だけは守ってね」「大丈夫です、任せてください！　でも中身はあんまり四の五の言わないでね」「ちゃんと売れそうに撮ってね」「もちろんです！」とか言ってさ。

――いちおう「売れそうに撮る」とは言うわけですか。

押井：いちおう言う（笑）。「まあ、無理だよな」と思いながらさ。とにかくそういう新しい路線の映画の中から、「仁義なき戦い」も生まれたんだよ。

時代の変化への対応策としての「実録もの」

押井：要するに「仁義なき戦い」というシリーズが登場した背景は三つある。一つ目は日本映画に脈々と流れるヤクザとかアウトローの「日陰者の世界」を舞台にした日本映画の系譜。二つ目は、邦画がそろそろ斜陽といわれてた時代の各製作会社の新規開拓路線という需要。三つ目はキャスティングがそろそろ難しくなった。日本人の趣味嗜好というよりは、はっきり言って着物が似合う役者が少なくなってきた。戦後生まれの若者たちは、体形が変わりつつあったんだよ。

――食べるものや生活習慣が大きく変わりましたからね。

押井：もちろん見てきたものの差、教養の違いもある。僕ら戦後生まれはアメリカ文化が席巻する中で育ってきたんだから。子どものときからズボンをはいているし、女の子はスカートをはいている。それが当たり前だと思ったら大間違いであってさ、そういうのは全部戦後からだよ。男女共学とかもそう。

――僕も前の東京オリンピック以降に生まれた世代なので、そういうのが見えにくくなってますね。

押井：映画というのはやっぱりある程度「伝統」に支配されてるので、それに乗っかったほうが楽だし洗練される。でもそれだと、時代が変わると通用しなくなるんだよ。今、時代劇はほぼ絶滅の危機にあるのもそれが最大の理由。スタッフもいなくなるし。結髪というカツラの人とか、殺陣師とか、日本刀を作るおじさんだってそれしかやってこなかったんだから。

――時代劇に必要な技術は消えそうになっています。

押井：そういう膨大な裾野があって成立するのが時代劇。ヤクザ映画だって同じだよ。チョンマゲはないけど光り物、刀剣を使うし、大量に着物を着せなきゃいけないし。美術だって、かつての任侠映画なら大正期の日本家屋とか町並みとか人力車に至るまでちゃんと作ってたんだから。大量にそういう映画を作っていた時代が終わって、そういう基盤が失われつつあったんだよね。需要がなければそういうのはなくなっていくから。映画というのは、そういう時代的制約とか物理的制約に支配されている。じゃあ任侠映画が不可能になったときにどうするのか。

――その後継となったのが、現代ヤクザもの路線なんですね。

押井：東映は基本的にアウトローの世界しか作ってこなかったんだよ。お上品な世界は東宝におまかせ。松竹はまたちょっと別の時代劇の伝統がある。東映はいろいろ時代とともに変わってきたんだけど、そこで新しい路線として出てきた「実録もの」というのが引き立ったわけ。実録でヤクザをやるというさ。

もちろん最初はシリーズになるとは思ってなかったと思う。「仁義なき戦い」の1本目はそういうふうにできてるから。だけど「もしかしたら続くかも」とは思ったから、どっちでもいけるように担保したラストシーンになってるんだよ。ラストシーンの「弾はまだ残っとるがよう」という菅原文太のセリフは「まだやれまっせ」という深作欣二の会社に対するメッセージ。まだ弾はありますよという。

――撮ってる最中に続編が決まったらしいです。

押井：それは東映のいつものパターンなの（笑）。撮っている間に「次もやるぞ」って言っていて、1本目がコケたら即中止。有名な話だよ。「仁義なき戦い」は「数字がよかったらぜひシリーズにしたい」という意気込みを最初から感じたよね。で、本当に当たったんだよ。

――かなりの大ヒットでした。

「ぬるかった戦後映画」への逆襲

押井：大ヒットしたからみんなびっくりしたわけだ。着流しとは全然違う世界で、欲望剥き出しというか、義理も人情もない世界。あれも「戦後」の映画なんですよ。焼け跡から始まるでしょ。

――ドーンというキノコ雲から始まります。

押井：僕もよく使う手（笑）。「あの決定的敗戦から○○年」って企画書に何回書いたかわからないよ。特攻くずれの人間とか焼け跡から始まる、間違いなく「戦後映画」。僕に言わせると、かつてあった戦後映画のストライクバック、逆襲ですよ。「もう一回やるぞ。昔みたいなぬるい戦後映画は作らねえぞ」っていうさ。

――それ以前の「戦後映画」はぬるかったんですか？

押井：昔の戦後映画は、今から思えばぬるかった。焼け跡から立ち上がって、こんなに日本人が苦労してがんばって、市井のささやかな幸せを……とかそういう感じ。松山善三の「名もなく貧しく美しく」（1961）だよ。文化国家になるんだ、世界平和に貢献するんだ、二度と戦争はしないんだというさ。

――確かにそういう映画が多かった印象です。

押井：「名もなく貧しく美しく」というのが戦後日本の三大テーマなの。名もなく貧しいことが美しいことを担保するんだと。経済力も名誉も求めない、そういう美しい国を作るんだ、というのをしょっちゅう例えに出すんだよ。

――学校教育もそんな感じですよね。

欲望自然主義の台頭

押井：要するに「仁義なき戦い」というのは、そういう「名もなく貧しく美しい戦後映画」に対する逆襲なんですよ。「そんなぬるいこと言ってるからこんなになったんだ」と。あの主人公たちが追求してるものって何なのかを示す有名なセリフがあるでしょ。稼いで、いい酒飲んで、いい女抱いてというさ。

――「ワシらうまいもん食うての、マブいスケ抱く、そのために生まれてきとんじゃないの」。シリーズ第2作「仁義なき戦い　広島死闘篇」（1973）で、千葉真一演じる大友勝利が言うセリフですね。

押井：そうそう。要するにアプレゲールだよ。アプレゲールって知ってる？

――「戦後派」ですか？

押井：戦後派と言っちゃうとあまりにもざっくりしすぎてるんだけどさ。

――ウィキペディアによると、「第一次世界大戦後のフランスで、既成の道徳・規範に囚われない文学・芸術運動が勃興したことをさした」とのことですが。

押井：元は第一次大戦後に出てきた言葉なんだよ。既成の価値観を否定した、ある種の「欲望自然主義」。

――無軌道な若者たちによる犯罪、みたいな感じですか。

押井：そうそう。代表的なのが特攻くずれですよ。既成の権威や価値を全否定して、自分の欲望を貫いて個人の快感原則を追求する。たとえ犯罪だろうが関係ない。それはアウトローの世界だけじゃなくて、文芸の世界でもアプレゲールと言われていた。既存の価値を全否定するような、石原慎太郎とかいわゆる戦後の作家たちのことだよね。

だから戦後の焼け跡というのは丸ごとアプレゲールみたいな世界だったんだよ。欲望自然主義が横行して、義理人情だの文化だのは全部力ずくでねじ伏せられた。「寝言を言ってるんじゃねえ。こんな世界を作ったのは誰のせいだ。お国のためとかそんなこと言ってるからこういうことになったんだ。お国もヘチマもあるか」というさ。

―― 戦後しばらく経ってから、もう一度戦後をやり直そうとしたわけですね。

押井：「仁義なき戦い」の若者たちは自分の欲望を貫くために、盃をもらってヤクザになったんでしょ。菅原文太から田中邦衛に至るまで。そのためにはなんでもやるぜと。人も殺すし、なんだったら刑務所にも行く。でもムショから出てきたら親分自体が戦後の経済主義者というか近代派になってたわけだよね。子分を犠牲にして己のみが富を追求する。だけどアプレゲールといえども「最後のモラル」があるわけだ。

―― それはなんですか。

黙って蜂の巣にはされねえぞ

押井：仲間を裏切らないとか、嘘をつかない。既存の権威を全否定してるんだから、嘘をつく必要がないわけ。だから誰にも媚びへつらわない。だけどそういうアプレゲールの最後のモラルすら踏みにじられたわけだ。そこで怒りが炸裂する。

さっきも話したけど、実録路線以前のかつての現代ヤクザ映画だったら、最後は菅原文太が企業や役人や警察と結託してる近代派のヤクザに殴り込みかけて、蜂の巣にされて死ぬんですよ。抵抗するものはみんなこうなるんだというさ。だから戦後にいい目を見なかった人間たちや学生たちの共感を呼んだんですよ。僕もそうだったけど、全共闘系の学生とか高校生はみんなあの手の映画が大好きだった。すごく共感したんだよ。孤立した武闘派というやつだよね。俺たちは黙って蜂の巣にはされねえぞというさ。

――自分たちを主人公に重ねたんですね。

押井：東映にそのつもりはなかったかもしれないけど、あの時代にその手の任侠映画は全共闘系に結構支持されていたからね。全共闘の学生がオールナイトでヤクザ映画を見に来ていたんだよ。「とめてくれるなおっかさん」ってやつもあったじゃん。

――作家の橋本治が学生時代に作った、学園紛争中の東大駒場祭のポスター（「背中のいちょうが泣いている　男東大どこへ行く」と続く。1968年）ですね。

押井：だけど「仁義なき戦い」はそれすら否定したわけだ。だからインパクトがあった。「そんなもん関係ねえ、イデオロギーも関係ねえ」という、欲望自然主義なんですよ。ただし最後のモラルはあって、その最後のモラルを踏みにじられたときは死力を尽くして戦う。

――そこだけは守るんですね。

押井：そうじゃなかったら、欲望自然主義者たちが次々に自滅していくだけの映画になっちゃうじゃん。映画、特にエンターテインメントというのはどこかで主人公たちに共感されるからこそ支持されるんだから。松方弘樹（が演じる坂井鉄也）がのし上がっていって、昼間は若い者に囲まれて、殺《と》った殺《と》られたの世界はもう十分だとなって、赤ん坊が生まれておもちゃ屋に立ち寄ったところで殺されるわけだよね。小市民の幸せみたいなものに隙を見せた瞬間、蜂の巣にされちゃう。

――1作目の最後ですね。

押井：象徴的なシーンだよ。あの世界はあの世界で、自由を謳歌してるわけじゃない。いろんなものを切り捨てないとやっていけないんだと。殺すのも殺されるのも同じ種類の人間で、どっちにも正義があるわけじゃない。昔みたいに悪いヤクザがいて、いいヤクザがいて、いいヤクザの親分はアラカン（嵐寛寿郎）で、悪いヤクザの親分は小池朝雄とかそういうわかりやすい勧善懲悪の世界じゃない。

――では何に共感したんでしょうか。

押井：戦後の焼け跡で信じるべきものをすべて失った人間たちが、自分たちで新たな価値観を作ったんだよ。そういう者たちが集まって暴力団という組織を作ったわけだ。しょうもないおっさんだとわかってるけど親分に祭り上げてて。だけどその親分に裏切られ、田中邦衛みたいに仲間の中からも裏切る奴も出てきて、もう殺し合うしかないと。

押井：彼らは言ってみれば暴力人間だけど、社会の中では弱者なんだよ。どんどん追い詰められていって、市民社会を敵にせざるを得なくなったわけ。広島やくざ戦争ってそういうことじゃん。街中でドンパチやって、あらゆるものを敵に回して。

――そこに同じ弱者である、若者や低賃金労働者たちが共感すると。

現代ヤクザのリアリティ

押井：それを題材に取り上げるんだから、面白いに決まってるじゃん。企画がすばらしくて、深作欣二というやる気まんまんで勇気凛々の監督がいて、スタッフも若くて体力あり余ってて、周りの役者も揃ってて、東映の大部屋でくすぶっていた役者も全部含めて、北大路欣也だって入れちゃうぞというさ。イケイケだよ。カメラが斜めになろうが何しようが撮れという。

――そういうエネルギーを画面にすべて叩きつけたような映画でした。

押井：それを見てみんな驚いたわけだ。すごかったよね。映画館に逃げ込んで、そのまま銃をバンバン撃ちながら、外に出て路地に追い詰めてさ。拳銃も単にパンパン撃つんじゃなくて、ドスで刺しまくるようにして撃ち込むというさ。あのくどさというか濃さというか。当時の僕もすでにいっぱしの銃器マニアだったから「やりすぎでしょう」と思いながらも説得力あるなあと思ったわけ。至近距離で、ドスと同じなんだというさ。あれはすごかった。あとストップモーションで「○○組若頭　○○死亡」とかスーパーが入ってさ、かっこいいってしびれたよ。不謹慎もヘチマもあるかという新たな快感原則を作り出したんだよね。

――押井監督がいうところの「発明」ですね。

押井：あとはあの広島弁。あれはすごいリアリティがあった。それ以降、ヤクザといったらみんな広島弁になっちゃった（笑）。ああいうスタイルを作っちゃったわけだ。ヤクザ映画といったら「仁義なき戦い」だ、みたいなことになっちゃった。着流しの任侠映画とか戦後派の敗北映画……僕は「憤死映画」と呼んでいたんだけど……ああいうのは全部ふっ飛んじゃった。そのぐらいインパクトがあった。

――どうしてみんなそんなにしびれちゃったんでしょうか。

押井：いくつか理由があると思うんだよね。さっき言った拳銃の扱い方から、言葉のリアリティ、描写のリアリティ。ヤクザも愚連隊もみんな一緒みたいな、みんな背広をひっかけてベタベタ歩きで、あの恫喝の仕方とかね。

同じ俳優が別の役で出てくる

押井：一時期、東映の役者はみんなヤクザっぽくなってて、たまにテレビドラマに出てきてもヤクザにしか見えなくて。

――千葉真一もこれに出てからイメージが変わったと言ってました。

押井：そうそう。今まで大部屋でくすぶってた役者もいきなり飛び出してきたわけだ。大量に必要だし、続編が続くにつれてキャストが足らなくなったんだよね。同じ俳優が違う役で後の作品にちょこちょこ出てくるじゃん。

――川谷拓三がしょっちゅう出ます。

押井：松方弘樹が違う役で何度も出たり、大友の役を違う役者（2作目の千葉真一から、5作目では宍戸錠に）が演じたり。あれがまた映画青年たちにウケたんだよね。そういうリアリティを無視する、ある種の虚構性というか開き直りというか、逆手に取ってやりたい放題みたいな。それで映画青年たちが大喜び。

――それも、既存の価値観の否定みたいな文脈の一部になっちゃったんですね。

押井：登場人物は次々に死んでいくんだから、役者が足りなくなるに決まってるじゃん。だから違う役で生き返ってくる（笑）。代わらなかったのは菅原文太と小林旭と、数えるぐらいしかいないよ。

――金子信雄もずっと生きてますね。

押井：あとは成田三樹夫は好きな人が多かったな。僕も大好きだった。別の映画（『県警対組織暴力』（1975））だけど「戦争じゃ、いてこましたれ」って有名なセリフ、あれ成田三樹夫じゃないとサマにならないんだよ。成田三樹夫というのは本当に貴重な役者だったよね。変人だったらしいけど。

押井：「仁義なき戦い」に関しては歴史的な背景を語ることがすべてになっちゃうんだけど、確実にあるのは戦後に対するストライクバックだったということ。

――とはいえその頃の日本といえば、復興を果たして経済大国となり、東京オリンピックや大阪万博も成功させて、イケイケだったわけですよね。

使い捨てられていく若者世代

押井：もちろんそうなんだけど「こんなんで本当にいいのか」と納得していない人間もたくさんいたんだよ。経済復興したとか経済大国になったということに恩恵を受けてない人間がいっぱいいた。そう思わないとあの映画の大ヒットは説明できない。大ヒットして5本も作ったんだから、映画青年が面白がったというだけでは説明できないと思う。僕も何度も映画館で見たけど、かつての任侠映画の客層とも微妙に違ってた。

――どういう客層だったんですか？　若い人たちも見ていたんでしょうか。

押井：もちろん学生は熱狂的に支持したよ。ただかつて高倉健の任侠映画を支持したのとはニュアンスが違ってた。だって欲望全開なんだから。そして2作目の「広島死闘篇」でさらにブーストした。ちょっと違うテーマも出てきたからね。

――違うテーマですか。

押井：そういうアプレゲールたちに対する批判的な視点というかさ、若い者が犠牲になって死んでいくことへの哀悼というか。5作目の「仁義なき戦い　完結編」（1974）が葬式のシーンで終わるじゃん。

――菅原文太の広能組のチンピラ役の桜木健一の葬儀ですね。

押井：桜木健一には姉ちゃんがいて、困った弟だけどかわいがってると。だけど八百屋をやってる姉ちゃんの旦那はあきらかに嫌がってる。で、ある日土産に持ってきたコーラに睡眠薬を入れてみんな眠らせて、「俺も殴り込みに行くんだ。チャカ買わなくちゃ」って姉ちゃんちの金庫から金をつかみ取って行く。だけど案の定、鉄砲玉にされて使い捨てで死んじゃうわけだ。

――田中邦衛を襲撃に行って、あとでその報復に来た川谷拓三に射殺されちゃうという。

押井：その葬式のシーンで、姉ちゃんが桜木健一に泣きながら草鞋を履かせてて「今度こそ迷ったらいけんよ」とか言いながら。それを見て菅原文太が何も言えなくなっちゃってさ、香典を置いて黙って帰るわけ。そこに「こうして次々と若者が犠牲になっていったのであった」みたいなナレーションが入ってさ。

（正確には「その時広能は死んでいった少年の顔さえ定かに覚えてはいなかった。だが彼はこの日、ようやく引退を決意したのである。戦後の混乱期、彼がヤクザ社会に身を投じてから既に20数年。歳月の流れは様々な組織を生み続け、組織はまた次々に戦いの種を蒔き続けた。そして多くの若

者たちの血が流されたのである」でした）

ああいうナレーションでダメ押しするのは、東映は昔からやってるんだよね。萬屋錦之介の「柳生一族の陰謀」（1978）とかも最後「こうしてなんとかかんとかの歴史が続くのであった」とか、クドいナレーションは東映の専売特許（笑）。言わんでもわかるという。

——いやいや、わからない人もいるんですよ。

押井：そう思ったからやったんだろうけどさ。

若大将シリーズの陰画

押井：「仁義なき戦い」を批評的に語るとすると、戦後の日本の経済的繁栄に対するある種の反動だったんだなという気はすごくする。所得倍増で経済大国化して経済的にも絶頂期で、若者も結構リッチになりつつあったんだけど、そのときになぜアウトローな世界を描いた映画が当たったんだろうというさ。

——確かに一見矛盾しますよね。

押井：僕が想像するに、経済的な繁栄の恩恵を被ってない人たちの層が早くも形成されつつあったんだなと思うしかない。さっきも言ったけど、映画青年の玩弄物というだけでヒットするはずがない。そこにはやはり「共感の構造」があったんだよ。

――若者たちは「仁義なき戦い」のどこに共感してたんでしょうか。

押井：自分の居場所を求めて奮闘したんだけど、それは日本のどこにもついになかったという、そういう部分じゃないかな。「何が間違っていたんじゃろう」って。最後の「仁義なき戦い　完結編」で菅原文太と小林旭が話す長いシーンがあるじゃん。「もう殺《と》る殺《と》られるには飽いたわい」とか言ってさ。

――敵役の小林旭もいいですよね。

押井：小林旭って「渡り鳥」シリーズをやってるときは、キンキン声で「大丈夫この人？」という感じだったんだけど、「仁義なき戦い」のときは異様によかったんですよ、渋くなって。そのシーンで「落ち着いたら一杯飲まんかい」って小林旭が誘うんだけど、それを菅原文太が断るんだよね。「死んだもんにすまんけえのお」って。

その二人が両巨頭だったわけだけど、結局どちらも本当の覇権は取れなかった。菅原文太はアウトサイダーで、小林旭は主流派でのし上がっていって、でも結局は世の中に負けてしまった。警察に力を削ぎ落とされ、市民感情を敵に回し、結局何もかも失うわけだよね。いろんな仲間とか若い者をさんざん死なせて、でもなぜか自分は生き残っちゃった。そしてそういう結論になるんだよね。あれがこの作品の総括なんだよ。さすがにこれでもう終わろうとしてるなと。

その後もスピンオフっぽいものは何本か作られるんだけど、「仁義なき戦い」という一連の流れの中で語った世界はこれでおしまい。たぶんそれは当時の日本の中で、ある層の共感を呼んだんだよ。みんながみんなリッチになったわけじゃない。みんなが息子を大学に行かせてあげられるようになったわけでもない。

――前に語っていただいた「若大将」シリーズの陰画みたいですね。

押井：そうそう。あっちは夢を描いたわけだけど、こっちは負けた側の話。リッチになった人間もいれば、なれなかった人間もいるわけで。当たり前だけど市場経済だからね。誰もがみんなリッチになれるという経済システムは基本的に存在しないんだから。社会主義国にだって存在しない。そういう意味で言えば映画というのは大衆芸能だから、基本的に大衆の側に立つんだと。リッチになった人間は、汚い映画館で東映の映画なんて見ない。東映の映画館はなぜか知らないけどみんな汚かったからさ（笑）。それこそ柄の悪い客たち。そういうふうに漠然と定義されてる層がいるわけだよね。場末の映画館でヤクザ映画を見るしかない人たち。

「立喰師列伝」に見る「戦後」

――戦後史といえば、押井さんの「立喰師列伝」（2006）、あれには「仁義なき戦い」の影響はありますか。

押井：あれも基本的には、どこかしら「仁義なき戦い」の世界の延長線上にあるんだよね。キノコ雲で始まったり、テロップを多用したりとかさ。あちこち引用してるよ。

——表現以外の、気持ちの部分としてはどうでしょうか。

押井：僕の戦後史も基本的にはアウトローのお話だよね。東京オリンピックの話が典型だけど、抹殺された野良犬たち。戦後から綿々と続いた立喰師の系譜はいったんここで途絶えるんだというさ。ある者は地方に下っていき、歴史の陰で生き続けた立喰師はここで終焉を迎える……みたいな。そのあと、映画の後半に出てきた立喰師たちは、ある者はテロに走り、ある者は無国籍化し……河森正治の「中辛のサブ」とかね（笑）……最後の徒花を咲かせていったという、そういう話だよ。で、月見の銀二がもう一回逆襲に来るんだというところで終わるんだけどさ。

——「立喰師列伝　逆襲編」はないんですか？

押井：本当はそれもやるつもりだったんだけど、何も思いつかなかった（笑）。「月見の銀二の逆襲ってどうやったらいいんだろう？」って。

——ちょっと見たかった気もします。

押井：それはともかく、僕がやりたかったのは「戦後の焼け跡から立ち上がった立喰師」みたいな話。経済的繁栄と折り合いが悪い、独自の価値観、独自の美意識、独自の生き様を追求した。それは東京オリンピックを境に鈴木敏夫（が演じる「冷しタヌキの政」）が丼で殴り殺されて、そこで途絶えたんだというさ。

——そういう「戦後観」を描いたと。

押井：だから認識としては「仁義なき戦い」とそんなに違ってない。だからこそ共感した。経済的繁栄というのは最終的に、「誰もが望む結末」は迎えなかったし、そんなことは当初から予定されてたんだと。

要するに野良犬ですよ。行き場を失った野良犬たちは野犬狩りに遭って、狩り出されて、ある者は逃れて、都落ちして……都落ちというのも実はただのロマンにすぎないのかもしれない。地方に行ったって別に住む場所があるわけじゃないんだから。「御先祖様万々歳！」（OVA／1989～90）でもやったけど、（立喰師列伝の）「哭きの犬丸」のその後みたいな。それすら願望にすぎないんだというさ。まあ、有り体に言ってほぼ絶滅したんだよね。

――その野良犬というのが「仁義なき戦い」の菅原文太ですね。

押井：街から野良犬の姿も消えて、少数派を踏み潰して成立してるのが現在の日本だと。「そのことを忘れたわけじゃないけん」ということなんじゃないかな。じゃないとあれだけヒットしたことの説明がつかない。

大学映研に現れた新世代

押井：とにかくあの頃の東映は「仁義なき戦い」に限らず絶好調だった。何やっても面白い。当時は映研で金子（修介）としょっちゅう東映の映画を見に行ってたんだよ。

――映画監督の金子修介さんとは、学芸大学の映画サークルで先輩後輩（押井が1970年入学、金子が1974年入学）だったんですよね。

押井：あいつが映研に入ってきたときに「どんな映画が好きなわけ？」って聞いたら「仁義なき戦い」っていうの。もちろん俺たちも見てるけど、普通そういうときに答えるのはゴダールだアントニオーニだ、そういう映画なんだよ。ついにそういう世代が来たかと驚いた。いきなりギターで「仁義なき戦い」のテーマを弾き始めたり。

――うははは。

押井：ボンボンボンボン……ってあれ弾きやすいんだよ。コードが単純だから（笑）。あいつとつるんで映画をよく見に行った。本当によく見に行った。

――見に行くのはやっぱり東映ですか？

押井：東映が多かったね。「宇宙からのメッセージ」（1978）とか「県警対組織暴力」とか。あと「暴動島根刑務所」（1975）とか監獄シリーズもあった。とにかくいろんな企画をやったんだよ。もちろんしようもないのもいっぱいあったんだけど、とにかく絶好調だった。当時の東宝映画なんて全然覚えてない。日活はロマンポルノ全盛期、大学に入った年ぐらいから始まったんだよ（1971年から）。そういう時代だったね……。今いっぺんにいろんなこと思い出しちゃった（笑）。

金子とゴダールを語ったことは一回もないけど、東映の話はしょっちゅうしてた。あいつがまたいろんなエピソードをよく知ってるんだ。俺たちもゴダールだベルイマンだと言ってる一方で、邦画もちゃんと見てるわけ。当時僕は、東宝は怪獣映画だけだけどいちおう見てたし、東映はほぼもれなく見てたし、日活ロマンポルノも替わるたびに行ってたから。

——その頃は東映が一番イケてたんですか？

「深作欣二がSFを撮るんだぜ?!」

押井：イケてたね。「宇宙からのメッセージ」だって「スター・ウォーズ」（1977）のもろパクリであっという間に作った映画だけど、前評判はすごかったわけ。「深作欣二がSFだぜ？『スター・ウォーズ』だぜ？」って。健さんは出ないけど成田三樹夫も千葉真一も志穂美悦子も、東映の大物がみんな出るらしい。みんな深作欣二がどんなSFを撮るのか興味津々だったわけ。僕は「スター・ウォーズ」の試写かなんかで、深作欣二がでかいボディーガード2人連れて乗り込んでくるの見たからね。

——敵情視察ですか。

押井：そこまでして深作欣二がどんな映画を撮るんだろうって、金子と封切り初日の初回を見に行ったらさ……見終わって二人して喫茶店に行ってしばらく声もない（笑）。

——ああ……（笑）。

押井：こんな兜つけて、顔を金色に塗って。トンデモ映画ですよ。「でも成田三樹夫はよかったよな」とか「志穂美悦子をせめてもう少し露出の激しい衣装にすればよかったのに」とか話した記憶がある。あとなぜかヴィック・モローがゲストで、撮影に来てほとんど酔っ払ってたらしいけど。で、ソープにハマっちゃって毎日ソープ通いしてたらしいとか、そういうくだらない情報はいっぱい出てくるわけ。

――それは全部、金子さん情報ですか？

押井：金子情報。またあいつが面白おかしく話すんですよ。物マネもうまかったし。成田三樹夫とか松方弘樹とか菅原文太とか、あの辺の物マネが本当にうまかった。

そういう意味じゃ金子こそ東映が生んだ監督だよ。そのくせ日活に入った（1978年入社）んだけどさ（笑）。

――あの当時、入社試験を受けて正攻法で映画会社に入っただけでもすごいですよ。

押井：あいつは日活に入って、僕は全然違うルートで監督になった。ラジオのディレクターをやって、アニメスタジオでアニメの監督になって。図らずも同じ時期に監督になったんだよね。僕が「うる星やつら　オンリー・ユー」（1983）をやった頃、あいつは日活ロマンポルノでデビュー（「宇能鴻一郎の濡れて打つ」1984）して。あいつと久しぶりに会って「ぴあ」（1972年創刊の映画やコンサートの情報を集めた雑誌。2011年休刊）を眺めて、お互い監督で名前が出ていて「監督になれてよかったな」って。今でも覚えてるけど「当たり前じゃないですか。それ目指してやってきたんだもん」とか金子が言って。ウブでしたね。

——いい話です！

ブルーレイで見る気にはならない映画

押井：そういうもんだよ、初監督というのは。やっぱり思わず「ぴあ」を見てにやけちゃう。他愛もないというか。だって三十かそこらだもん。

いろいろ思い出すなあ。映画は歴史の記憶装置だというのは個人史にも当てはまるね。その映画を見た時代丸ごと、自己史として思い出すね。だから時代の記憶装置というだけじゃなくて、個人史の記憶装置でもある。芋づる式に思い出す。あの映画を見た帰りにどこで飯食ったっけとか。

——そういうことはありますね。

押井：そういう意味では「仁義なき戦い」は場末の映画館の記憶しかないね。場末で目を凝らして、一所懸命息を飲んで見た映画の典型。今、家で４Ｋの画面で見るというのはなんかちょっと違う気がする。

——新宿昭和館とか、浅草名画座とかで見たかったです。

押井：ブルーレイのボックスを持ってるんだけど、そういえば買ってから一回も見てない。映画館ではずいぶん見たけど、あまりテレビにはなじまない映画なんだよ。それは暴力がどうこうじゃなくてね。もちろん今の時代にもあきらかになじまないけどね。

――確かに。

押井：とはいえ「仁義なき戦い」は間違いなく面白いので、ぜひ見てほしい。まだ日本がダメになる前の時期だからね。高度成長期の終わりぐらいかな。今ほどリッチじゃないし、これからまだまだ行けるぜという元気な時代。日本映画は元気がなくなりつつあったけど、それでもまだ東映はやる気まんまんだし、イケイケだったし、日活もロマンポルノで復活して。あとは安定の東宝があって、という時代だった。

でもそういう意味で言うと、あの時代になぜ「仁義なき戦い」みたいな映画が大ヒットしたのか、当時の人間にはわからなかったと思う。僕もわからなかった。

――時代はイケイケなのに、なぜあんな反動的な映画が当たったのか、と。

押井：あの当時の大学生とか、みんな結構やる気まんまんだった。やる気まんまんじゃなかったのは70年安保闘争で敗北してやさぐれてた僕ぐらいのもんで（笑）。「やっぱり日本じゃ革命は無理だな。革命戦争で死ぬという野望は崩れたから、あとは好きなことやって生きるしかないな」と思ってて、だから映画浸りになってた。でもそういうのと無関係な学生たちが大半どころか9割でさ、要するに公務員を目指したりとか、僕がいた東京学芸大学は教員養成校だったからみんな先生になったりしたけどさ、基本的にはこれからまたいい目を見るだろうなという。

――今の学生とは大違いですね。

押井：全然違うよ。今の学生たちは「これからえらいことになりそうだ」という予感の中で生きてるわけでさ。

――不安を抱えてますよね。我々おっさんだって不安ですから。

今の若い子にこの映画はどう映るのか

押井：でも「仁義なき戦い」を今の若い子が見たらどう思うんだろう。珍品になっちゃうのかな。

――そんなことないんじゃないですか。

押井：例えば、今の若い子が「アウトレイジ」（2010）を見るときは、あきらかに「面白がってる」よね、間違いなく。共感とかじゃない。（北野）たけしの映画というよりも役者たちの演技を面白がってるよ。「釣りバカ」のおっさん（西田敏行）が悪いヤクザやってる、とか。だから「アウトレイジ」は東映の現代ヤクザシリーズとはかなり違う受容のされ方をしている気がする。誰も思い入れとか共感とかしないと思うよ。刺激的ではあるから面白がってるだけ。

――確かにそうかもしれません。

押井：たけしは本当に役者の使い方がうまいなと感心するんだけど、「アウトレイジ」というのはたけしの映画の中ではあまりいいとは思わない。「ソナチネ」（1993）とかあっちのほうがあの人の本領だよ。いつだったか、加瀬（亮）君に「『アウトレイジ』どうだった？」って聞いたら、あいつはクレバーな役者だから「うーん、特に何もないし。でもヤクザやるんでいろいろ考えてやりました」って。初めてヤクザやったんじゃない？

――クールですね。

押井：たぶんたけしだってそういう色眼鏡で見られてることはわかってたはず。結果的に3本も作っちゃって。プロデューサーとどういう取引したか知らないけど、2本目3本目はあまりやる気ないよね。1本目はそれなりにやる気があった。妙な虚無感みたいなのはやっぱりちょっとすごいなと思ったから。最後の風車が回ってるのはいいシーンだったし。だけど2本目3本目は要するにただの暴力映画。気合も入ってない。「ソナチネ」とは全然格が違いますよ。でも監督ってそういうもんじゃん。

――たけしが本当に撮りたいものは、評価は高くても当たらないという印象です。

押井：「Ｄｏｌｌｓ」（２００２）とか私は好きだったしいい映画だと思うんだけど、全然ダメだったもんね。まあ「ソナチネ」はわかりやすい。「３－４×10月」（１９９０）とか「その男、凶暴につき」（１９８９）とかみんな好きなんだけどね。でも「アウトレイジ」は一回見たら終わりだもん。

だから今の学生とか二十代の子が「仁義なき戦い」見たらどう思うんだろう、というのはちょっと興味がある。「なんだろうこの人たち？」というだけなのか、「これが『アウトレイジ』の原点か」と思うのか。面白がりはするかもしれない。

――自分と関係のある世界だとは感じられないでしょうね。

押井：でもああいう日本が見たいかといったら、おそらく誰も見たくないんじゃない？　ましてあの日本の焼け跡っぽいところに可能性を感じるとかはきっとゼロだと思う。

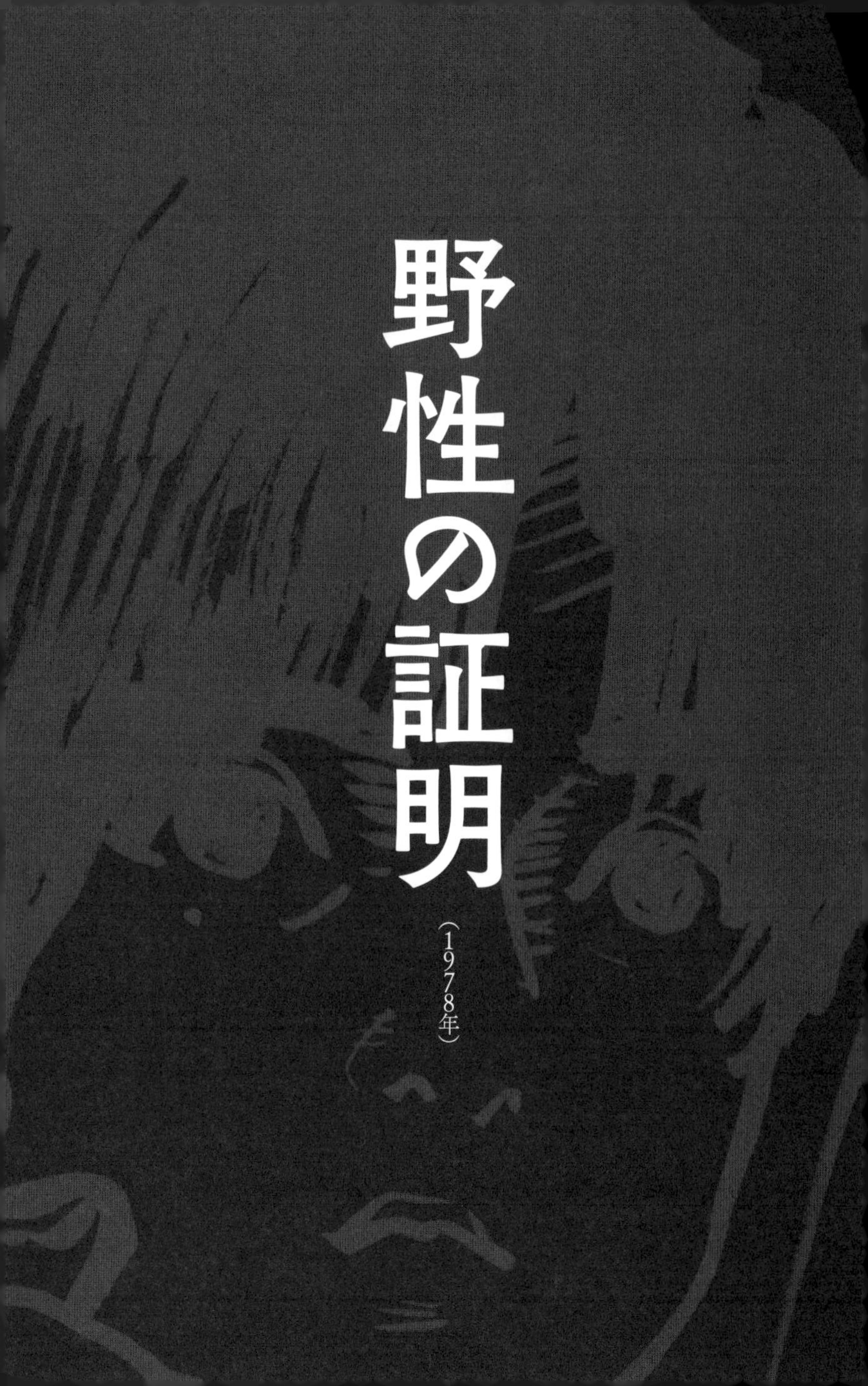

野性の証明

（1978年）

「お父さん、怖いよ！」角川映画が業界に起こした革命

角川映画の第三弾。東北地方で起きた大量虐殺事件で記憶を失った少女（薬師丸ひろ子）と、訓練中に虐殺現場に遭遇した自衛官（高倉健）。この二人が東北地方の都市を舞台にした巨大な陰謀に巻き込まれていく。原作にはなかった自衛隊との戦闘シーンはアメリカで撮影された。監督：佐藤純彌。

――今回のお題は「野性の証明」（1978）ということですが。

押井：「野性の証明」という映画を代表として、「角川映画」について話そうと思っているんだけど。角川映画って時代の幅が15年くらいあったんじゃなかったっけ。

――1976年の「犬神家の一族」から始まって、角川春樹さんが薬物所持で捕まって角川書店を離れたのが1993年なので、17年ですかね。

押井：「人間の証明」は何年？

――（調べて）1977年ですね。その辺は1年に1本ずつ公開されていて、「犬神家の一族」「人間の証明」「野性の証明」の順です。

押井：初めのうちは大作だったよね。最後のほうは相当勢いはなくなってたけど、作品は何があったっけ？

――1993年の「REX　恐竜物語」が最後のようです。

押井：ああ。最後のほうの大作って何かある？

――「天と地と」（1990）ですかね。

押井：あれはもう断末魔に近かったよね。完全に底が抜けてたから。「REX」はその底抜けのおまけみたいなもんだね。

――そういう意味で言えば「野性の証明」の頃の角川映画はイケイケドンドンだったわけですよね。

押井：そうそう。映画業界に新しいやり方で参入してぐんぐん存在感を増していた時期だよ。角川映画の新しかったところは、角川文庫と連動してたことだよね。自分の会社で原作の文庫本を山ほど刷って、大量の宣伝を打つ。これがものの見事にはまっちゃったわけだ。文庫は売れまくるわ、映画はヒットするわというさ。どっちが本命なんだかよくわかんないぐらい。そういう意味ではメディアミックスのはしりだよ。それがあちこちに波及していった。

――みんな追随したということは、旨味があったということですよね。

押井：一粒で二度おいしいというさ。

出版社が映画業界に殴り込み

押井：そして、角川映画の誕生は「出版社が映画を作る」ということの嚆矢《こうし》でもあったわけだ。

――今では異業種から参入するのは珍しくないですけど、当時としては画期的だったんですね。

押井：それまでは共同製作みたいなやり方はあったにしても、出版社がヘゲモニーを持って映画を作るというのはなかった。今はテレビ局が作る映画なんかが山ほどあるけど、そういう「テレビ局が映画を作ります」という時代よりも、はるか以前の話だからね。

映画業界じゃない、映像業界ですらない、いわゆる異業種から参入して映画を作るなんて、そんなことをやってるところは他になかった。だから当時は誰もうまくいくと思ってなかったんだよね。ちょっとうまくいったとしてもどうせ2～3本で終わるさ、と高みの見物をしてた。ところが全然ちょっとでは終わらなかったわけだ。どちらがどれだけ売れたのかよく知らないけど、本は売れるわ、映画は当たるわ。

――日本映画にとっては大変なエポックだったと。

押井：なおかつ、当時の日本映画業界は低迷期に入ってたから、映画人にとっては大量に仕事が増えることになった。それは役者はもちろん、監督から脚本から現場のスタッフに至るまでね。

――低迷しつつあった日本映画界が角川映画によって潤ったわけですね。

押井：映画の現場からすれば、仕事をたくさんくれるのはありがたいし結構なことなわけ。それと、確か角川文庫は初めて印税を10％に上げたんだよね（押井監督の個人的な記憶です）。

――文庫で10％ですか。

押井：うん。それまでは8％ぐらいだったと思うけど、いきなり10％に上げた。それで作家を集めたわけ。そういう掟破りもやったり、いろんな意味で派手な展開をしたんですよ。今までの慣習を破ったというかね。印税が10％になったというのはかなりよく覚えてる。「じつは裏取引もあったんじゃないか」という説もあったし、もっと印税を出して作家を集めたという説もあった。もちろんそれはつまびらかじゃないんだけど。角川文庫の有名なキャッチフレーズがあったじゃん。「読んでから見るか、見てから読むか。」というさ。

――ありましたね。

押井：まさにあれなんだよ。実際に映画を見た人間がどれだけ文庫本を買ったのかは定かじゃないけど、原作本が売れまくったことは間違いない。そのことで文庫というジャンル自体も変えちゃったわけだよね。映画の宣伝に乗じてブームで大量に売りまくった。それまでは文庫と言えば、岩波文庫とか中公文庫みたいな、「読書人のために単行本よりも安くして、長い間売ります」という「ロングテールビジネス」のジャンルだったわけだ。だけど角川文庫はそうじゃなくて、文庫本を怒涛のように印刷して、本屋にバンバン山積みして、一過性で大量に売っちゃうという仕組みにした。そういう意味で言えば文庫の世界を変えちゃったんだよね。

映画業界に革命を起こした角川映画

押井：角川映画は、映画に関してはあらゆるジャンルをやった。角川文庫の原作という前提はあるにしても、青春映画もあればSFもあればミステリーもあれば、アイドルまで売り出した。角川三人娘（薬師丸ひろ子、原田知世、渡辺典子）というやつだよね。そうやって次々と新しい戦略を打ち出して、既存のメディアを糾合して、「角川映画」というひとつのメディアを作りあげた。そして結果的には文庫のほうがおまけのような印象になっちゃった。

――革命的です。

押井：要するに新しいメディアを作るんじゃなくて、既存のメディアをうまく組み合わせてインパクトのある動きを作り出そうとした。それが角川映画。今だったら「メディアミックス」と言えるんだけど、当時としては本と映画を連動させるんだという発想だったと思う。そのやり方は、そのうちアニメでもいろいろ始まったりして、違う展開も出た。

――角川映画でも「ファイブスター物語」（1989）など、自社のマンガ作品を原作にしたアニメが出てきますね。

押井：その辺がマンガとテレビアニメを連動させる動きにつながっていったんじゃないかな。

――なるほど。

押井：だから角川映画の何が新しくて事件だったかと言うと、戦後の日本のメディアの世界に、単独者としての最大の風穴を開けたことだよ。後に東映が始めたVシネマどころの騒ぎじゃない。

――角川映画の中で、そういうエポックさを感じられる作品は何でしょうか。

押井：「人間の証明」と「野性の証明」は大きかったんじゃない？　とにかく今までの日本映画にはないタイプの大作だった。話自体も、スケールが大きいというか荒唐無稽……というほどじゃないかもしれないけど、普通に考えたら「どうよ？」というストーリーだけどさ。

――ですよね（笑）。

押井：たとえば「人間の証明」というのは松本清張みたいな話じゃん。「ゼロの焦点」とかあの辺の話だよね。戦後に暗い過去があって混血児を生んだ女が、今はセレブになってるんだけどその息子が会いに来て、結局殺しちゃいましたというさ。これってまるっきり松本清張だよ。

次の「野性の証明」になると、話がかなりぶっ飛んでるわけだ。高倉健が自衛隊の特殊部隊の隊員（味沢岳史）で、ある集落でたまたま住民を殺してしまったと。そして、いろいろな経緯があって、集落の生き残りの女の子を守りながら、日本の某地方を牛耳ってるボス（大場一成、演じるは三國連太郎）と戦うというわけわかんない話。

――大場は自衛隊の演習をヘリから見学してますよね。日本であんなことできるんですかね。

押井： どうかなあ。言ってみれば自衛隊の部隊を地域のボスが動かしてるわけだよね。それで、味沢は戦車の群れと戦うという。

――森村誠一の原作にはなかったシーンだそうです。

角川映画というテーブルにはなんでも乗っかる

――最初はサスペンスっぽいノリなのかなと思ったら、突然「コマンドー」（1985）みたいな映画に変わるという（笑）。そして役者はなぜか「仁義なき戦い」（1973）に出ていたおじさんがいっぱい出てるし。なんかよくわかんない話です。

押井： よくわかんないよね（笑）。自衛隊のシーンはカリフォルニアでロケしてて、作中では「国内の某県」って言ってるけど、どう見たって日本じゃないだろうというね。そもそも出てくる戦車だって、自衛隊では使っていないM48パットンだし。そしてM48パットンを大量に動員して、チェイスみたいなのをやったり、崖から落として爆発させたりとか。

――ミリタリーに疎い僕でも、自衛隊はそんなことはやらないだろうと思いました（笑）。

押井：自衛隊員の装備は確か64式小銃で、結構リアルだったんだよ。それが印象に残ってる。

――そこですか。アサルトライフルの形式。

押井：でも確証はないんだけどよく見ると、発砲してるところはアーマライトだったような気がする。キャリングハンドルがなかったから、M16というよりはアーマライトだと思う。リアルに発砲してた。もちろんカリフォルニアだからできたんだけど。あれはどう考えてもアメリカの銃だと思う。さすがに64式小銃をギミックであそこまで作動させるやつは当時なかったと思う。

――細かいところまでよく見て、覚えてますね（後日調べたところ、撮影で使われたのは64式に似ているアーマライトAR－18とのこと。映画では自衛隊がAR－18を使用している設定だったが、現実の自衛隊では制式採用はされていない）。

押井：僕は当時からそういうところを一所懸命見てたから（笑）。戦車だってさあ、M24とかM41だったらまだわかるんですよ。自衛隊でも使ってたから。東宝の特撮でおなじみの、チャフィとかウォーカーブルドッグというやつだよね。でもパットンはないでしょう、パットンは（怒）。

――ミリタリーマニアとしては不満だと（笑）。

押井：それでも当時は「カリフォルニアで戦車を大量動員して、すごいロケをした」というんで、それなりに話題になった。そういう意味でもいろんなことやったわけだよね。

「人間の証明」も松田優作がニューヨークでロケして、ジョージ・ケネディとか向こうの役者を使って、と結構なことをやってたよね。殺された息子の手がかりを探しにいくところだけど。

そういうふうに日本映画の枠にはまらないことをやろうとしたわけだよね。必要なら海外ロケもするし、ハリウッドのスターも出すし。

――「復活の日」(1980)もそうですね。

押井：「復活の日」もジョージ・ケネディだったかな。それでなおかつロバート・ヴォーンが上院議員をやってるんだからね。それと草刈正雄が並んでるという不思議な画だった。

――オリビア・ハッセーも出てましたっけ。

押井：だからなんでもありだったんだよ。角川映画というテーブルにはなんでも乗っかるんだというさ。パットンだろうが潜水艦だろうがジョージ・ケネディだろうがオリビア・ハッセーだろうがロバート・ヴォーンだろうが関係ないよ。

――でも、それが映画として面白くなるかというと……。

押井：それはまた別の話だよね。「復活の日」のことを言っちゃうとさ、やっぱり草刈正雄がかすんじゃったもんね。全然役者としての格が違うんだもん。あきらかに位負けしてる。

正念場だった「野性の証明」

押井：「野性の証明」に話を戻すと、この映画は「角川映画はなんでも乗っけるんだぞ」の第一弾だった。後の角川映画に必要なことをすべてやってたよ。海外ロケで、大物俳優を出して、銃をバンバン撃って。その前の「人間の証明」は最初期の作品で、みんな成功するかどうか高みの見物を決め込んでたら大ヒットしちゃったんだよ。そして「野性の証明」のときにははっきり「角川映画」になってた。

松田優作が「蘇える金狼」（1979）のときに「お、『野性の証明』見に行かなきゃ」とかアドリブでセリフ言ってるんだよね。映画館では大笑いだったけど。だから「野性の証明」のときに「角川映画」だということがはっきり認知されたんだよ。「人間の証明」の頃はまだみんな半信半疑だった。

――麦わら帽子が出てくるのが「人間の証明」ですよね。当時は子どもだったけど覚えてます。

押井：歌も覚えてるよ。「ママー、ドゥ・ユー・リメンバー」というやつ。さんざん聞いたからね。テレビスポットだって見ない日はなかったからね。どんだけスポット打ったんだよという。

そういう意味で言うと、「野性の証明」のときは認知もされてたけど、正念場でもあった。「角川映画」として続けていけるのかどうかという正念場。だから健さんが主役であり、薬師丸ひろ子がデビューし、海外ロケもし、戦車も山ほど出し、バートル（自衛隊でも使われる大型ヘリコプター）は飛ぶわ、バイクのチェイスはあるわ、大盤振る舞い。

――バイクシーンと言えば、舘ひろしが暴走族のリーダーでしたね。

押井：そうそう、三國連太郎（大場）のドラ息子。それが暴走族の頭をやってて健さん（味沢）を襲撃に来て、返り討ちにあって殺されちゃうんだよね。それで三國連太郎が逆ギレして健さんを殺せというさ。

そして、その昔健さんが殺しちゃった村人の娘が薬師丸ひろ子で、それを養子にして育ててるんだけどさ、それが途中でバレるというか記憶が蘇るんだよね。父ちゃんを殺したのはこの男だというさ。

——舘ひろしを殺すところを見て思い出します。

押井：健さんがマチェットで舘ひろしの頭を叩き割るんですよ。

——そこだけ聞いてると、結構なトンデモ映画感がありますね（笑）。血は結構盛大に出ていましたし。

押井：とにかくね、非常に表現主義というかインパクトを求めてたよね。火薬だ血だという暴力はかなりのレベルで、なおかつ規模もデカい。キャスティングも豪華だし。

角川ニューフェイス三人娘の思い出

押井：なおかつ春樹さんが考えたのは「ニューフェイス」だよね。かつて東宝ニューフェイス（東宝が1946年から60年代後半にかけ、新たな俳優を発掘するために開催していたオーディション、及びその出身者）があって、各映画会社がみんなニューフェイスを売ったんだよね。東映にもいたからさ。健さんだって菅原文太だってニューフェイスだったんだから。みんなニューフェイスで青春スターで売ったんだもん。春樹さんはその時代の記憶がある人なんだよ。だから角川映画に必要なのはニューフェイスだと、自分のところからアイドル女優を出すんだという、それが角川三人娘。僕は三人娘のうち、渡辺典子さんとは仕事をしたことがあるんだよ。

——まだ現役なんですね。

押井：「ケータイ捜査官7」（2008〜09）のときに、主人公のお母さん役で一回だけお付き合いした。と言ったって声の出演だけだけど。主人公が家出した話だからお母さんは本編には出てこないの（笑）。

それはともかく「野性の証明」は角川映画にとっては最初の正念場で、見事に成功したわけだ。薬師丸ひろ子の扱いも、「角川自身がニューフェイス、アイドル女優を作り出すんだ」という意欲に満ち満ちてた。結構評判になったからね。

——「お父さん、怖いよ」ですよね。

押井：古いスターと新しいスターを親子にして逃避行をさせるというさ。で、その親子の向こうに戦車が数十台。

——世代的に僕（野田）は角川映画というと、三人娘から後ぐらいしか印象にないですね。それより前の作品はＴＶの宣伝で見たなあというくらいで。

押井：僕は三人娘に全然興味なかったんだけど、なぜ覚えてるかと言うと、ブッちゃん（出渕裕）とゆうきまさみが原田知世の大ファンだったんだよね。

――あと、マンガ家のとり・みき先生もファンでしたよね。

押井：特にブッちゃんは頭がおかしいんじゃないかというぐらいに入れ込んでた。「天国にいちばん近い島」（1984）のときか。ブッちゃんとかとり・みきはロケ先のニューカレドニアまで行って追っかけをやってたんだから。

それで忘れもしないんだけど、ヘッドギア（マンガ家のゆうきまさみを中心に作られた「機動警察パトレイバー」の原作グループ。メンバーはゆうきまさみ、出渕裕、高田明美、伊藤和典、押井守の5名）の面々と銀座かなんかで時間があったんで「首都消失」（1987）を観ようかってことになったんだよ。確か前売りチケットをやたらとばら撒いた映画で、映画館の前に安く売るダフ屋が出てたからね。それで映画館に入った瞬間に、ちょうど原田知世の映画の予告をやってたんだよ。

――当時は今と違って入れ替えじゃなかったですから、どのタイミングでも入れましたよね。

押井：そしたらブッちゃんが開口一番「しまったー！」って絶叫したんだよ。「原田知世の予告編を途中から観てしまった」というさ。「首都消失」もすごい映画でのけぞりまくったけど、それが一番記憶に残ってる。

――「首都消失」が1987年の1月公開ですから、タイミング的には角川の「黒いドレスの女」（1987）ですかね。

押井：さすがに覚えてないなあ。

アサルトライフルが似合わない……

――ところで、角川映画の中からどうして「野性の証明」を選んだんですか？

押井：角川が角川映画の地位を確定した一本だからね。別に映画的に優れてるわけでもなんでもないけど（笑）。

――映画的にはどうなんですか？

押井：映画自体にはツッコミしかないよ。健さんが陸自の特殊部隊というのが、やっぱりものすごい違和感があったよね。

――やっぱりそうですよね（笑）。

押井：年齢的にも無理だから。特殊部隊と言ったら現役バリバリの体力絶頂期にやるものであって、四十過ぎたオヤジには絶対無理です。しかも松方弘樹が隊長やってるんだよ？　ヘリコプターのスライドドアのところでアサルトライフル構えてたって「アンタなんでそこにいるの？」としか思えない。やっぱり松方弘樹にアサルトライフルというのが決定的に似合わない（笑）。アンタはドスでしょうと。よくてもリボルバーだよ。

――それで言ったら、健さんは「ゴルゴ13」（1973）でアサルトライフルを経験してます。

押井：そうそう、健さんはゴルゴ13をやってるから、アサルトライフル経験者なんだよね。でも健さんがM16を構えてる姿も、ガタイがいいからまるっきり合わないということはないけど、やっぱり違和感あるよなというさ。アンタは長ドスでしょうと。

「ゴルゴ13」は僕も観たけど、ゴルゴと言えばスナイピングとベッドシーンでしょ。どっちがなくても「ゴルゴ13」じゃないんだよ。だから健さんのゴルゴも嫌そうに白人のブヨブヨしたお姉ちゃんを抱いてたからね。箸にも棒にもかからないベッドシーン。

——ひどい（笑）。

押井：「ゴルゴ13」の健さんは借りてきた猫みたいだったよね。あの人は軍人役もやってるし、軍が似合わないということじゃない。だけどやっぱり特殊部隊じゃないよなというさ。中堅の将校とかそっちだよ。まして松方弘樹が特殊部隊の隊長ってさあ。あれは本当に「アンタなんでそこにいるの？」って思ったよ。それに尽きるね。まだ「白昼の死角」（1979）をやった夏八木勲（当時は「夏木勲」名義）のほうが役に合ってたんじゃないの。「白昼の死角」だといいんだけど「野性の証明」の大作感で言うとちょっとね……。でも当時もキャスティング難しかったろうな。

——「野性の証明」での刑事役は悪くなかったですよね。

押井：夏八木勲の刑事はハマってた。あとは特殊部隊で原田大二郎がアサルトライフルで射撃するシーンがあるんだけど、これはよかった。「あ、この人は自衛隊員の役が合ってるわ」って思ったもん。まったく無造作にアサルトライフルの連射で相手を殺すシーンがよかった。そもそも日本映画でアサルトライフルというのは当時あまりなかった気がする。あれは向こう（アメリカ）で撮ったやつだよね。

国籍不明のアクション映画

押井：だけどさ、健さんがアサルトライフルで撃ちまくったとしても、松方弘樹がベル206（ヘリコプター）のサイドドアからM60（機関銃。弾丸の大きさ、発射速度ともアサルトライフルを大きく上回る）で撃ってくるんじゃ、あきらかに勝負にならんでしょう（笑）。

――そうなんですか。

押井：アサルトライフルでヘリを落とすなんて、基本的にはまず不可能だよ。絶対不可能じゃないけど。上空のヘリからM60で狙われたらまず生きていられないね（笑）。そのシーンははっきり覚えてる。誠に遺憾ながらヘリが撃ち落とされて岩壁かなんかに激突して大爆発という。そのシーンのヘリはあきらかにラジコン。

――でしたね。

押井：「ブラックホーク・ダウン」（2001）のはるか以前の話だからね。昔はヘリといえば必ず爆発したもんだった。今でもカプコンのゲーム「バイオハザード」に出てくるヘリは必ず爆発するというのがマニアの間では定番になってる。「だってカプコンのヘリだもん」ってさ。それは関係ないんだけど（笑）、ヘリのシーンははっきり覚えてる。あとは結構うろ覚えなんだよね。「野性の証明」に関して言うと、やっぱり役者でしか記憶につながっていかないなあ。それがすべてかもしれないね、作品的に言うと。

角川映画と言えば戦車が付きもの？

――僕は今回初めて観たんですけど、どこを目指している映画なのかがよくわからないなあと思ったんですよ。そもそも前半と後半で映画の質が違いますよね。松方弘樹とかが健さんを追いかけ始めてから全然違う映画になっちゃう。

押井：まあ、アクション映画だからね。前半はいちおう日本映画の体を成していたんだけど、後半からほとんど国籍不明のアクション映画状態。ただそれでも当時は斬新というか、珍しかったよね。戦車だって東宝の特撮以外に日本映画で見たことなかったんだもん。

――東宝特撮に出てくる戦車は、要するにミニチュアなわけですよね。

押井：駐屯地から出てくるところは実車だったけどさ。戦闘機も離陸するところまでは実機で、あとは全部ミニチュア。

――当時は自衛隊も協力してくれなかったですからね。

押井：当たり前だけどね。でも陸自の中にもゴジラ部隊というか、怪獣映画のたびに協力する部

独自調査による
角川三人オヤジはこいつらだっ!!
「角川三人娘」は有名ですが、
角川春樹(元)社長
やはりコノヒト!
出演本数16本+α!!
「幻魔大戦」をカウントするか悩みどころ…
夏八木勲
出演本数16本
千葉真一
出演本数9本
(春樹社長時代の作品での集計です)

隊があったらしいけど。映画で自衛隊の出番があるというのは東宝特撮ぐらいだったじゃない？

　そういえば、角川映画というのは僕の中では妙に戦車に縁があるという印象があるね。「ぼくらの七日間戦争」（1988）もそうじゃなかったっけ？

――そうです。あれは同じ角川映画の「戦国自衛隊」（1979）のやつを使ってますね。

押井：「戦国自衛隊」のときに作った61式か。あれは日本映画が自前で作った戦車の第一号なんだよね。それを「ぼくらの七日間戦争」で使い回したと。あ、「馬鹿が戦車でやって来る」（1964）っていうハナ肇の映画で、形式不明の日本軍の戦車が出てくるのがあったけど、どっちが古いのかな？　僕も「THE NEXT GENERATION パトレイバー」

（2014〜15、以下「TNGパトレイバー」）で使った90式は、実写版の「ガッチャマン」（2013）で使ったやつを使い回した。

――そうなんですか。

押井：現場で何十万かで買い取ったんだよね。確か百万しなかったと思う。買ったときは何に使うあてもなくて、ガッパの回（第5・6話「大怪獣現わる」前後編）で使おうと思ってたんだけど、熱海まで持って行けないというのがあとで判明した。

――あれが乗るトレーラーなんてそうそうないでしょうし。

押井：まあ、バラして運ぶんだけどね。結局、砲塔のところだけはスタジオで合成用に撮ったんだけど。それはともかく角川映画というのは僕にとっては戦車の記憶とつながってる。ただねえ、作り物の61式は今ひとつだったのと「野性の証明」のM48が忘れられないよ。「旧いほうのパットンかよ……」という。

――そんなにガッカリしたんですか（笑）。

押井：なぜかと言うと、当時の主力戦車は同じパットンシリーズでもM60の時代だったんですよ。正確に言うとM60A1というやつだけど。M48はもうすでに第一線を退いてたわけ。じゃあどこで使っていたかというと、州軍で使ってた。だからあれはたぶんカリフォルニアの州軍のパットンを動員したんだよ。米軍が協力したというよりも州軍の協力だったんだよね。

――ウィキペディアにも「当時の陸軍州兵」と書いてありますね。

押井：そうでしょ。M48が出た瞬間「あ、州軍だ」と思ったもん。州軍はどうしても兵器が型落ちになるんだよ。たとえば州軍もF－16（戦闘機）を使ってるんだけど、最初のタイプなんだよね。いわゆるレガシーというやつ。最新のF－16とは性能的に比べものにならない。パッと見はよくわからないかもしれないけれど、全然別物なんだよね。だから兵器を見れば映画の背景はわかるんだよ。アメリカでのB級のSFというと州軍のF－16がほとんど。

州軍というのは州によってみんな違ってて、協力してくれるところもあるし「そんなことやってる場合じゃないよ」というところもある。使わせてくれる州はだいたい決まってるんじゃないかな。たぶんそこに行って撮るんだよ。

軍と映画業界の蜜月関係

――米軍（合衆国軍）は協力してくれないんですか？

押井：米軍はもちろん、四軍（陸軍・海軍・空軍・海兵隊、厳密に言うと2019年に「宇宙軍」も建軍されている）とも映画に協力する。一番映画やドラマをうまく使ってるのは圧倒的に海兵隊。海兵隊は昔から映画にすごい力を入れてるから。クリント・イーストウッドなんて完全に海兵隊映画専門だもん。

――米軍が協力するのはプロパガンダのためですよね。

押井：もちろん。ちゃんと脚本をチェックする映画担当の部署まである。脚本チェックに始まって、実際の現場の手配から何からコーディネートする。ああいう部署も海兵隊の中にあるんだよ。海兵隊の次にうまいのはたぶん海軍。アメリカ陸軍ってハリウッド映画にそんなに出てこない。ほとんどが海兵隊なんだよ。ドラマシリーズも「CSI：科学捜査班」（米TV／2000〜15）とか主役クラスで元海兵隊員みたいなヤツはやたらいっぱい出てくるから。海兵隊上がりの刑事とかそういう設定だったらまず間違いなく海兵隊のバックアップがある。

「NCIS〜ネイビー犯罪捜査班」（2003〜）だったかな、うちの奥さんが好きなんだけど海軍の警察組織のテレビドラマがあるんだよ。これは完全に海軍がバックアップしてる。で、空母の中で撮影したりしてるから。とにかくそういうのは必ずバックに四軍のうちどれかが入ってる。

――自衛隊も最近は割と協力的になりましたけど、さすがにまだそういう撮影のコーディネートをする部署まではないですよね。

押井：僕がお世話になったのは空自の広報と陸自の広報。実際に映画で協力ということになると本庁の許可が必要であってさ、今だったら防衛省だよね。「パトレイバー2」のときは航空自衛隊の現場にずいぶん協力してもらった。当時は防衛庁だったかな。でも「パトレイバー2」のときはエンディングテロップに名前が入ってないの。

――どうしてですか？

押井：現場の人間から「本庁の許可はもらわないほうがいいですよ。もらっちゃうと審査が入るから」ってアドバイスされたから。

――クレジット入れなくても協力してくれるんですか？

押井：取材協力だからね。「パトレイバー2」のときは実際に撮影させてもらったわけじゃないから。いろいろお話を聞いたりとか見せてくれたりとか、戦車にも乗せてもらったり。TNGパトレイバーの映画版「THE NEXT GENERATION パトレイバー 首都決戦」（2015、以下「首都決戦」）のときに初めて駐屯地の中で撮影した。F－2（自衛隊の戦闘機）も撮ったし、コブラ（ヘリコプター）も撮った。実際に空撮までやってもらった。あれがかなり大変で、防衛省の許可を取るのに担当のプロデューサーが日参してひと月以上かかったんだって。あとでお叱りをいただいたそうだけど。コブラが撃墜されてるから（笑）。「落ちてるじゃないか！」って。

――そんなの脚本でわかるじゃないですか（笑）。読んでないんですかねえ。お叱りぐらいで済めばいいですけど。

押井：やっちゃったものに関しては公開中止だとか差し止めだとかはないけどね。それもほら、日本版の「トップガン」、織田裕二の「BEST GUY」（1990）か。航空自衛隊全面協力だけど、僕が空自の広報に行ったときはボロクソに言ってたもん。「あれだけ協力したのにひどいじゃないですか！」って。陸自の協力した戦車部隊の隊員と、名取裕子のメロドラマもあるんだよ。タイトル忘れちゃったけど。「マドンナのごとく」（1990）だっけ？　それも怒ってた。「ベッドシーンばっかりだ！」とか言ってさ。自衛隊はなかなか映画と相性がよろしくない。

――そうかもしれません（笑）。

角川映画VS配給会社

押井：それはさておき、戦後の日本のメディアの世界にでかい風穴を開けた角川映画だけど、一つだけ欠けているものがあった。それは「配給」なんだよ。角川書店も配給だけは意のままにならなかった。大手の配給5社（東宝・東映・松竹・日活・大映）からは継子扱いされたんだよね。でも小屋（映画館）にかければ客はたくさん入るから、小屋主は角川映画をやりたがるわけだ。いわゆる旧勢力というか守旧派というか、古い配給会社と角川との軋轢というのはあまり語られてないけど、実は結構あったんだよ。

――なぜ角川は配給と軋轢があったんですか。

押井：たぶん、春樹さん自身が配給まで手を広げたかったんだと思う。でも今と違って小屋と配給会社の結びつきが当時はまだ強かった。それぞれの配給会社が系列の小屋をそれなりに持ってたから、系列の小屋というのはそれぞれの配給会社の牙城だったんだよね。今はシネコン全盛になったから全然状況が違うけど、当時はなかなかそこに斬り込めなかった。だから配給ではかななり苦戦したはずなんだよ。

――新参者は大変ですね。

押井：僕も人づてに聞いた話なんだけど、ある時に春樹さんが東宝や配給会社と手打ちをしたそうなんだよ。日本の配給会社と角川春樹の間を取り持って「配給に関しては双方にメリットがあるんだから手を組んだほうがいいよ」と手打ちをしたと。その仲立ちをしたのが徳間書店の徳間康快さんなんですよ。

――ほぉー。そうなんですか。

押井：戦争と一緒で、停戦を仲介できる国というのはどちらよりも強くなくちゃいけない。日露戦争のときのアメリカみたいなもんですよ。第二次大戦のときには日米が戦っちゃったから、仲介する国がいなかったわけだ。話をソ連に持っていったりとかいろいろやったわけだけど、成立するわけがないんだよ。両者よりも力がある第三者じゃなければ戦争の間に入れない。

――徳間さんはそんなに力があったんですか。

押井：康快さんというのはフィクサーだったから。徳間書店の力というよりも康快さん自体のパワーだよね。正力松太郎の後といったら康快さんしかいなかった。そのちょっと小ぶりだったのが東北新社の植村伴次郎さんなんだよ。康快さんはとにかく傑物だったね。あんな人はもう日本には出てこないと思うよ。

前にも言ったかもしれないけど、戦後のエンターテインメントの世界には絶えずフィクサーがいたわけ。戦後にテレビを立ち上げたり、プロ野球を立ち上げたり、日本の戦後の大きなエンターテインメントの流れを作ったのが正力松太郎。そしてそれを受け継いだのがテレビや新聞ではナベツネ（渡辺恒雄）。あとはジブリの後見人だった氏家（齊一郎）さん。この二人とも実は正力松太郎の番頭さんだったんだよ。

――なるほど。

フィクサー、徳間康快

押井：そしてまったく独自に、読売新聞社を飛び出してアサヒ芸能社を作って、隠然たる力を持ってたのが徳間康快。その康快さんの最後の切り札がスタジオジブリだったんだよ。「ジブリにどんどん作らせろ」って言ってたのが康快さん。最初に「徳間書店で映画を作るぞ」というところに斬り込んだのは、尾形（英夫）さんだけど、それをいわば「これは使える。これから倍々でやっていくぞ」と宣言したのは康快さんだった。今でも覚えてる。

――それはいつの話ですか？「風の谷のナウシカ」（1984）の頃とか？

押井：「ナウシカ」よりもっと後だよ。当時は「ナウシカ」自体まだどうなるかわからないものだったんだから。僕が覚えてるのは「もののけ姫」（1997）の舞台挨拶のときに康快さんがはっきり壇上から言ってた。「これからもっと広げていくんだ」みたいなことを言って、僕も腰を抜かした記憶がある。

――確かあのときは宮崎さんが「もう辞める」と言ってましたよね。

押井：そんなものは毎回言ってるんだから（笑）。徳間康快さんというのは中国とのパイプもあったんだよね。だから中国とも手を組んだ。ほら、中国で大作作ったじゃん。井上靖の、なんだっけ？

――「敦煌」（1988）ですね。

押井：「敦煌」とか、あと棋士の映画（「未完の対局」1982）もあったんだよ。中国と手を組もうという、そういう背後に康快さんがいて、すごい力があったらしいんだよね。僕も周辺から漏れ聞いているだけだけど。

――押井さんは徳間康快さんに会われたことはあるんですか。

押井：あるけど、実際に康快さんに会ったことは2〜3回ぐらい。とにかくこの人はフィクサーの系譜の最後の人だと思った。伴次郎さんもそれに近かったけど、全体的に康快さんより一回り小さい感じなの。伴次郎さんも絶えず新しいことをやろうとした。東北新社の社屋の屋上にデカいパラボラ立てて「これからは衛星の時代だ」ってやってさ。僕のやった「首都決戦」だって、あれも4K映画の第一号だったし。

そういう「でっかいことをやるぞ」という人間が、昔は結構いたわけだよね。その一人が角川春樹というおじさんだったんだよ。「これからは出版社も映画を作るんだ」と言って始めた。

角川文庫を見ると、本の最後に出版の趣旨というかお言葉（「角川文庫発刊に際して」）があるじゃん。ああいう社会的使命を持つんだということが初代の父ちゃん（角川源義／角川書店創立者）からの社訓としてあったわけだよね。だけど春樹さんは「出版以外のことをやっちゃいかん」という先代の教えをあえて破ったわけだ。「これからは本を売るために映画を作るんだ」と。

ディズニーと原子力

――新しいことをやるんだと。

押井：でも「本を売るために映画を作る」というのは、ほぼ方便だよ。本当はあの人自身が映画をやりたかったからだよね。だって自分で監督を何本もやってるんだもん。よせばいいのに角川春樹事務所に移ってからでさえまた映画作ってるんだから。それがいい映画でお金が稼げていればよかったんだけど、絶えず屋台骨を揺るがす出来だったわけで（笑）。

――まあまあ（笑）

押井：そういうタイプの経営者というのはある時期までいたんだよ。正力松太郎からナベツネがいて、氏家さんがいて、康快さんがいて、伴次郎さんがいて。言ってみればメディアに関わったフィクサーたち。正力松太郎というのは総理大臣を目指していた人なんだよ。ただあの人はA級戦犯に指定されて、巣鴨（プリズン）に入っていたから総理大臣にはなれなかった。つまり日本の戦後のフィクサーは政治の世界にもいたけど、エンタメの世界にもいたんだよ。正力さんとかは政治の世界にも顔を利かせていたわけだよね。

――なるほど。

押井：あの人が戦後やったことというのは、エンターテインメントの大きな流れをつくったことと、あと一つはもちろん原発ですよ。この二本立てなの。ジブリとディズニーの相性がいいというのは、実はそれなんだよね。

――どういうことですか。

押井：ディズニーも実は原発推進にひと役買ってるから。ディズニーはミッキーマウスで原発のプロパガンダ映画（「我が友原子力」1957）を作ったし、日本中にそれを見せて回ったのは正力松太郎だから（1958年正月に日本テレビで放送）。その流れで考えると日テレ、読売系列とジブリが結びつくというのは当然だし、結構根が深いんだよ。そういう意味で言えばジブリがここ20年間のエンタメの真ん中にいたことは間違いない。実写映画も遠く及ばないだけの数字を出してるわけだから。

角川春樹という人もそういう「新しいことをぶち上げる」タイプの一人だった。そして、他の同タイプの人たちと同じように最初は周囲の誰もが疑問視した。はっきりいって冷たかった。

――そんなものがうまくいくはずがないと。「映画は映画屋が作るものだ」という発想なわけですよね。

敷居の高い配給会社

押井：そう。プロダクションというか映画の現場の人間は違うけどね。現場の人間は仕事があるならなんでもOKで、大きい仕事をコンスタントに回してくれる会社は大歓迎だから。テレビ局だろうが出版社だろうが不動産屋だろうがなんだってOK。基本的に僕ら現場の人間は日銭で食ってる職人だから。

ただ配給会社はそうは思わないんだよ。自分たちが戦前からやってきた映画というものを、言ってみれば「出版社ごときが」という考えなわけ。それはついこの間まで「バンダイみたいなおもちゃ屋が」と映画の世界で言われてたのと同じことだよね。最後までそう言われて、バンダイも配給で常に苦戦してた。

――嫌な感じですねえ。

押井：だからバンダイの作ったアニメーション映画は、ことごとく配給が松竹なんだよ。僕の作品もほとんどがそうなんだけど、パトレイバーだろうがガンダムだろうが、みんな松竹。

――松竹しか相手にしてくれないんですか。

押井：そう。あとは東映と東宝なんだけど、東宝はロボットものとかほとんどやったことがないはず。エヴァも東宝じゃないでしょ(旧劇場版から「Q」までは東宝以外での配給、最新作の「シン」のみ東宝・東映・カラーの共同配給)。そう考えるとわかりやすい。配給会社というのは意外と、それぞれそういうカラーがあるんだよ。もちろん松竹もロボットものに愛があったわけでもなんでもなくて、要するになんでもやってくれた。あそこは本業が舞台だからさ。

──うちは歌舞伎が看板だと。

押井：うん。映画は言っちゃえば副業だから。東宝は違うからね。東宝ももちろん舞台はあるし不動産というのもあるんだけどさ、メインストリームは映画なわけだ。東映はまたちょっと系列が変わるんだけど、アニメーションもたくさん配給してる。東映動画（現・東映アニメーション）はもちろんやるんだけど、東映動画以外にもやってる。うちの師匠（鳥海永行）がやった「宇宙戦士バルディオス」（1981）だって東映だからね。

──懐かしい（笑）。

押井：日活もアニメからは脱落してるから、配給は東宝、松竹、東映。東映は自前の東映動画があるわけだから、それ以外だと必然的に東宝と松竹になっちゃうわけだ。そういう意味ではアニメーションの配給が苦戦したという話は実はそんなにないんだけど、角川映画というのは絶えず配給の落とし所を探し続けたんだよね。角川映画の配給を調べてみたらわかると思うんだけど。

──「犬神家の一族」が東宝。「人間の証明」が東映、「野性の証明」は日本ヘラルドと東映になってますね。

押井：ヘラルドとかは当時主流じゃなかったと思うんだよね。

──そのあとは東映が多くて一部東宝です。

押井：松竹はやってないでしょ。

――「蒲田行進曲」（1982）で初めて松竹配給ですね。あとは90年代の角川映画の末期はほとんど松竹です。最後の「REX　恐竜物語」も。

押井：末期だよね。角川映画は当初破竹の勢いでやってたんだけど、そのわりに配給が安定しなかったという印象がある。興行収入の取り分も含めて、たぶん相当いろんなやり取りがあったんじゃないかな。

テレビスポットが強かった時代

――角川映画は配給とはうまくいってなかったのかもしれませんが、一方でテレビをうまく利用したという印象があります。

押井：そうそう。テレビに進出するとか局を買収しちゃうとかそういうことじゃなくて、宣伝として徹底的に利用した。あれだけ大量にスポットを流したのは角川が初めてやったことだから。「映画の宣伝と言えばテレビの大量スポット」というのはその後十何年間も続いた、そのはしりだよ。後にテレビ局が自ら映画製作をするようになると、自分の局で大量に宣伝を流すようになった。スポットなんてレベルじゃなくて、あらゆる番組を活用してタイアップで宣伝した。

――自局での大宣伝は1983年のフジテレビの「南極物語」あたりから始まったようです。

押井：僕も「スカイ・クロラ」のときに日テレに24時間監禁されたからね。朝一番の番組から深夜まで、あらゆる番組に30秒でもいいから絶えず顔を出せと。とんでもないことやらされたよ。局の支度部屋に丸一日、文字通り監禁された。

――あっちこっちの取材に行かされるよりは効率はいいですよね（笑）。

押井：だけど僕は「これだけ宣伝する意味はあるの？」と思ってた。あの時代はすでにアニメーションを宣伝で売るのはもう無理だったよ。だって実際問題「スカイ・クロラ」だって「イノセンス」（2004）だって動員数はほとんど変わってないんだもん。

――それを言っちゃぁあ（笑）。

押井：そもそもがもうネットの時代だったわけじゃん。テレビスポットだの雑誌だのという媒体数を揃えて「なんかやった気になる」というのは、映画というより広告代理店の仕事だよ。

――そうですよね。

押井：何を根拠に映画を見に行くのか、というのはその時代その時代で変わるわけだ。映画マニアは監督の名前だったり役者だったり、いろいろあるんだろうけど、年に数回も映画を見ない人たちが見に行かない限りは大ヒットにはならない。そういう人たちをいかに動員するかというのは映画というよりも配給のテーマだったわけ。それで今の時代だったら、若くて売れてる役者の名前がどれだけ並ぶかというさ。「このキャスティングじゃなきゃ配給できない」とか平気で言ってくるから。

——キツいですねえ。

押井：そうなると現場は結局、役者のスケジュールに従って映画を作るしかなくなる。ジャニーズだったらレギュラー番組があるから「首都圏を離れないこと」とか言われて、地方ロケなんかもってのほか。そうやって売れてる役者を大量に使うということは、現場のスケジュールが複雑怪奇なパズルになるわけだ。

役所広司はなぜいつも同じヘアスタイルなのか？

押井：僕の「首都決戦」だって結構大変だったんだから。あれだけ好き放題にキャスティングしたように見えても、映画ということになった瞬間から役者のスケジュールがすごくタイトだった。そうなると監督のやれることというのは、下手すると「現場の交通整理」しかない。本当だよ。「今日○○は夕方出しだ」とか言われたら、（出演者を現場から）出すためにそれまでに撮り切らなきゃいけない。しかもそれが個々でみんな違う。「この事務所のこの人を出すんだったらうちの事務所からは出せないから」とか事務所のバッティングもあったりするし。

——パズルみたいですね。

押井：なぜそうなったかと言ったら、一般的には「芸能事務所が強くなった」と言われているわけだけど、その発言力を支えているのは映画に関して言えば配給会社だよ。「これこれこれだけの名前が並んでないと、せいぜいこれだけの小屋だね」とか「うちじゃ配給できない」とか言ってくる。映画なんて半分はキャストなんだからさ、そうなると当たり前だけど映画の性格が変わってくる。監督の希望に添ったキャスティングができなかったら、映画の意図が実現できるわけないじゃん。

――だけど、その条件を飲まないと映画が撮れないと。

押井：だから結局、「本来だったらこの若さの役じゃないんだけど……」みたいな苦渋の決断をせざるを得ないわけ。それこそキムタクじゃないけど、特攻隊員の役でも髪を切れないとかね。それやっちゃうと、映画が変わっちゃうじゃん。役所広司だってCMがあるから髪を全部切れないとかさ。僕がフランスの「カイエ・デュ・シネマ」かなんかの取材を受けたときにさ、向こうから真っ先に言われたのは「なぜ役所広司はいつも同じヘアスタイルなんだ？」というさ。

――鋭い（笑）。

押井：向こうにしてみたらあり得ないんだよ。役によって髪形は当然変わるでしょと。ハリウッドに至っては体形まで変える。場合によってはノーメイクだってアリだというさ。そこに文句を言ってくるのは日本だけ。この間「Fukushima 50」（2020）を石川（光久／株式会社プロダクション・アイジー社長）が見に行ってさ、「女優さんのメイクが変わらない。あれだけはすごい違和感があったんだけど」と言ってたけど、やっぱり事務所はメイクまで口を出すからね。「食事のシーンは勘弁してくれ」と言われたこともある。「なんで飯食っちゃいけないの？」って聞いたら「イメージじゃないから」だって。

——難儀ですねえ。

押井：「うちの○○はこの役じゃできない」とか「知的な職業じゃないとダメ」とかさ。それで医者だ弁護士だジャーナリストだ、「ギリギリで刑事だ」とかね。だいたい女優がやりたがる4パターンだよね。医者か弁護士かジャーナリストか刑事。あとは政治家か。いくら主役でも八百屋のおかみさんじゃダメなわけだ（笑）。その時々で映画の縛りというのは多かれ少なかれあるもんだけど、今は本当に不自由だよ。いつも頭に来てるから、ついその話になっちゃうんだけどさ。

なんでもかんでも原作もの

押井：そこで話を戻すと、角川映画というのは、当時のそういう業界の約束ごとを一度全部ならしちゃったわけだよね。「角川映画」というテーブルに乗っかればなんでもOKだというさ。高倉健が角川映画の主役を張るのもOK。健さんというのは東映の人だったのでは、とかは関係ないわけだよね。そういう意味で言うと突然現れた「映画の新しいテーブル」だったわけだ。なんでも乗っけちゃう。大原則として角川書店から出す原作じゃないとダメだけど、それ以外はフリーなわけだ。だからいろんな監督を使ったし、いろんな役者を使ったし、いろんなジャンルをやった。映画業界の中に別の映画の世界を作ったわけだよね。

――なるほど。

押井：その一方で、現在の「なんでもかんでも原作もの」という素地も角川映画が作った。あれ以降、アニメもメディアミックスばっかりになっちゃった。製作委員会にも必ず出版社やテレビ局が入ってくる。「スカイ・クロラ」だって12社だったかな。「もうこれ以上入れない」って宣言しなきゃいけなかったぐらい。

でも製作委員会方式は僕に言わせりゃ諸悪の根源そのものだよ。だって「DVDはウチで」とか「おもちゃはウチで」とかそういう利権の奪い合いがあるわけじゃん。当たり前だけど、メリットがないと参加しないわけだから。なおかつリスクは分散したいと。現場はもうやりづらいったらありゃしない。

――いろんな方向からリクエストが来るんですね。

押井：だけどそんなの全部に付き合っていられない。「スカイ・クロラ」の場合は主管が日テレで力が一番強かったから、言い出しっぺはバンダイだったにもかかわらずバンダイはほとんど何もできなかった。DVDすら出せなかった。

――DVDはバップでしたよね。

押井：3社か4社でMG（ミニマムギャランティ／DVDなど商品化するときに売り上げとは関係なく必ず支払う最低保証金額）の提案をさせて、一番高いところに決めたわけだ。

あの当時はMGバブルみたいなもので、それだけでほぼ予算が充当できてたからね。MGで商品化の権利を売っちゃった時点で予算は回収し終わってるわけ。シンちゃん（樋口真嗣）の「ローレライ」（2005）とか「日本沈没」（2006）なんかもそうだよね。それはDVDバブルがあったからだけど。「スカイ・クロラ」はDVDバブルが弾ける直前か直後ぐらいだったんで、実は製作委員会の企業の中でバップだけは払った金額を回収できてたのかな……という内輪の話はいいんだけど（笑）。

プログラムピクチャー化した角川映画

押井：僕は角川映画は、初期の大作と大藪春彦もの（「蘇える金狼」1979、「野獣死すべし」1980、「汚れた英雄」1982）は全部観てると思う。大藪作品は大好きだったから。松田優作（前2作で主演）は銃との相性が良かったんだよね。日本映画でこれほど銃が似合うヤツがいるかというレベルだったからさ。あとはやっぱり松田優作の暴走ぶりが単純に面白かった。本当に「野獣死すべし」なんて優作映画だもんね。大藪春彦の（映画化の）頃というのは角川×松田優作の最後の徒花だったんじゃないの。当初の勢いはなくなりつつあった気がするけど。「蘇える金狼」は割と好きなんだけど「野獣死すべし」はあきらかにたがが外れてたね。

――角川のアニメ作品は観てないんですか？「幻魔大戦」（1983）とか。

押井：「幻魔大戦」は観たよ。「カムイの剣」（1985）も観た。「少年ケニヤ」（1984）は観てないなあ。

――「火の鳥　鳳凰編」（1986）はどうですか。

押井：「火の鳥」は観たような気がするな。やっぱり角川のアニメ映画で記憶に残ってるのは「幻魔大戦」と「カムイの剣」かな。いちおう、両方映画館で観たはず。あとはたぶんビデオだったりテレビだったりじゃなかったかな。それだって全部角川の原作だからね。「カムイの剣」は確か原作も読んだ。矢野徹じゃなかったかな。

――じゃあそれなりに押さえてはいるんですね。

押井：だけどあとはあまり覚えてないなあ。角川映画自体が僕の趣味じゃなかったことは確かだね。「犬神家の一族」はもちろん観に行ったけどさ。もしかしたらあれが一番かなあ。角川映画の中では一番完成度が高くて、とりあえず映画としての格があったという意味ではやっぱり「犬神家の一族」が最高なんじゃないかね。キャストも揃ってたし、監督の力量もあったし、美術やら何やらあらゆる意味で完成度が一番高かったという気がする。女優陣、あのおばさんたちがすごかったよね、草笛光子とか。

――はいはい。

押井：あと角川映画は途中から作品が結構小ぶりになっていったんだよね。そういう路線も片方にありつつということだったと思うんだ。大作ばかりだとコケたときにダメージがデカいからね。

三人娘で手堅く回しながら大作を狙う。途中からはプログラムピクチャー化しようとしてたんじゃないかかな。

――80年代の角川映画はそんな感じがありましたね。

押井：「復活の日」（1980）を契機に、大作主義から転換しようとしたんだよ。だいたい大作が出てくるのは映画会社の「頭」と「終わり」なんだ。映画会社は最後の断末魔のときには必ず一発勝負で大作をやる。角川映画だとそれが「天と地と」（1990）。カナダで大騎馬軍団を撮った。

角川映画とキービジュアル

押井：「天と地と」で録音をやった人からいろいろ話を聞いたことがあるんだけどさ、あれだけの大作でありながらダビングの期間が一週間なかったってさ。まあ渡辺謙が白血病でリタイアとか、いろいろあったからね。騎馬軍団を大俯瞰で、赤と黒がグチャグチャというあの画がすべてだよ。

――「赤と黒のエクスタシー」（「天と地と」のキャッチコピー）ですね。

押井：それで言うと、やっぱり角川映画って日本映画にしては珍しくビジュアルがあった気がする。キービジュアルというやつ。僕に言わせると、キービジュアルがあるかないかというのは映画にとって大事なことなんだけど、日本映画にはだいたいキービジュアルがないんですよ。

キービジュアルというのはその映画を思い出すときに必ず浮かぶ構図のこと。「風と共に去りぬ」（1939）みたいなやつだよ。タラの丘のシーン。「風と共に去りぬ」と言えばだいたいみんなあのシーンを思い出すわけじゃん。タラの丘にでっかい木があって、スカーレット・オハラが立ち尽くしてるという。あれをキービジュアルというの。

角川映画はそういう意味ではキービジュアルがある作品が多かった。まあ、繰り返しTVスポットCMで見たせいもあるんだけど。そういう意味ではあらかじめ印象に残るように世に送り出されてたよね。あれだけスポットを見て、あれだけ歌を聞いて、あれだけポスターを見たらね、それはやっぱり印象に残る。アタマに焼きつくよ。

——それまではそんなにバンバカ宣伝するような映画はなかったんですか？

押井：なかった。大量宣伝ということ自体が当時の日本映画にはなかったから。新聞広告で観に行ったりとかね、そういう時代だから。

——それこそ情報誌も少ないですよね。

押井：「キネマ旬報」ぐらいしかないもん。「ぴあ」が出たのは何年だったかな。70年代後半にはあったような気がするけど。

——調べたら72年ですね。

押井：じゃあ学生のときにあったのかなあ。僕は新聞広告とかを見てスケジュールを立ててた。

それぐらいしかなかったんだもん。だから「ぴあ」は画期的だったよね。

――それ以外の人は何を頼りに映画を選んでたんでしょうか。映画を観に行って次の映画の予告編を観るのかもしれないですけど。

押井：昔は近くに映画館がたくさんあったからね。もう中央線の沿線なんて映画館はほぼ絶滅したけど、当時は駅ごとに映画館があったから。三鷹にだって3館、国分寺なんか4館あったから。で、本当に映画好きな人間は「キネ旬」を読んだり、あとはだいたい新聞広告。だから角川がやったみたいな、雑誌の表4広告だったりテレビスポットというのは相当インパクトあったんじゃないかな。「観た?」「昨日観てきた」という会話を金子修介ともずいぶんした気がするもんな。「どうだった?」とかってさ。そういう時代だよね。

そういう意味で言うと、角川映画がやったことというのは角川映画自体が終わりかけてても、のちにテレビ局映画が引き継いだね。今でもやってるかもしれないけれど、もはやそれもほとんど威力はなくなりつつある。もっと言えば（最盛期は）奥田（誠治／ジブリ作品のプロデューサー）さんの時代だよね。奥田さんも日本テレビを辞めちゃって、今は松竹だったかな。

――これまでのお話からすると、角川映画というのは表題の「野性の証明」も含めて、特に時代の不安とか空気を感じる映画ではないのでしょうか。

押井：僕からすると結局、角川映画はバブルという時期から日本の景気と一緒にゆるやかに衰退していっただけなんだよ。テーマを持てないまんまグローバリズムに押し切られちゃった、とい

うふうに僕は考えてるんだけどね。

――「映画は時代の不安のタイムカプセルだ」というテーマから考えると、その機能は果たしてないと。

押井：そうかもしれないね。「仁義なき戦い」なんかに比べると、時代が熱狂したというような作品は角川映画からはついに登場しなかったという気がする。三人娘に熱狂したブッちゃんみたいなファンはいたけどさ。でもそのことでかろうじて、同時代のアイデンティティを感じさせるという部分はあるといえばあるかもね。

――でも、角川映画は日本の映画界を変えた。

押井：変えたといってもいいんじゃないかな。いい方向かどうかはわからないけど。大量に宣伝するというのと、やっぱり「メディアミックス」の流れを作ったのは大きいよ。原作ものを映画化して両方で儲けるんだと。そういう流れが生まれたことは間違いない。「出版社映画」から「テレビ局映画」に変わったけど、その流れは今でも続いてるよね。アニメも実写も、原作ものばっかりでさ。角川映画は小説だったけど、それがマンガに変わっただけだよ。

――以前はマンガ原作と言えばアニメがほとんどでしたが、今では実写映画も多いですね。

押井：もはや原作ものじゃないと企画が通らないからね。オリジナルの企画は本当に難しい。それって結局、映画館が単なる「追体験の場」になったということなんだよ。原作の面白さを損なわないように映像化する、観客の側もそれを求めて映画館に行くわけでさ。そんなんでいいの、と思うんだけど。要するに映画は第一線のメディアではなくなった。角川映画がそういう流れのきっかけとなったと言えなくもない。

――そうなると、「時代の不安のタイムカプセル」足り得る映画なんか望むべくもない……。

押井：海外はともかく、少なくとも日本ではそうだと思うよ。今や映画は原作マンガの追体験の場にすぎないんだもん。誠に遺憾ながら。

DEAD OR ALIVE 犯罪者（1999年）

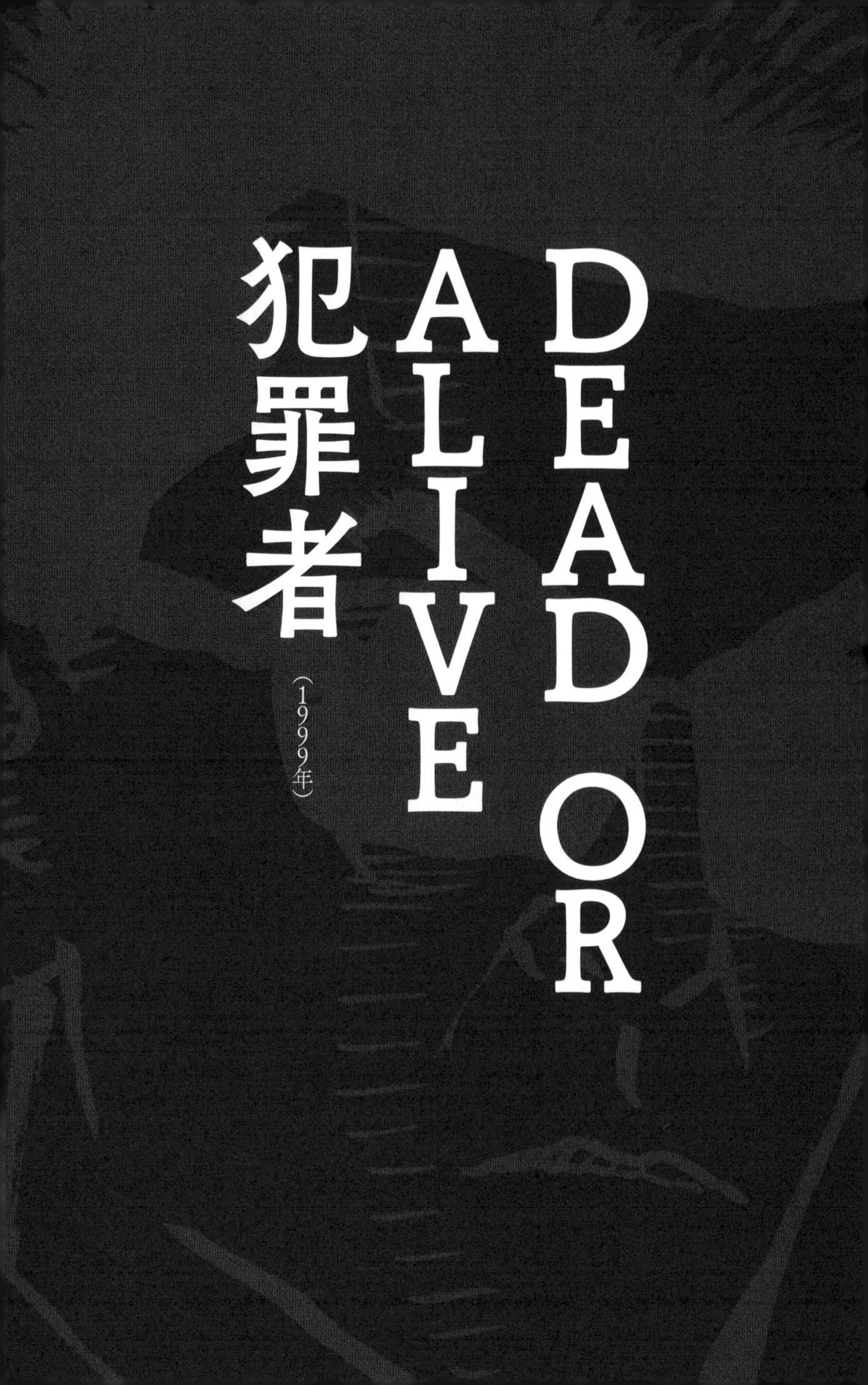

Vシネで出くわした「俺がやりたかった！」映画

——ごぶさたしておりました。コロナ禍で緊急事態宣言が解除されるまで待っていたので、前回から3カ月以上空いての取材です（取材時は2020年6月）。押井監督にとっても、「妄想はしてたけど見たことがない世界」を見ることができた3カ月間だったんじゃないですか。

押井：そうは言ってもほとんど引きこもってたからね。週に一回外に出るだけでほとんど家から出ないで過ごしてたけど、ストレスは全然なかった。

——ウチは子どもがいるから何かと大変だったので、うらやましいです。

押井：僕は引きこもり体質があるからさ、たっぷり本も読んだし充実した日々だったよ。どちらかと言ったら「もう終わっちゃうんだ」と、残念というかね。

ヤクザの抗争事件を追う刑事（哀川翔）が、捜査線上に浮かんだ中国残留孤児3世の龍（竹内力）に執拗に迫る。互いの身内を殺し合う戦いの後、直接対決を迎えるが……。Vシネの帝王二人が共演したバイオレンス・アクション。衝撃的なラストシーンで話題になった。監督：三池崇史。

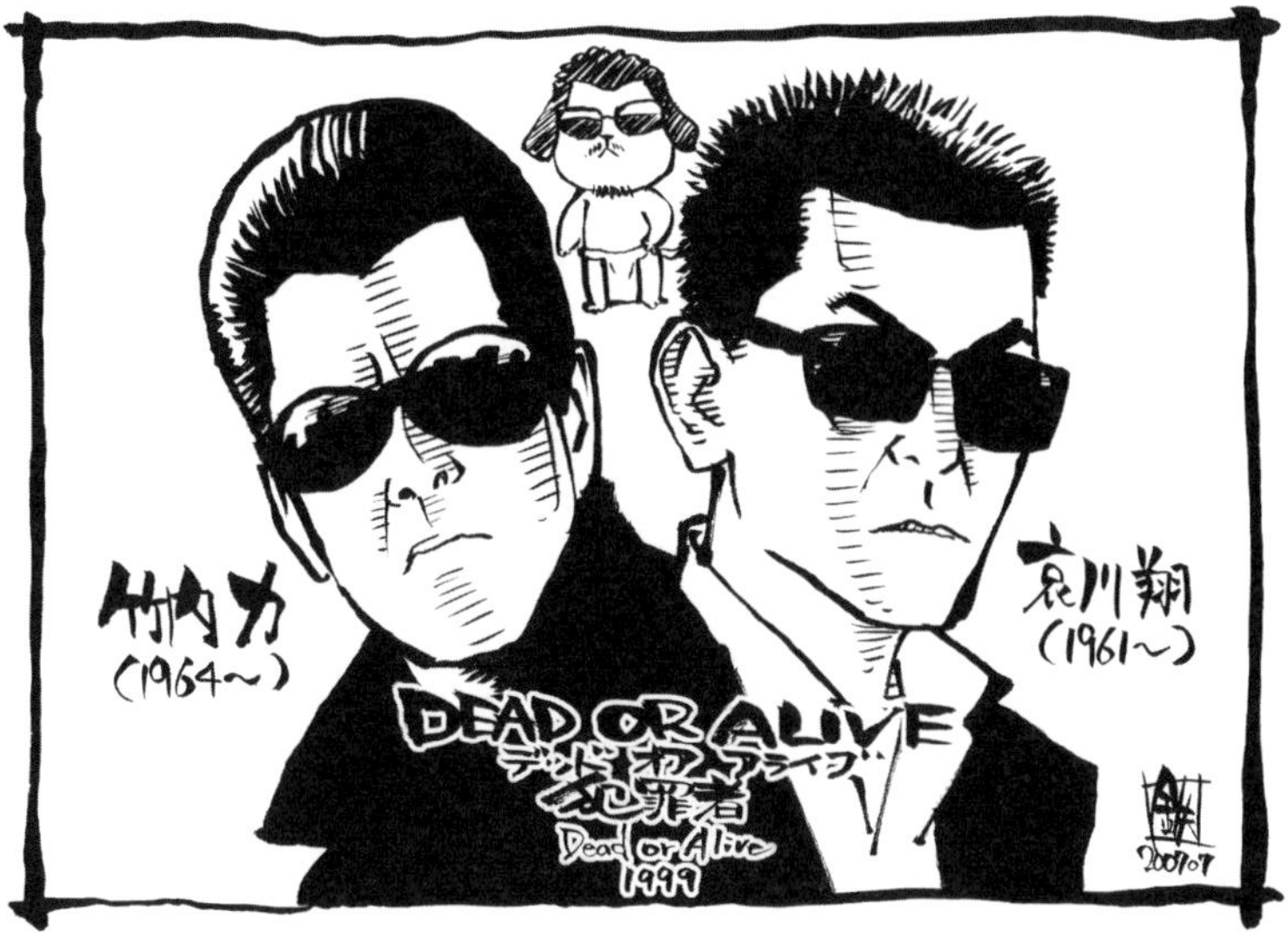

――「今日で夏休みもおしまい」みたいなやつですか（笑）。というわけで、もうお忘れかもしれませんけど、今回のお題は三池崇史監督の「ＤＥＡＤ　ＯＲ　ＡＬＩＶＥ　犯罪者」（１９９９）です。

押井：もうとっくにしゃべったような気がしてた（笑）。Ｖシネ（Ｖシネマ／１９８９年から東映が始めた、レンタルビデオ専用の映画のこと）の話になるんだろうけど、僕はＶシネ大好きなのに、監督は一回もやったことがない。

――そうですね。純然たるＶシネとしては一本もないですね。

押井：なぜなのか、自分でも不思議でしょうがない。ある時期までやる気満々でいたんだよ。でも誰も話を持ってこない。なぜなんだろう。

――押井さんが「.50 Ｗｏｍａｎ」で参加したオムニバスの「キラーズ」（２００３）はや

やVシネっぽかったですけど。「キラーズ」の「PAY　OFF」を監督したきうちかずひろさんは本業がマンガ家さんですがVシネを何本か監督されてましたよね。

押井：「キラーズ」は無理やり映画館でちょっとやっただけだけどさ。

―― 押井さんは一時期、毎日のようにVシネを見ていたと伺っています。

押井：ある時期に狂ったように見てたね。ちょうど「GHOST　IN　THE　SHELL／攻殻機動隊」（1995）をやってる頃だよ。奥さんと住む家は熱海に引っ越しして、映画の仕事のために東京で単身赴任生活を始めたから、夜は暇なわけ。

―― 1992～93年ぐらいでしょうか？

押井：たぶんそうだね。夜にやることがないから、仕事が終わってスタジオから夜10時ぐらいに帰るときに、レンタルビデオ屋に必ず寄るわけ。そこで毎日3本借りていくのが習慣だった。その3本を見てから寝る。そして翌日返しに行ってついでにまた3本借りちゃうと。昔の貸本屋みたいに、返しに行くと次のを借りるというさ。

―― そんなにヘビロテする人はあんまりいないと思いますけど（笑）。

押井：3本ぐらいすぐ見終わるよ。最初は映画を借りて見てたんだけど、もともと映画をビデオで見るという習慣はなかったんだよね。テレビでオンエアされたものは見るんだけど、あの頃はもちろんVHSの時代で、わざわざカセットをガチャンとやって見る習慣は僕にはなかった。だから公開された映画じゃなくて、Vシネのほうに行ったわけ。映画とどこが違うのかなという興味もあった。あとは海外、アメリカのB級映画も山ほどあったから、それも見た。

――そこで三池作品に出会ったんですね。

押井：もちろんそれ以前から、「鬼のようにVシネを撮ってる監督」と聞いて名前は知っていた。ヒーロー・コミュニケーションズというバンダイが出資した会社で三池さんとやってたプロデューサーと「ケルベロス　地獄の番犬」（1991／以下、「ケルベロス」）で仕事したんだよ。

その関係もあって三池さんの作品、空手ものの「ボディガード牙」（1993）とか、あの辺のシリーズをいっぱい見た。それ以前もアイドルものとか撮ったり、なんとなく変わった人だな、という認識はあったわけ。その流れで「DEAD　OR　ALIVE　犯罪者」を観たら仰天した。本当にびっくりした。まったく予想外だったから。

――ですよね（笑）。

押井：予備知識ゼロで見たからさ。始まって10分か15分はいわゆる普通のヤクザものだけど、ラストでみるみるエスカレートする。この人どこまで行っちゃうんだろうと。哀川翔が自分で[redacted]を引きちぎったあたりから、これは確信犯だと思ったわけだけどさ。[redacted]ー[redacted]もびっくりしたけど、[redacted]気[redacted]で[redacted]がぶっ飛んだのは本当にびっくりした。参りましたという。鮮やかだったよね。なんかグダグダ文句を言わせる前にスパッと終わっちゃったというさ。

そういう意味で言うと僕がやりたかったことなんですよ。かつてというか今でもそうだけど、ずっとやりたかったことを先にやられちゃった。僕にはそういうチャンスもないうちに。

鈴木清順の呪いと映画の自在感

――あれが押井さんの「やりたかったこと」なんですか⁉

押井：例えばSFっぽい作品で「変なこと」をやっても、最初から非日常だからたいしたことはないわけ。でもヤクザっていうベタな……まあ、ヤクザだって虚構と言えば虚構なんだけどさ、いわゆるオーソドックスなジャンルと地続きの世界でデタラメをやっちゃうっていうのが僕の念願だったわけ。かつての鈴木清順みたいな。

――清順の映画みたいなことがやりたかったと。

押井：僕は渡哲也が「東京流れ者」（1966）で平然と変なことをやってるのを見て異様に興奮した人間なんですよ。学生の頃に鈴木清順とかをさんざん見てトチ狂ったクチで、いわば呪いがかかっている。破綻した映画を喜んじゃうという「鈴木清順の呪い」がかかった映画青年は今でもたまにいるんだけどさ。

鈴木清順はよく「様式」と言われるけど、僕に言わせると鈴木清順は別に様式とかじゃなくて、あのデタラメさがいいんだよ。映画を作ることの自在感。映画は何をやったっていいんだというさ。律義にルールを守ってリアリズムでやるとか、日常が破綻しないように描くとか、キャラクターの同一性を貫くとか、そういう「映画の文法」とか因果律みたいなのを無視した映画を作っちゃっていいんだと。そこにはすごい爽快感がある。どこまでバカなことをやるんだろうということだけじゃない。僕に言わせれば、映画が持ってる自在感。

――押井監督もよくやりますよね（笑）。映画のストーリーと関係なく、突然CMが入ったりとか。

押井：僕も普通に撮るということができないんだよね。「ここは素でちょっとしゃべってほしいな」とか、さっきまで拳銃を持ってなかった人が突然拳銃を出しちゃうとか、なんかそういう誘惑に駆られる。考えてみたら確かに、僕は今まで普通に撮ったことが一回もない。あるプロデューサーに言わせると「アンタは40年も監督をやってるくせに、いまだに自意識が過剰で照れてるだけだ。普通に撮ればいいいんだよ」って。だって恥ずかしいじゃん。

――恥ずかしい？

押井：現場でもっともらしい顔をして、泣いたりわめいたり、悩んで見せたりとかさ、痴話喧嘩みたいなことをやったりとか、友情を誓ったりとかはこっ恥ずかしい。

――今更ですか（笑）。

押井：初めての実写映画（「紅い眼鏡」）のときに、ケルベロスの甲冑（プロテクトギア／主人公が着用する特殊強化服）が現場に届いてさ、みんなワーワー言って写真を撮りっこしてる姿を見て「あ、これが映画なんだよな」と思ったんだよ。

要するに「ごっこ遊び」。いい年こいた大人が真面目な顔してデカい声出して罵声飛ばしてやってるけど、それはたぶん恥ずかしさを隠してるんだと思ったわけ。大真面目にやらないと恥ずかしいから。だからデカい声を張り上げたり、蹴りを入れたりしてやってるんだと。「これは仕事なんだ。厳しくなきゃダメだ」って、そうじゃないと子どものごっこ遊びとたいして変わらないんだよ。今でもそう思ってる。だから真面目くさった普通のドラマはいまだに撮れない。最後に抱き合って感動で終わるとかさ、いっぱいあるじゃん。

――また「機動警察パトレイバー the Movie」(1989/以下「パトレイバー1」)のラストの話ですか(笑)。

「アンタは嫌でも、みんなベタが好きなんだよ」

押井:そうそう。「パトレイバー1」で1回やって本当に恥ずかしかったの。宮さん(宮崎駿)じゃあるまいし。(篠原)遊馬が(泉)野明を抱いてくるくる回ったりとか、コンテを切ってるだけで脂汗が出たからね。

――重症ですね。

押井:「やれ」と言われたから仕方なくやったんだけど、本当は嫌だった。野明がショットガンを撃ちまくって倒れてハアハア荒い息を吐いてさ、そこにヘリの音が響いたところで終わるべきじゃん。ダメ押しのダメ押しみたいに抱き合って喜んで、最後は俯瞰で引いて引いてみたいなさ。全部無駄。

――みんな、ああいうベタなのが好きなんですよ。

押井：みんなベタが好きなのはわかってるけど！

――でもやりたくなかったと（笑）。

押井：プロデューサーも「アンタが嫌がるのはわかるよ。でもみんなこういうのが、ベタなのが好きなんだから」って言ってた。「うる星やつら」（TVアニメ／1981～86）のときもそういうのがあった。例のクリスマスのやつ（「ときめきの聖夜（前後編）」1981年12月23日放送）。あれ実際は、当時制作スケジュールが苦しくて、なんとしてでも枚数を抑えてさっさと上げなきゃというので、でっち上げで作ったんだよ。

――当時は1回15分で2話ずつ放送していましたが、あのときは前後編で1話30分でした。

押井：あのときもさ、最後にそっと手が触れ合って、ストップモーションのハーモニー処理になって、雪が降って……そこに甘いクリスマスの歌が流れて、「きよしこの夜」でフェードアウトするなんてさ、あんな恥ずかしいコンテを切ったの初めてだよ（笑）。

――初めてでしたか（笑）。

押井：そしたらあれがやたら評判になっちゃってさ。僕はもっと破壊的で暴力的なやつが好きだったのに「こういうのみんな好きなんだ？」って思ったよ。ラムと（諸星）あたるが好き同士で、どこか心が通い合う瞬間があるんだ……というのは、はっきり言えば原作者の罠に乗っかるだけじゃん。

――いいじゃないですか、原作者の罠でも（笑）。

押井：よくないよ（笑）。僕は「うる星」の何が好きかと言ったら、とにかく徹底的にドライで、全員がエゴイストで、あとはひたすら暴力という、そういうところだよ。それがああいうウェットでリリカルなのをやった瞬間に大評判になっちゃってさ。「こんなんでいいの!?」ってびっくりしたんだよ。

ドラマとは価値観の葛藤である

押井：いつも言うけど、ああいう仕掛けって演出家にとっては簡単なんだよ。泣かせるほど簡単なことはない。笑わせるのは並大抵じゃないからね。まして血をたぎらせるなんてもっと大変なんだよ。

でも確かにエンターテインメントの王道ではある。ほろっとさせるとかほっこりさせるとか泣かせるとか、みんな大好きじゃん。おばちゃんとかじいさんばあさんだけじゃなくて、若い子もみんな結局好きなんだよ。だから高橋留美子のマンガは永遠に当たるんだよね。くっつきそうでくっつかない。「めぞん一刻」（マンガ／作：高橋留美子）も同じ。宮さんも言ってたけど「押し倒しちゃえば終わりだ」って。

――終わっちゃったら困るじゃないですか（笑）。

押井：「押し倒したら終わりなものを、延々と何年も引っ張るのは、それはドラマでもなんでもない。そういうのはドラマとは呼ばないんだ」という話だよ。ドラマというのは価値観の葛藤のことを言うんであって。「めぞん一刻」はあの二人のどちらかが「好きだ」とひとこと言っちゃったら終わっちゃうんだよ。その告白からは逃れられないから、そこでじゃあなんと答えるのか。

――諸星あたるはそこからひたすら逃げまくっていました。

押井：ただの遅延行為なら聞かなかったふりをするとか、たまたまジェット機が通過して聞こえなかったとか、なんだってできるよ。そういう遅延行為によってしか成立しない人間関係をいくら描いてもそれはドラマとは言わないんだ、というのが僕の持論。

あるいは「主人公が未熟であるがゆえに起こる葛藤はドラマと関係がない」。それはただ単に未熟なだけであって、価値観の葛藤でもなんでもない。だけど、アニメーションはだいたいそのどっちかなんだよね。遅延行為を繰り返すか、主人公が未熟であるがゆえにあっちでボコボコ、こっちでボコボコというさ。「エヴァンゲリオン」だってそうじゃないの。ただ人間として未熟なだけ。

――価値観の問題じゃなくて、ということですか。

押井：そう。価値観のぶつかり合いでもなんでもない。アムロ（・レイ）から（碇）シンジに至るまでみんな同じだよ。僕はああいうウジウジした暗い主人公は大嫌いだからさ。

――確かに（笑）。

エンターテインメントの三悪

押井：それで言うと、もう一つあるのが、これは伊藤（和典）君もよく使った手だけど、要するに過去に何かがあったというトラウマものだよね。キャラクターの行動原理をトラウマで説明するのは一番安直。過去に遡るトラウマ探しをドラマとは呼ばないいんだよ。

――遅延行為、未熟、トラウマ。

押井：僕はそれを「エンターテインメントの三悪」と呼んでことごとく避けてきた。あるいは、やるふりをしてひっくり返す。「トラウマと思ってたけど全部嘘でした、そんなことなかったよーん」というさ。だから別に遊馬の兄貴が自殺したとかはどうだっていいわけ。

――「機動警察パトレイバー」の小説版（作・横手美智子）にそういうエピソードがありますね（遊馬の兄・一驥は篠原重工の後継者として期待されていたが、交通事故で死亡。遊馬はそれを自殺だったのではないかと疑う）。

押井：そもそも遊馬があああいう男であることの説明になってないでしょ。親父とケンカするのはわかるんだよ。これはテーマ足り得るから。世代間抗争という普遍的なテーマだからね。親父と息子なんてそれこそ古代ギリシャの時代から綿々と戦ってきたんだから、それはいいんだよ。そこになぜ兄貴が自殺したという話を絡めなきゃいけないのか。僕に言わせると遊馬はもっと面白い奴だよ。そんなところで足を引っ張られる男であるわけがない。

野明だってアルフォンスという犬を飼ってたとか、だから今でもロボットにアルフォンスという名前をつけるんだとか、僕はそういう、うっとうしい女は大っ嫌いだから。

——まあまあ（笑）。

押井：うっとうしいじゃんそれ。いつまで子どものつもりでいるんだよと。だから「パトレイバー2」のときにさっさと大人にしちゃったの。「いいかげんに大人になれ。自己責任でことに当たれ。後藤（喜一／特車二課第二小隊の隊長）のせいにするな」と。

キャラクター的に言ったら「パトレイバー2」でやりたかったことはそれだよ。それで逆に遊馬のほうが「やばいんじゃないのこれ。捕まっちゃうかもよ。レイバーなんか二度と乗れなくなるかもしれないぞ」ってひるんじゃう。でも野明が「それでもやるんだ」と。後藤に言われたかららやるわけじゃない。3年間の時間経過の中でキャラクターがそういうふうに変化したんだよ……ということをやりたかったわけ。それを僕はドラマと呼ぶのよ。「なぜ変化したの？」という話なんだから。

——キャラクターの変化と、その理由となる価値観の相克がドラマであると。

押井：キャラクターが3年経っても、あるいは1クールでも2クールでもいいんだけど、始まったときと同じような価値観を持って、同じことをやってますというのはやる意味がない。「うる星やつら」というか「サザエさん」方式というか、何も変わらない永遠の日常の世界。そこに時々風穴を開けるわけ。

人気作ゆえの終わりなき日常

押井：「うる星やつら」だっていいかげんにしろと思って「ビューティフル・ドリーマー」を作ったんだから。僕は「これでおしまいだ」と思って作ったのに、終わらなかったけど。終わらせるって本当に難しいよね。だって自分のものじゃないからさ。人様のものだから「終わりです」と言ったって終わらないんだもん。違う監督でまた始まるんだから。宮さんも同じことを言ってたよ。「『ルパン（三世）』もいいかげんにしろよ。まだやってるのか」ってさ。

――「ルパン」は今でもまだ続いてますよ（笑）。

押井：「今の時代に大泥棒なんてどこにロマンがあるんだ。女の子の心を盗んで終わりでいいじゃないか。あとは全部余計なことだ。惰性だ。どんどんつまらないオヤジになっていく」って。僕もそう思ったよ。だから「ルパン」を自分がやるときには神様をかっぱらう話にしようとしたわけ。できなかったけどさ（宮崎駿が監督した「ルパン三世　カリオストロの城」（1979）のあと、ルパン映画三作目の監督に押井守が選ばれシナリオも書かれたが、結局企画が流れた）。

エンターテインメントの世界にいて、こういうことを思ってる監督は別に僕だけじゃない。ちょっとものを考える監督だったら、みんな同じことを言うよ。ルーティンワークで同じようなドラマを転がして、そのことを疑わない監督もいるだろうけど。

――そうですね。

押井：今の日本映画もまさにそうじゃん。いつか見たような風景ばっかり。男二人と女一人の青春の光と影みたいなのはうんざりだよ。若い子にとっては新鮮なんだろうしときめくのかもしれないけど、七十を前にしたオヤジが見るものじゃないよ、どう考えたって。

――多いですね、青春の光と影（笑）。

押井：つい最近、甥っ子の娘がうちに遊びに来て、うちの奥さんに「押井さんってヴァンパイアとか好きなの？」って言ったらしいんだよ。そしたらうちの奥さんが「好きみたいよ。でも好きとかなんとか言うよりも、要するにあの人は日常に耐えられないだけ」って答えたらしくて。

――うははは。当たってますね！

押井：確かにそうなんだよ。日常に耐えられないから映画なんか作ってるんだから。だとすると、日常に耐えられずに映画を作ってる奴が、自分が作る映画の中で日常なんかやるわけがない。ヴァンパイアだサイボーグだ宇宙人だって、確かにその通りだよ。考えてみたら、本当に今まで日常だけで映画を作ったことは一回もなかった。ゼロ。そもそも銃器が出てこない映画を作った記憶もない。

監督には僕みたいな非日常タイプの人と、反対に日常を愛する人というのが確かにいるんだよ。日常を描くことに何の根拠もなく信念を持っているという、僕に言わせれば不思議な人たち。

――日常派の監督のほうが日本では王道っぽく扱われてますよね。

押井：行定（勲）君とか、日本映画の王道をやってる正当な日本映画の後継者じゃん。でもあの人だって変なものを撮ったことはあるんだよね。少年がUFOを見てどうたらこうたらという映画（「遠くの空に消えた」2007）。だけどやったら途端にコケちゃった。やっぱりそういうのが身につく人と身につかない人っているんだなってさ。

是枝（裕和）さんは一見すると正当な日本映画の後継者っぽく見えるけど、実はあの人が描いてる世界って相当変じゃん。死後の世界だったりとか。だから見かけによらないもんだよ。ということでようやく話が戻るけど、三池さんはそういう意味で言うと「なんでも撮る人」。

――ああ、今回のお題を忘れられたかと思っていました（笑）。

ヤクザでもSFでも、なんでも撮る

押井：今の日本の監督であれだけなんでも撮る人って他にいないよ。西部劇まで撮っちゃうんだからさ。

――そういうのをやったことがない人に、「撮りませんか」と話を持っていくほうもすごいですよね。

押井：僕も「スキヤキ・ウエスタン　ジャンゴ」（2007）を見たけどさ、全員英語をしゃべって普通に西部劇のふりをしてやってる。なかなか面白かった。世間の評判はどうか知らないけど。桃井かおりとかが余計なことをやらなければもっと面白かったのに……というか、三池さんの映画って女優の影が極端に薄い。たぶん、女優に全然興味ないんだよね。おっさんはみんな色っぽいのに女は扱いがひどくて、だいたいレイプするかリンチするか。こんなに女優に愛のない監督というのは珍しいと思うよ。僕はまったく逆で、女優にしか興味ないからね。というかむしろ、女優以外に全然興味が持てない。僕がイケメンのお兄ちゃんで映画を撮るなんて1ミリも思わないからね。

――そういう映画もちょっと見てみたいです。

押井：もっとも僕の場合、女優と言ったって四十から上の方々だけど。女子高生はもう懲りた。2回やったけどやっぱり難しい。昔から女子高生の何が難しいんだろうってずっと思っていたんだよ。なんでこんなに、妙に距離が出ちゃうんだろうって。年齢的なものもあるのかもしれないけど、だったら歳を取れば全然平気になるだろうと思って、こないだやってみたんだよね。

――どうでしたか？

押井：確かに前よりは全然平気になったんだよ。慣れちゃったと言えば慣れちゃったし。だけどやっぱり思い入れができない。僕にとっては「こういう人がいたらいいな」という対象足り得ないんだよね。だって子どもだもん。僕は宮さんと違って、さわやかな少女とかに全然興味がないから。気合の入ったおばさんとかは大好きだけど。

――押井さんの映画は「気合の入ったおばさん」が活躍しますからね。

押井　僕の性癖はどうでもいいんだけど、三池さんはなんでも撮る人だよね。たぶん作った映画の半分ぐらい、特にVシネ時代は極道とかヤクザとかが多かった。Vシネの監督をやってたら、今でもヤクザものと麻雀ものは避けられないわけだ。昔のアニメだったらメカものが避けられなかったみたいに。アニメの監督や演出家をやってて一生ロボットだ戦闘機だに触れない人も珍しいよね。警察や軍隊に触れないのも難しい。かなりのアニメーションは警察か軍隊なんだから。

──確かに多いですね。

押井：それで言うと、三池さんはヤクザとか空手とかアクション映画の人かなと思ってたわけ。でも遡ってよくよく見たらアイドルものも撮ってるし、なんでも撮る人なわけだ。SFだって撮っちゃうからね。

──「ヤッターマン」（2008）みたいなアニメの実写化もやってます。

押井：でもどれを見てもやっぱり三池さんの映画なんだよね、呆れ返るぐらい。これがすばらしいと思った。三池さんって本当に面白い監督だなって思ってる。僕は大好き。

──押井さんと三池監督は以前からお知り合いなんですか？

押井：いや、3回ぐらいしか会ったことない。

──そんなもんですか？　一緒に仕事もしてるじゃないですか。

押井：「ケータイ捜査官7」（TV／2008〜09）ね。このときに、始める前に1回会って、打ち上げで1回会っただけ。あともう1回、別の仕事でどこかのダビングスタジオですれ違っただけ。その3回しか会ったことないよ。

じつは一度だけ私《ミジオ》も、三池監督にお会いしたことがあります。

某武将マンガの劇場アニメ化の企画があがり、キャラクターデザインのオファーをされました。

…なんかウヤムヤで消滅(?)したようですが。

いま実写で馬をそろえるのは大変なんですよ〜

描くのはもっとタイヘンだけどね…

三池崇史（1960〜）

2007.07

「変なことをやってほしい」

―― その「ケータイ捜査官7」のときはどうだったんですか。

押井：あれはシリーズもので、三池さんは総監督で本人も何本か撮ってる。他に監督が数人いてローテーションで回してたの。僕はゲストで2本やっただけ（第19話「圏外の女（前編）」、第20話「圏外の女（後編）」）で、脚本はもう1本やった（第35話「ケイタのはつゆめ」）。

―― 三池さんから直接オファーが来たんですか。

押井：そう。基本的には「2本だけやってね」「僕でいいんですか？」というところから始まったんだよね。「たぶん変なことやっちゃいますけどよろしいんですか？」「いや、変なことをやってほしい。放送できないものじゃなければば、どんなことをやってもいいから」と。だから温泉が舞台だけどスッポンポンとかそういうのはナシ。

――そりゃそうですね。

押井：それでもオンエアさせるために一部変えたところはあるんだよ。主人公の守護霊というか守護天使でヤクザが出てくるんだけど、背中にすごい入れ墨を入れようと思ったんだよ。だけど「入れ墨はダメ」だって。放送するのが19時とかだったから。仕方がないんで竜の爪痕にしたの。要するにこれは聖ジョージ（聖ゲオルギウス／キリスト教の聖人の一人でドラゴン退治の伝説で有名）だよと。「悪竜と戦った聖ジョージのつもりでドラゴンの爪痕を入れてくれ」という。あくまで聖人というか天使にこだわったの、僕的には。

お話としては寺山修司をやったんだけど、本当に好き放題やらせてもらったよ。それで他の監督たちは打ち上げのときにものすごく冷たい目で見るわけ。「なんでアンタだけ好きなことやってるんだよ」というさ。

――他の方はそうでもなかったんですね。

押井：他はみんな真面目にやってるわけです。携帯電話がロボットに変身して、サイバーものだから設定も凝ってて、縦に太いドラマがあって、本数もあって、割と真面目にやってたんですよ。だけど僕はそもそもあれ（フォンブレイバー／携帯電話から変形する小型ロボット）が嫌いだったから。

――どうしてですか？

押井：だって当時は携帯を持ってなかったんだもん（笑）。僕は携帯が嫌いだったから、携帯は家に置いてきた話で行こうと。主人公がプチ家出する話で、面倒くさいから携帯は机の中に放り込んで、ご丁寧にカギまでかけてきたというさ。で、プチ家出中に旅役者のお姉さんに出会って童貞を失うという話なんだよね。

――さすがに劇中ではそんなにはっきりはやってませんでした。

押井：別にやってるシーンはないんだけど。現場でも物議を醸したんだよね。「本当にやったの？」って。本当にやった派とやってない派で分かれたから「どっちでしょう？」とか言って。「絶対やってるよ」「いや、実はやってないんだよね」「どうせ寝ちゃったのよ」とか。僕はどっちでもいい。だからどっちというふうに描かなかった。思いたいように思えば、というさ。

――ご想像にお任せしますと。

押井：三池さんとはそういうご縁があったんです。そのときには三池さんがどういう監督だかは知ってたし、あれやこれや結構見てたからね。面白い人だろうなきっと、と。会ってみたら本当に面白い。面白いというか、腰の低い丁寧な人。

――そうなんですか。

押井：パンチパーマで、外貌は完全にそっちの人なんだよね。歌舞伎町で向こうからやってきたら嫌だなという。どこからどう見てもそっちの人にしか見えない。でもすごく優しい。腰が低くて。現場でどういう演出してるかは知らないけど。メイキングを見たら役者にもすごい丁寧だった。役者が大好きなんだよね。すごく細かく芝居をつけてたから。そういう意味じゃ僕の現場とは大違い。僕も役者は好きだけど、あそこまで自由自在には扱わないもんね。だけど僕が想像していたようなドギツい監督じゃなかった。

――武闘派ではなかったんですね。

押井：ものすごく優しい人。「押井さん、もう何やってもいいですから、思い切りやってください！」「そうですか。じゃあ本当に思い切りやらせてもらいます」って。それで、家出の話だから全部熱海でロケ。あの仕事は大変だったけど、本当にめちゃくちゃ楽しかった。

初めてのテレビドラマの現場はバラ色だった

押井：テレビドラマはこの時が初めてだったんだよね。6日間で2本撮るスケジュールだから1本を3日ぐらいで撮らなきゃいけない。しかもロケだから、すごい勢いで撮ったよ。カット数で言ったら1日で200くらい回してるんじゃないかな。それが逆に面白かった。テレビドラマはどうやって撮ればいいのかが、途中でやっとわかったね。

――映画とどこが違ったんですか？

押井：映画みたいに引いちゃダメなんだよ。映画は世界を撮るんだけど、テレビドラマは役者を撮らなきゃダメ。もっと寄れという話。それがわかったら途端にらくちんになったし、楽しくなった。「この絵を撮っておかなきゃ」というのはいっさい関係ない。まず芝居をやってみてもらって、面白そうなところに寄るだけ。

コツをつかんでチャッチャカ撮り始めたら本当に楽しくなった。あとは風呂入って飯食って、しゃべりまくってるだけだからさ。スタッフも大喜び。一週間熱海でロケして、しかも僕はナイター（夜間の撮影）は嫌いだからほとんどなかったし。夜は飲みに行ったり、砂浜で相撲大会やったり、毎日がバラ色。

――すごいですね。部活の夏合宿みたいです。

押井：みんなが喜ぶのもわかるよ。普段クソ暑いセットでギュウギュウになってやってるんだもん。合成カットが大量にあるから手間暇も大変だし。僕は合成なんかほとんどやらなかったから。ピンポンのラリーシーンを60秒とかやってさ、当たり前だけどラリーは続かないから球は全部CGで描いて。それでデジタルシーンは使い果たした（笑）。なんせロボットはほとんど出ないんだからさ。1カットくらい出したけど、引き出しの中で退屈だからルービックキューブをやってるだけ。とにかくデタラメをやるっていうのは楽しいんだよ。「なんでもOKよ。デタラメやってね」と最初から言われると妙にやりづらくもあったけど、楽しんでやった。

――そりゃそうですよね。

押井：理想を言えば、ふたを開けるまで誰もわからないみたいな、「これは真面目な映画なんだろうな」「普通だよな」と思ってたらとんでもないことになっちゃった、と。それが理想なんだよね。「すいません、こんなんになっちゃいました」で、プロデューサー激怒というさ。それのほうが監督的にはたぶん快感原則に近い。

干されても平気だけど、普通の仕事は全然来ない

――前回の単行本（『仕事に必要なことはすべて映画で学べる』日経BP）で、押井さんは「監督の勝利条件は次回作を作る権利を担保することだ」とおっしゃってましたよね。そういうラインから外れた無茶苦茶をやったらそれこそ干されそうなものですけど、なぜそうならないんでしょう？

押井：逆に言えば、じゃあなぜ三池さんが僕に声をかけたのか。「あいつはなんか変なことをやる男だ」って思われてるわけでしょ。だからそういうふうな需要が生まれるんだよね。

僕は40年も好き放題にやってきて、本当に嫌々やった仕事は一本もないからね。みんな好きにやっちゃった。それでもなぜ続けてこれたかというと、逆に言えばそういうふうなことになっちゃってるから。「あの監督はそういう監督なんだ」と。

――「変な監督」の枠ですか。

押井：その代わり、普通の仕事はもちろん全然来ない。いくらやりたくたってVシネの話が僕に

一回も来なかったのはたぶんそういうことだよ。普通の仕事は来ないけど「なんか変なことをやらせたいな」と思ったときに、確実にリストに上る人間ではあるんだよ、たぶん。

あとは「得意技の世界」があったりするからかな。それはアクションだったりとか。そういうもんだよね。でも僕はアクションは嫌いじゃないけど、本当を言うと好きでもない。撮るのが面倒くさいし。

――えー？（笑）

押井：だって本当に面倒くさいよ。「THE NEXT GENERATION パトレイバー 首都決戦」のときも「アクション撮るのだるいな」って辻本（貴則）にB班を作らせて、アクションは全部やらせた。かわいそうにオールナイターで、2週間だか3週間だかめちゃくちゃ寒い倉庫みたいなところで、昼夜逆転でひたすらアクション。

――確か現場は製紙工場ですよね。

押井：そうそう。僕は一回も行かなかったからね。

――ひどすぎる（笑）。

押井：「俺の現場でミスを犯した演出部の人間はあっちの現場送りだ」って。

――そんな島流しみたいな（笑）。

押井：そうそう、シベリア送り（笑）。「東部戦線に送るぞ」みたいな。僕は寒いから絶対行きたくなかったもん。漏れ聞こえてくる話によると、本当に悲惨な現場になってたらしいし。アクションはアクションが好きな奴が撮ればいいじゃん。辻本自身はキャッキャ言って撮ってたんだから適材適所だよ。銃撃ち放題、火薬使い放題で、アイツにとっては夢のような世界だったんだから。

——優先順位の問題ですね。

押井：アクションの話はともかく、「なんでもやっていい」というのは意外に難しいものだなと思ったの。だからよりどころを求めて寺山修司にしたの。なんでも、と言われても、やっぱり何か芯がないとできないから寺山修司の世界で、家出少年と旅芸人のお姉さんの話にした。寺山修司の詩も引用しまくった。

徹底的に開き直らないと「デタラメ」はできない

——先ほど「三池さんはいろんな映画をやってて、でもどれも三池さんらしい」とおっしゃいましたけど、それは例えばどういうことが三池さんらしいんでしょうか？

押井：僕がやっているデタラメと、三池さんのデタラメはたぶん違うんだと思うんだよね。おそらく、動機みたいなものが違う。僕は映画の中でどれだけ自在感を実現できるかということにすごく興味がある。どこまでやったら破綻するかとか、因果律をどこまで無視しても成立するのかとか。そうやって突き詰めていくとすると、映画を成立させているものというのは何なんだろうか、ドラマや因果律を無視しても結果的に面白く見えちゃうのはどういうことなんだろう、と。清順の映画を見てる頃からずっとそういうことを思ってた。このデタラメな映画の面白さの「根拠」というのは何なんだろうって。

――鈴木清順の映画は、登場人物がギャグっぽいことをやってるわけではないですもんね。

押井：ただ単にコントをやったら面白いというわけじゃないんだよ。「大真面目にやってて変」だからすごく面白いわけだよね。わっはっはという面白さじゃなくて、「なんとも言えない面白さ」というのがある。「えー!? そっちに行っちゃうの!?」というさ。これは意外に難しい。映画に関して相当いろいろ考えてないとできないと思う。

――何も考えてないようで、いろいろ考えていると。

押井：一方で三池さんの映画は、理屈もあるのかもしれないけどもっとアナーキーな何かを感じるんですよ。天然っぽい気がする。そうしなきゃいけなかった理由とかは特になかったんじゃないかな（笑）。「DEAD OR ALIVE 犯罪者」を見てるとそう思う。撮影の制約があったからとか、そういうのもないはずだし。

「漂流街 THE HAZARD CITY」（2000）という映画でもさ、どう見てもアメリカ西部の荒野で囚人護送車を襲撃するシーンなのに平気で「埼玉県」ってテロップ出しちゃうじゃん。

――これのどこが日本だ、という。

押井：そういうデタラメさだよね。他にも新幹線の映画を撮るのに台湾に行って撮ったり（「藁の楯」2013）とか。日本のJRは絶対協力してくれないし、じゃあセットを組むのかってそんな金どこにあるんだと。いろんな理由で開き直っていろんなことをやることが映画にはある。「どうせ開き直るんだから面白くやっちゃおうぜ」って。そういうのを見ると三池さんらしいなと思う。

――面白ければいいだろう、という「開き直り」が三池さんらしさだと。

押井：最初はもしかしたら映画的な制約とどう戦うかということだったのかもしれないよね、予算だったりスケジュールだったりロケ場所の制約だったり。でも、そこで開き直っちゃったわけだ。そうすると結構面白かったりする。「あ、これでも別にOKじゃん。最後まで面白く見せればいいんだろ？」というさ。

――結果オーライで。

押井：最近はぬいぐるみが気に入ったみたいで、やたらぬいぐるみというか着ぐるみが出てきたりとか、高島（礼子）さんに男の役をやらせたり（「極道大戦争」2015）とか、エスカレートしてるじゃん。どこまでやったら破綻するか試そうとしてるとしか思えない。例のゴキブリ（「テラフォーマーズ」2016）とかね。（菊地）凛子とか太田（莉菜）とか出てたけど、昆虫のすごいメイクで本人を知ってなきゃ誰だかわかんない。しかもあっさり殺しちゃったし。三池さんがやってるのを見ると無邪気というか楽しそうなんだよ。僕はといえばさ、これでもいろいろ考えてやってるわけ。

――押井さんも現場では結構楽しそうに見えますよ。

押井：実際に撮影するときはもちろん面白がってやってるんだけど、根拠を求めた上でのデタラメをやってるんだよ。でも三池さんを見てるともっとアナーキーな気がする。同じようなことをやっているように見えるかもしれないけど、微妙に温度差があると思うんだよね。

映画監督は「芸能者」だ

押井：最初に会ったときかな。「三池さん、なんでこんなにいっぱい仕事するんですか?」って聞いたことあるんだよ。ひどいときは3本掛け持ちとかやってたからね。そしたら「仕事が来なくなるという恐怖感から逃れられないんだ」って言ってたの。苦労人なんですよ。

――押井さんも作品の間隔が開くときがありますが、焦ったりしないんですか?

押井：僕も仕事が来なくて苦労したことはあるけど、そういう危機感を持ったことはない。「どうせ2~3年待てばなんか来るさ」って思ってたし、実際今までその通りだった。だから仕事が来るまではゲームをやるとか本を書くとか、違うことをやろうかなと。

――「2~3年」は待つには結構長いと思います(笑)。

押井：でも三池さんはそういうのとはちょっと違うみたい。職業監督だという自己規定があるんだよね。

——押井さんは違うんですか？

押井：僕は「エンターテイナーだ」と言い張ってるんだよ。誰も信じてくれないけど。でも少なくとも芸術家ではない。いつも言ってるけど映画は芸術じゃないから。じゃあなんだっていうとさ、まあ「芸能人」じゃないんだよね。自分を商品にしてないから。でも芸で生きてることは間違いないよね。だから「芸能者」と言ってるの。単純に「芸者」と言ってもいいんだけどさ、芸者と言うとチントンシャンになっちゃうし。もっと言うと、芸者って武芸者のことだった時代もあるんだよね。宮本武蔵とかあの頃の話だけど。だから芸者じゃ誤解を招くから「芸能者」と言ってるの。

——芸を見せてるけど「芸能人」じゃないと。

押井：芸能者である限り、お金を払って見てもらって、それで食ってるんだから面白がらせる義務がある。だから僕なりに「面白いでしょ？」ということをやってるわけだよね。「なんだかんだ言ったって最後まで楽しく見れるように作ってますけど、何か問題でも？　まともな映画じゃないかもしれないけど、いちおう最後まで見れて面白かったでしょ」というさ。それでもなおかつ「金返せ」という人に対しては「ご愁傷さまです」と言うしかない。「アンタが自分で選んで見たんでしょ。それが嫌だったら次から見てくれなくてもいいから」と。そのぐらいのことは言ったっていいでしょ。だってどうせ千八百円とかしか払ってないじゃん（笑）。

――千八百円しか、ってまあそうですけど（笑）。

ルールを守って退屈か、ルール無用で面白いか

押井：「サブウェイ・パニック」（1974）という映画の有名なセリフがあるんだよ。地下鉄をジャックする強盗の話なんだけど、地下鉄の運行をやってる変なオヤジ、安全管理官かな？この人が「人質がまだいてどうのこうの」って強攻策に出ないウォルター・マッソーに「どうせ10セントの客だろうが」って言うんだよ。すばらしいセリフだなと。

――ひどい（笑）。

押井：本音を言えばみんなそう思ってるんだよ。クルーズ船の客だろうが地下鉄の客だろうが、別に命を賭けてるわけでもなんでもない。ただの利用者だよ。しかも自分で選んでるんだから、ちゃんとリスクを考えて乗ってるんでしょ？（笑）それに比べたら映画を見るリスクなんて屁みたいなもんじゃない。2時間我慢すればいいんだから。なんだったら途中で出たっていいんだから。「面白くないから金返せ」っていう理屈は通らないよ。「お代は見てのお帰りだ」とはひとことも言ってないじゃん。ちゃんと自分でネットで予約して見たんだよね、と。

――今どきは事前にいろいろ情報が流れてきますからね。

押井：まあ、某社とかは宣伝で相当嘘をついて「これだったら怒ってもしょうがないな」という

のは一度ならず二度三度ぐらいはあるけどね。この看板とかポスターとか全部嘘でしょというさ。「ケルベロス」とか「トーキング・ヘッド」とか詐欺じゃん。だいたい「トーキング・ヘッド」のポスターなんてアニメ映画にしか見えない。冒頭で何十秒かアニメーションやってるだけなのに。あれは本当に出てきて怒ってる客とすれ違ったもん。「アニメじゃないじゃないか！」とか言って。

――美樹本晴彦さんのデザインしたキャラクターがポスターのメインでしたからねえ。

押井：まあ、そんなこともあったりするんだけど、要はデタラメをやっても因果律を無視しても、映画のルールを全部ことごとく破っても、とにかく面白く見れればいいんでしょというさ。優先順位はどっちが上なのか。

――なるほど。

押井：ルールを守って退屈なものを作るのか、ルールを無視で破綻しまくってるけど本当に面白かったよなと言わせるのか。どっちをエンターテインメントと呼ぶんだと。日本の映画監督というのはそういう意味で言うと、どこかそういう意識が薄い気がする。映画監督は作家じゃないんだよ。小説家でもなければ文学者でもないんだから、深刻なドラマを撮ってれば偉いわけじゃないでしょ。

でもなんか知らないけど日本映画ってだいたい、うちの奥さんの言い草じゃないけど9割までは陰々滅々としてるよね。奥さんは「日本映画は見ない。本当に暗くて私、大嫌い。そもそもセリフが何言ってるのかわからないし、アパートから出たり入ったりしてるだけじゃないの」といつも言ってるよ。

——よくわからないようでいて、実に的を射ている例えの気がします（笑）。

押井：陰々滅々とするくらいだったら、面白いデタラメのほうがいいじゃない。いきなり[redacted]ズ[redacted]を出そうが、[redacted]を一本引きちぎろうが、[redacted]が爆発しようがさ。「DEAD OR ALIVE 犯罪者」はそういう映画。

——呆気にとられて大笑いしますけどね。

平成のプログラムピクチャーは「麻雀」と「ヤクザ」

押井：三池監督はVシネで名を上げた監督で、Vシネというジャンルはその当時は盛り上がったけど、今はほとんど見る影もない。でも実際はまだ結構作ってるんだよ。

——そうなんですか？

押井：僕の知り合いの監督とか助監督とか、ちょこちょこやってる。Vシネをやってない監督のほうが珍しいかもしれない。

——レイトショーかなんかでちょろっと公開して、メインはビデオで売るよ、みたいなビジネスですか？

押井：いや、さっき言った「アパート出たり入ったりして、若い男と女がネチネチする」ような映画はビデオなんか出ないよ。日本映画専門チャンネルとかで見ても、だいたい「未ソフト化」って書いてある。

――じゃあ製作にかかったお金をどこで回収するんですか？

押井：わかんない。僕もどこで回収するんだろうと思うんだよ、本当に。日本映画専門チャンネルが放映権いくら出すと思う？　五十万円だよ。

――五十万円でも「そんなに出すんだ」と思いますよ。

押井：今はもっと安いかもしれないね。２回放送で五十万円。聞いてびっくりしたもん。それしかないんだったら、製作費なんて回収できるわけないじゃん。あとは単館とかレイトショーとかで上映するとか、だけどどう考えたってそれも回収できないでしょ。ソフトなんか出す根拠がない。だって知ってる役者もほとんどいないし。脇ではおっさんとかおばさんで名のある人たちがちらほらいるけど、主役は「誰これ？」でしょ。画面は暗いし、暴力もなければエロもない。

そういう意味で言ったらVシネの世界と単館系のインディーズとは別世界だよ。Vシネというのはもっと徹底してるから。今は売れそうなものしか作らない。それは何かと言ったら「麻雀」と「ヤクザ」。これで綿々と作ってる。

――押井さんがVシネを見てた90年代前半でも、すでに「麻雀とヤクザ」でしたよね。

押井：ほとんどそうだったけど、あの頃はまだ多少チャレンジングな部分はあったから、時々ト

本文で言及された
サイボーグのおねえさんとは
コチラのことですね
「東映Vアニメ」
なんてのもありました
んだゴラぁ
女バトルコップ
（1990）
実に東映らしくてステキです。
2007.07

ンデモ作品があったんだよ。SFっぽいやつとか。サイボーグのお姉さんのアクションとかジャンルとしてはあった。面白かったのは一本もないけど。

――あらら。

押井：残念ながら一本もなかった。僕の知り合いが最近やったVシネは聞いたら製作費がめちゃくちゃ安いんでびっくりしたけどさ。二百万円とか。昔のVシネは二千万ぐらいで作ってた時期が一瞬あったんだよ。それがたちまち一千万になって、今は五百万以下だよね。

――Vシネは70年代ぐらいまでのいわゆるプログラムピクチャーの代用品みたいな位置付けだったわけですよね。全国にあって、映画を作ってレンタルビデオ屋さんがレンタルに出すと500本とか1000本ぐらいは最初に出るから、それでなんとか回収するというビジネススキームがあったわけじゃないですか。でもそれも崩壊しちゃって。

押井：ここ数年でレンタルが配信に押されちゃってるからね。今レンタル店で映画を借りる人間ってどういう人なんだろう。僕が見始めた頃はＶＨＳの時代で、今からすると夢のような世界だったよ。お弁当箱みたいな箱に入った映画がだーっと並んでて、よりどりみどり。しかもようやく値段もこなれてきた頃でさ。最初は1泊2日で千円とか平気であった。

――ありましたね。

押井：それがどんどん値段が下がって、僕が一番見たころは3本で千円しなかったと思う。ＶＨＳの頃に山ほど見たんだけど、ＤＶＤになってからはほとんど行ってない。とにかくＶシネと欧米のＢ級映画専門で見てた。

――そうやって手当たり次第に見て、面白い映画に当たる確率はどのくらいだったんですか。

押井：打率はだいたい20本見て1本ぐらいだから、5％切ってたね。たまに「おっ」というのがあるんですよ。「なかなかやってるじゃん」というさ。

――手当たり次第としても、選ぶ基準はあったんですか？

押井：情報ゼロだからジャケットを見て決めるんだけど、僕の中で順番が決まってるんだよ。まずおネエちゃんを見る。おネエちゃんのコスチュームを見れば映画の世界観がわかるから。ただのアクションなのか、ＳＦっぽいのか、持ってるのがライフルなのか拳銃なのか。拳銃だったらだいたい警察もので、アサルトライフルだったりすると当然フィクション度が高い。あとは乗り物が出るかどうか。だいたいバイク程度しか出ない。出ても車でカーチェイスがちょっとあったりとかね。それと犬が出てるかどうか（笑）。これを基準にして借りてたわけ。基本的にはお姉さんが活躍するアクションものがメイン。SFの匂いがしたら問答無用でもれなく借りてた。

――ホラー映画も結構ありましたよね。

押井：ホラーというのもジャンルとして結構需要があったんだけど、僕はホラーは怖いから絶対借りない。だからVシネのジャンルとしては、麻雀、ヤクザ、ホラー、あと軽いお色気もの。だいたいそんな感じだと思う。それで僕が借りたのは基本的にアクションとSF。ヤクザはあんまり積極的には借りなかったんで、三池さんの作品ぐらいしか見たことない。

駄作をたくさん見ることは役に立つ

――ヤクザ映画は押井さんの好きな銃器がよく出てくるジャンルだと思うんですが。

押井：ヤクザ映画の銃器というのは、僕は全然評価してないから。なぜかというと、銃の世界観というものを持っていないから。どうせ拳銃しか出ない。せいぜいショットガンとか。そこにアサルトライフルを出そうと思った瞬間に世界が変わるわけだ。アサルトライフル基準の世界に変える必要があるから、それだけ虚構度を上げなきゃいけない。そうすると映画的にどんどん難しくなってハードルも上がる。そこを知恵と勇気でどうやって乗り越えるのか、というのが僕にとっては一番見たいところだったわけ。

――なるほど。

押井：だからB級映画とかVシネにこだわった。さっき言ったように20～30本に1本くらいは、知恵と勇気で強引になんとかしちゃった映画がある。そこに爽快感とか映画の自在感を感じるんだよ。「なかなか考えたね。よくやったじゃない」と。

あと「無名だけどこのお姉さんなかなかいいじゃん。体も動くし、表情にもキレがある」とか、そういうのを見つけ出す楽しさだよね。

――そのためにはダメ映画も山ほど観るわけですよね。

押井：だけど駄作も役に立つから。「このコスチュームがなぜダメなのか」とか、なぜダメになるのかを眺めてた。いつも言ってるけど、傑作を見ても何の勉強にもならないから。駄作とか失敗作とか珍作には「そうなった理由」があるわけだよね。その理由を知りたくて見てる。「そっち行っちゃダメでしょ」とか「なんでアンタが出てくるんだ」とか。

――VシネとB級映画は、どっちが多く見てたんですか？

押井：借りてたのは7割はB級映画で、3割ぐらいがVシネかな。夜中に音を消して見てるんで、字幕があるのが一番都合がいい。さすがに日本のやつは音を消しちゃうと話が全然わからないけど、だいたい想像はつく。スーツもののアクションなんかセリフ聞いても聞かなくても一緒だもん。「おっ」と思ったらイヤホンを持ち出して、もうちょっと本気になって見る。そういう時代が3年ぐらいあったのかな。ほとんど覚えてないけど、数だけはすごい数見たと思う。

――でしょうね。

押井：僕はとにかく「映画は数を見ないとダメだ」という主義なんで。数を見ることで相対的に視点というのが生まれてくる。ちょろっと何本か見たって何もわかりゃしない。特にジャンルというのは、ジャンルの中でいかに作るのか、どう演出するのか、どう成立させるのかという、監督にとっては知恵の宝庫だから。Vシネははっきり言ってダメなサンプルのオンパレードだけど、だからこそ見る価値があるんですよ。

実現なるか？　押井監督の麻雀Vシネ

――押井さんは今でもVシネはご覧になってるんですか。

押井：麻雀Vシネとかいまだに見てるよ。

――昔のようにDVDを借りてくるんですか？

押井：いや、衛星放送。Vシネのチャンネルとか、あとはMONDO TV（CSのチャンネル）でも麻雀のVシネはしょっちゅうやってるからよく見てる。「また見てる！」とか奥さんに言われるんだけど、奥さんや猫たちが寝たあとで麻雀ものを見る。

――麻雀のVシネは、音を消して見てたらみんな同じに見えるんじゃないですか？

押井：いや、結構カメラワークとかいろいろ考えてるよ。だってツモって捨ててツモって捨ててロン、とかやることはだいたい同じなわけじゃん。だから撮る側もたぶん飽きるんだよね。最近はわからないけど、ある時期はカメラワークをみんないろいろ考えてた。だからVシネやるんだったら麻雀ものをやりたいと思ってた。

——いいですねえ（笑）。押井監督の麻雀Vシネマ。

押井：いろいろ考えてるんだよ、自分だったらこうやりたいって。そういうジャンルの制約の中でものを考えるというのが、一番燃えるんですよ。僕はそういうのが大好き。だから自分の企画でやるということだけじゃなくて、オーダーでものを考えるというのは演出的に楽しめるというか、やりがいがある。

——コラムニストの方が同じようなこと言いますね。コラムは「枠」だと。「なんでもいいよ」と言われるよりオーダーがあったほうがいい。

押井：なんでもいいよってなっちゃうと逆に「うーん」って考えちゃう。麻雀ものは「何をやってもいいけど、麻雀のところだけ真面目に撮ってね」というさ。昔のピンク映画みたいなもんだよね。濡れ場さえ撮っておけばあとは何をやってもいいよという、日活ロマンポルノとかと一緒。

香港映画だって、最初に全部アクションシーンを撮っちゃって、残りの2日ぐらいでドラマを全部撮るという作り方だったよね。僕が香港に行って見せてもらったときもそういう話だった。現場は24時間回し続けるんだよ。

——え？　どうやって？

押井：監督と役者だけ24時間撮る。スタッフはふた組あって12時間制で交代する。監督と役者は変えられないから、撮り終えるまで寝ちゃダメというさ。そういうやり方で、ドラマは1日か2日でバーッと撮る。アクションだけは命だからさ。そしてそれは殺陣師が撮るから、監督はたぶん裏で寝てるんですよ。そういう話。麻雀映画も話を聞いたことがあるけど、麻雀のシーンさえ撮っちゃえばあとはどうにでもなる。だけど「麻雀シーンは結構大変だ」とも言ってた。

——どの辺が大変なんでしょうか。

押井：ちゃんと真面目に手牌を作らないといけないから。あれはその専門家が、麻雀のプロが指導してやるから、監督はやることないんですよ。そうなるとカメラワークを考えるしかないわけ。だからいろんな監督がいろんなことをやってたよ。さすがにネタが尽きたみたいだけど、僕は「いや、できる」とまだ思ってるから。やりたいことはいっぱいある。でもそういう話が全然来ないね。

——じゃあ今からでもやりましょう。押井監督に麻雀Vシネを頼んでみたいというプロデューサーはすぐにご連絡下さい！

押井：役者だって誰でもオッケー。ただし「何をやっても文句言わないよね？」という話。麻雀ものをやるとしても、真面目に手牌を作るとか、そういう気は全くないから。

——それで成立しますか？

ルールがわからなくても面白くできる

押井：そういう例があるんですよ。「アントニオ・ダス・モルテス」（1969）っていう映画、昔カンヌで賞を取ったブラジル映画なんだけど、マカロニウエスタンみたいな革命の英雄の話。僕が一番気に入ったのは、悪い奴がビリヤードをやってるの。牧場主か地主だかがビリヤードをやりながら会話してるシーンなんだけど、よく見るとそのビリヤードがデタラメなの。ただ球を突いてるだけ。だから、それが映画なんだということなんだよ。デタラメのビリヤードというのは以前僕も「紅い眼鏡」でやったけど。

――「紅い眼鏡」ＤＶＤのオーディオコメンタリーでも、その映画が元ネタだっておっしゃってましたね。

押井：麻雀のシーンだって場の緊張感が必要なだけであって、ツモがどういう順番で何が入ってテンパってとか、どうだっていいじゃんそんなものと思うんだけど。麻雀マンガの「アカギ」（作：福本伸行）なんて7割がた能書きじゃん。負けたら血を抜かれたりとかさ、あの駆け引きがみんな面白いわけでしょ。要するに博打を映画にするとかドラマにする面白さってそこなんだよ。なぜそうなるかというネタなんてほんの少しでいい。

ヘンリー・フォンダのポーカーの映画もあったじゃん。開拓民の一家がやってきたとある町でポーカーの勝負があって。ヘンリー・フォンダは博打が大好きな役で、足を洗って真面目に牧場を作ろうと思ってるんだよ。だけど、奥さんが「絶対やめて」と言ってるのにポーカーにのめり込んで、大博打を打っちゃうんですよ。ところが……、という有名な映画なんですよ。なんていったかな?

——（調べて）「テキサスの五人の仲間」（1965）ですか。

押井：そうそう、それ。これは僕が見た博打映画で一番面白かった。でもポーカーの仔細なことは何もやってないんだよ。ただポーカーの魅力がふんだんに入っているわけ。要するにハッタリ。しかも真面目に足を洗って更生して家族と一緒に西部に来て、苦労に苦労を重ねた虎の子の元手を全部賭けちゃうというのはみんなハラハラするわけだ。奥さんが「やめて！」と言ったり、息子が走り回ったりとかさ。「それを失ったらどうするの?」って周りもみんな固唾を飲んで見てる。人の人生がかかったテーブルだから。そうしたら（監督、オチを話す）……というね。これは唖然となったもん。

——すごいオチですね。

押井：僕は博打映画はそういうもんだと思ってる。いくらうんちくを尽くして「この待ちはあり得ない」とか言われたって、そんなことはどうだっていいんだよ。本当に麻雀が好きな人間はそれが面白いのかもしれないけど、それだって誇張があるんだからさ。

——そりゃそうです。

押井：「哭きの竜」（マンガ／作：能條純一）みたいにカン！　カン！　カン！　四槓子！　とか

そりゃ嘘だろ（笑）。博打の段取りを見せるという面白さもあるんだろうけど、それは映画とかドラマと関係ないと僕は思ってるから。それがあってもいいけど。

それで言うと、一時理詰めのチャンバラが流行ったことがあった。相手の構えがこうだから、次の一手がこう来たらこうなって、と。それをシミュレーションして見せて、また巻き戻して見せてとかさ。ロバート・ダウニー・ジュニアの「シャーロック・ホームズ」（2009）でもやってた。あいつがこう殴りかかってきたらこうやってという。要するにアクションも同じように推理するんだよ。

――なるほど。推理で戦うわけですね。

イカサマそのものより、そこまでの経緯を見せるべし

押井：推理でまず戦って勝っちゃって、そのとおり勝つんだけどさ。そういう面白さというのもあるんだろうけど、理詰めの面白さというのは割とすぐ終わっちゃう。

やっぱり面白いのは人間なんですよ。僕なんか麻雀は個人的に好きだけど、だからといって麻雀シーンを真面目にやろうなんて全然思ってない。それでも勝負の面白さは描き尽くせると思ってるわけ。実は代打ちのお姉さんが、親の仇を討ちに来ててとか、よくあるパターンじゃん。悪人にしか見えなかった親分がすごくいい人とか。「そもそもこの麻雀って牌が多くない？　中が

6枚あるじゃん」とかさ。

――なるほど（笑）。

押井：盤上のイカサマそのものじゃなくて、そこに至るまでのほうが面白いに決まってる。卵を使って一所懸命イカサマの練習をしたりとか。それも博打映画ではよくあるパターン。昔の江波杏子さんの「女賭博師」シリーズで、ツボ振りを特訓するシーンがあるんですよ。石の上で茶碗で練習してて「割らずにこれができたらどんな目でも出せるんだ」とかさ、嘘に決まってるじゃないの。

――うははは（笑）。茶碗が割れないように石に叩きつける。そんなアホな。

押井：でも真面目にやってるんですよ。で、失敗して怒られて。要するにスポ根だよね。大リーグボール養成ギプスと同じ。そういう誇張することで成立するわけじゃん。バンジュン（伴淳三郎）とかが渋くやってるから「なんかすげえな」って思っちゃうけど、嘘に決まってるじゃん。

――ルールがわからなくても面白いのがいいんだと。

押井：そうそう。そういう意味で言えば麻雀Vシネはそういうことがあり得た稀有なジャンルだった。

――すたれつつあるVシネの代替になるような、プログラムピクチャー的なものはこれから何かあるんでしょうか。

押井：なくなっちゃったね。今、映画の世界にはジャンルムービーと呼べるものはほぼないよ。

ある意味で言えば高校生ものとかだけど、あれをジャンルと呼べるのかという話だよね。

新人監督受難の時代

――だとすると、今どきの若い監督はどうやって映画監督になるんですかね。

押井：今は難しいんじゃない？　辻本（貴則）みたいにガンアクションにしか興味がない奴なんかもVシネ時代だったらもっと活躍できた。あいつがもう10年早く生まれてれば、という話をよくするんだよ。

――まだ映画業界に、辻本さんが座る「イス」があったと。

押井：10年前ならまだしもね。今はほぼ目がない。今の日本でガンアクションなんてどこが作ってるのよ。

――確かにVシネの時代だったらまだあったかもしれないですね。

押井：最初の頃のVシネって、もれなくみんなガンアクションだったよ。もともと「Vシネマ」というのは東映がつけたネーミングで、あの頃は1本二千万ぐらいで作ってた。そしていちおう真面目にガンアクションをやってた。だいたいおネエちゃんがオートマチック（の拳銃を持っている）という、それがウリだったから。「（Zero WOMAN 警視庁）0課の女」（1995）とかあの手のやつ。

――飯島（直子）さん主演の作品ですね。

押井：「（0課の女）赤い手錠《ワッパ》」（1974）っていう、古い映画もあるけど。僕は「0課の女」シリーズは結構見てるんだよね。あれは「本当にここだけ守る」ということがいくつかあるだけで、あとは何もない。ヒロインも毎回変わる。共通してるのはみんなおっぱいが大きいお姉さんというだけ。

――そこですか（笑）。

押井：警察でも0課って上司しか出てこないんだよ。グラビアのお姉さんがいて、上司にちょっと名前を知ってる役者さんがいて、それだけ。（作る側にとっては）ものすごくお得。ものすごく合理的。必ず濡れ場があって、あと悪役を出しておけば成立するんだよ。たぶんガンアクションは2日ぐらいやって、ドラマ3日ぐらいでやって一丁上がり。

――シリーズで作ってるってことは、そこそこ売れたんでしょうね。

押井：たぶんそれなりに人気があるんだよ。くノ一と同じ。くノ一ものも永遠にやってるじゃん。Vシネの中でも麻雀、くノ一、「0課の女」みたいな警察もの、この辺はジャンルと言っていいかもしれない。くノ一は衣装とか時代劇だから多少面倒くさいんだけど。

――本当にいろいろ見てたんですね（笑）。

押井：くノ一は結構ハードルが高いんですよ。まず主演となるような女優、美人で色っぽくて、アクションOKなんて女優いないじゃん。くノ一って体技だから、どんないいかげんな忍法でも最低限の殺陣はあるからね。その点、ガンアクションは促成でも割と作りやすい。ちゃんと教えてあげればそれなりになる。でも刃物というか、日本刀や抜き身を持っちゃうと途端に体が動かないのがバレバレになる。特に長物を持ったらもうダメ。

── 普通のアクションより悲惨なことになりかねないですよね。

押井：そういう意味ではガンアクションのほうが、チャンバラに比べれば可能性がまだある。チャンバラは本当に難しい。辻本もガンアクションのチャンバラをやろうとして、妙なカット割りでやってたよ。それはそこそこ面白かった。竹内力でやったんだけどさ（「斬人 KIRIHITO」2005）。

── おお、Vシネの帝王。

押井：それがあいつの最初の監督仕事で、僕に相談に来たんだよ。「竹内力でVシネを一本撮るんですけど、どうでしょう？」って言ってきたから「絶対やれ」って答えたの。「あの人と仕事したら怖いもんなくなるから絶対やれ。その代わりきっとすごいいじめられるぞ」って言ったんだよ。そしたら案の定、コテンパンにいじめられてたけどさ。泣きが入ってた。「もう俺、耐えられないっす」って。

── かわいそうに（笑）。

押井：そういうもんだよ。新人監督だもん。竹内力みたいなのにはいじめられるに決まってるじゃん。でもそれをやっとけばもう怖いものはなくなるんですよ。助監督にもさんざんいじめられたんだよね。「コンテなんか切ってんじゃねえよ!」とか、みんなに聞こえるように言われたって。その人にしてみたら面白くないんだよね、よそから来た監督だから。そもそもその助監督が撮る予定だったらしいんだけどさ。四面楚歌を絵に描いたような現場。

――助監督が味方じゃないのは辛いですねえ。

時代がVシネを生み、押井監督は台湾へ飛んだ

押井: そもそもVシネってなぜ出てきたと思う?

――だんだん映画業界が斜陽になって、人材が浮いちゃったとかでしょうか。

押井: まずスタッフはいたけど仕事が減ったというのはあるだろうね。それに加えて、ビデオで映画を見るという市場が成立しかかってたタイミングだった。

――東映がVシネマを最初に作ったのは1989年だそうです。

押井: それまでは個人が家でビデオを見るということがなかったわけだよね。そこにビデオデッキが普及した。あと役者も同じように、映画に出るにはちょっとアレだけど、みたいな「予備軍」の役者がいっぱいいいた。特にお姉さん系とか。そういう条件が揃ってたんだよね。

――はいはい。

押井: それと、映画というのは作るのも大変だけど、公開するのにもすごくお金がかかる。宣伝

費なんて制作費と同じぐらいお金がかかるからね。これをなんとか圧縮できないかと思ってたんだよ。ところが映画と違って、ビデオに関してはそういうのが全部飛んじゃうわけだ。映画ほど宣伝に金をかけなくても、レンタル店さんに回せば見てもらえる、という仕組みが新たな需要になるんじゃないかと。まさにアニメにおけるOVA（オリジナルビデオアニメ／テレビ放送や劇場公開ではなく、ビデオでの発売のために作られるアニメソフト）と同じですよ。予算が少ない代わりに、やることさえやってくれれば企画はある程度自由。

――Vシネの「やること」というのは？

押井：エロと暴力ですよ。Vシネなんてまさにエロと暴力の世界、それ以外に何があるんだと。パッケージを見て客は借りるんだから、この二つしかない。お父さんはレンタルビデオ屋でAVは借りられないじゃん。奥さんがうるさいし。だけど「0課の女」ぐらいだったらたぶんOKなんだよ。実際とあるプロデューサーにそういうふうに言われたから。「AVの代用品だよ」ってさ。

――そういう需要はあるでしょうね。

押井：そういう外部条件が揃ったということが大きいんじゃない？　実際、ある時期までは成功したから。すごい数のVシネが作られてたからね。僕が「ケルベロス」で付き合ったヒーローコミュニケーションズのプロデューサーは月に10本以上撮ってたよ。そのうちの何分の一かが三池さんだったんだけどさ。

――だったらその方から押井さんにもオファーが来そうですけどね。

押井：「ケルベロス」はその流れと言えなくもない。台湾で撮ったのも経費が安いし、いろんなことできるから。それで、台湾で作って日本で公開するというパターンを作り出そうとしたんだよね。だからVシネと同じ発想なの。新たなフォーマットを作ろうという第1弾だった。その第一弾を僕に任せるというのがそもそも「それでいいのか？」という話なんだけどさ。

――見事にひどい目にあったと（笑）。

押井：そのあとは続かなかったね。だいたい台湾で映画を撮るということが並大抵じゃないことがわかったし。向こうは確かに映画を量産してるんだよ。台湾で撮ってる映画というのは、実はほとんど香港映画なの。

――どうして香港で撮らないんですか？

押井：香港は狭いから撮る場所があまりないんだよ。特に時代劇とかを撮る場所がない。台北にはは巨大なオープンセットがあるわけ。一度に4～5組が並行して撮影できるぐらい、街みたいにデカいの。そしてちょっと田舎に行けば、馬を走らせたりとか火薬ドッカンとかいろんなことができる。だから実は台湾というのは香港映画の制作現場みたいなところがあるんだよ。

――そうなんですか。

押井：もちろん台湾で独自に作ってる映画もあるんだけど、当時はほとんどが香港の下請けだった。だからスタッフもいっぱいいるし、たくさん回してるからそれなりにノウハウがある。うまいかどうかは微妙だけど。役者もそれなりにいっぱいいる。だから日本の監督が行って、向こうのスタッフと役者を使って、多少日本の役者を混ぜて派手なアクション映画を撮れば、もしかしたらうまく回るんじゃないかと。日本で撮る半分ぐらいでできそうだというさ。それが「ケルベロス」。だから僕もVシネと無関係だったわけじゃないんだよ。

――台湾の現場はどうだったんですか。

押井：生きるだけで精いっぱいだったね。とにかく暑いなんてもんじゃない。確かに何をやっても怒られない世界ではあったんだけど、知らないおじいさんがいつのまにかファインダーをのぞいてたりとか、もうめちゃくちゃ。

――面白いですね（笑）。

押井：交通事故は日常茶飯事。サバイバルだった。スタッフ全員下痢になったし、入院した奴までいた。僕も10キロ以上痩せて帰ってきたからね。アクションだけは香港で撮った。

そしてロードムービーになった

――どうして台湾でアクションも撮らなかったんですか？

押井：殺陣師とかスタントが必要だし、そもそも火薬屋さんがいて、銃器を扱えるところが香港しかなかったから。あの頃の香港は実銃ベースで撮影できて、それも企画のウリの一つだったの。本物の銃を改造したブランク（空砲）でアクションができる。銃もいっぱいあった。下見に行ったら倉庫に二千丁三千丁あるからね。MGだろうがアサルトライフルだろうがAKだろうがなんでもOKだというさ。

――押井さんにとっては天国のようなところですね。

押井：だから香港で銃撃戦を撮って、台湾でドラマを撮って、日本でもちょこちょこヘリのシーンとか撮って、それで作った映画。これが思いのほか経費が大変だったわけ。全部別会計だから。そして、台湾は段取りもヘチマもない。僕も途中でドラマを撮るのが嫌になっちゃった。そしてクランクインして3日で「脚本のとおり撮ったってしょうがねえや。そもそもそんな世界じゃないじゃんここ」って、あとはただのロードムービーになった。ロードムービーの頭とお尻にすごいアクションがあるというだけの、けったいな映画になった。

――今観ると、それなりに味わい深い映画です。

押井：映画の業界に関して言えば、香港のほうが多少洗練されてた。システム自体もハリウッドっぽいし、機材も香港の方が台湾より全然揃ってる。台湾から香港に行ったときは僕もスタッフもみんな同じ感想で、「やっと文明の世界に戻ってきた……」というさ。香港は天国。みんな信号守ってるし、安全な飯もいっぱいあるし。

――さすがに今は違うんじゃないですか（笑）。

押井：今はずいぶん変わったよ。30年くらい前の話だからね。僕は日本人が台湾で映画を撮った第一号だよ。撮ったフィルムを日本に持ち帰るのも大変だった。正式な国交がないから現地に大使館がないの。だから通関するかどうかの確信がなかった。未現像で持って帰るのはさすがにヤバいから、ネガだけは台北のラボで現像して。結局日本に来るのにひと月以上かかったかな。

台湾の中でも台北にしかラボがなかったから、台南とか台中とかでロケしてる間はラッシュ（撮影結果を早く確認するため、ネガを現像しポジフィルムに焼き付けられたプリントを確認する作業）はなし。台北でやってても、「今日ラッシュ見るから」って言われて日本のスタッフとゾロゾロ行ったら、道端に椅子が並べてあるわけ。それで、向こうのビルの壁にシーツを貼ってそこに映写すんの（笑）。

――高校生の自主映画並みです（笑）。

押井：風でバタバタしててさ。しかも映写機はアーク灯（2本の電極に流れるアーク電流で電極が発光する現象を利用する光源。昔の映写機に用いられた）のプロジェクター。棒をジリジリ回してやってる。お祭りの巡回映画のチームに頼んでるんだよ。「なんか動きが変じゃない？　やけに速くない？」って言ったら回転数を上げてるの。夜中にやってて早く終わりたいから。

――わはは、マンガみたいですね（笑）。

押井：そんな試写を、もう近所のじいさんとか子どもとかみんな混じって見てるの。スタッフのほうが少ない。そんなのばっかり。だから「ラッシュを見たって無駄だ。日本に帰るまで何も見ないぞ」って決めた。そもそも企画が無謀だったのよ。僕が無茶したというだけじゃなくて、企画自体が無茶だった。こんな環境下でまともに映画作れるわけがない。三池さんもさんざんアジアで作ってるから、そういう意味でも三池さんすごいなと思うよ。フィリピンでも作ってたじゃん（『天国から来た男たち』2001）。しかもフィリピンの刑務所かなんかで撮ってるんだよね。あの人は本当に恐れを知らないなと。

――すごいですね。

押井：監督としては向こうのほうが、本当にタフさでは一回りも二回りも上。僕なんか生きて帰るだけで精いっぱいだったからね。生きて帰れればいいみたいな世界で、映画撮るなんて話じゃない。その日その場で思いつきで撮れるものを撮って帰ってきただけだよ。70％エキストラカットだったもん。だからロードムービーになっちゃった。それは役者が2人しかいないからできたんだけどさ。ロードムービーというのは確かに優れた形式だと思ったね。風景撮って音楽入れれば、アンパンとかかじってるだけでもなんとなく映画になっちゃう。

レンタル店とともに消えていったVシネ

押井：そういうことでVシネの話に戻るけど、新しいジャンルとして期待されて登場して、確かにしばらくは機能したんだよ。映画館で千何百円払って見るほどじゃないけど、五百円ぐらいで見れるんだったらこの程度でいいかって。あんまり有名な役者はいないけど、エロもあるし暴力もある。だけど配信の普及で、レンタルというシステムが機能しなくなった。

――そうでしょうね。

押井：レンタル店とともにVシネも衰亡していった。同時に世の中が配信の時代になった。レンタルが機能していれば、VHSがDVDになろうがブルーレイに変わろうがVシネは成立するんだよ。むしろDVDのほうが経費はかからないし、棚にだっていっぱい並べられるし。ただパッケージで何を借りるかという判断はVHSほど面積はないから難しいところではある。でもやっぱりメディアが変わったというよりも、レンタルというシステムが回らなくなったということが意外に早かったというか。

――2000年代後半から急速に縮小してますね。

押井：（レンタル店が）あれだけいっぱいあったのに。田舎だって一つの町に2～3軒あったよね。熱海にだって一軒あったんだから。台湾に行ったときもレンタル店だらけ。昨日までタクシーの運ちゃんだったけど今日からレンタル店のオヤジだ、みたいなね。彼の地では、「起業しなかったら働くことに何の意味があるんだ」というか、誰かの下で働くのが本当にバカらしいんだという文化なんですよ。

――それでレンタル店を始めるんですか。

押井：そう。だからみんな社長。そして誰かが当てると全員が始める。だからあっという間に飽和しちゃうんだけどさ。僕が「ケルベロス」を撮りに行ったときの台湾にはレンタル店がすごい勢いであった。

――配信の時代は配信サイズの映画になるわけで、だったら配信でやったらどうなんでしょう。

押井：それは、配信というのが映画をどう変えるのかという話になるよね。これはこれで言いたいことはいっぱいあるから、あとで話そうと思ってるんだけど。結論から言っちゃうと僕はやらないけど。

Vシネは細かいのを数撃ってた時代だけど、配信はデカい弾を込めて全員に配るという話。最初から淘汰しちゃったからね。

――レンタルと配信は方向性が逆なんですか。

押井：僕に言わせると、レンタル店とかVシネの世界というのは市場原理の世界だったわけじゃん。アニメのOVAも市場原理だった。だけど配信の世界というのは市場原理が成立してない。市場が選択するというシステムになってないよね。それどころか言説の空間すらない。そういえばVシネのための情報誌とかあったのかしら。

――聞いたことはないですね。

押井：特集本はずいぶん見た気がするんだけど、専門誌はなかった気がする。でもAVは専門誌があったわけだから、ジャンルとか市場で言ったらあきらかにAVの需要のほうがデカかったんだよ。レンタル店で展開したという意味ではVシネもAVも変わらないでしょ。何が違うんだろう。AVは今でも作ってるわけだからさ。

――なんとなく見るのと、求めて見るものの差なんじゃないですか。エロのほうがより切実じゃないですか（笑）。

押井：やっぱりVシネがヌエ的だったということなのかな。いろんなものを詰め込もうと欲張って「見たいものだけを見せる」という方向に特化しなかったという。

――ということは、あれだけ作られたVシネは「時代の不安のタイムカプセル」としては機能しなかった、ということでしょうか。

押井：そうだね。Vシネはある時期にはそれなりに隆盛を誇ったけど、終わってみれば結局何も残ってなかったという気がする。そんな時代に咲いた花が、三池監督だったということなんじゃないかな。

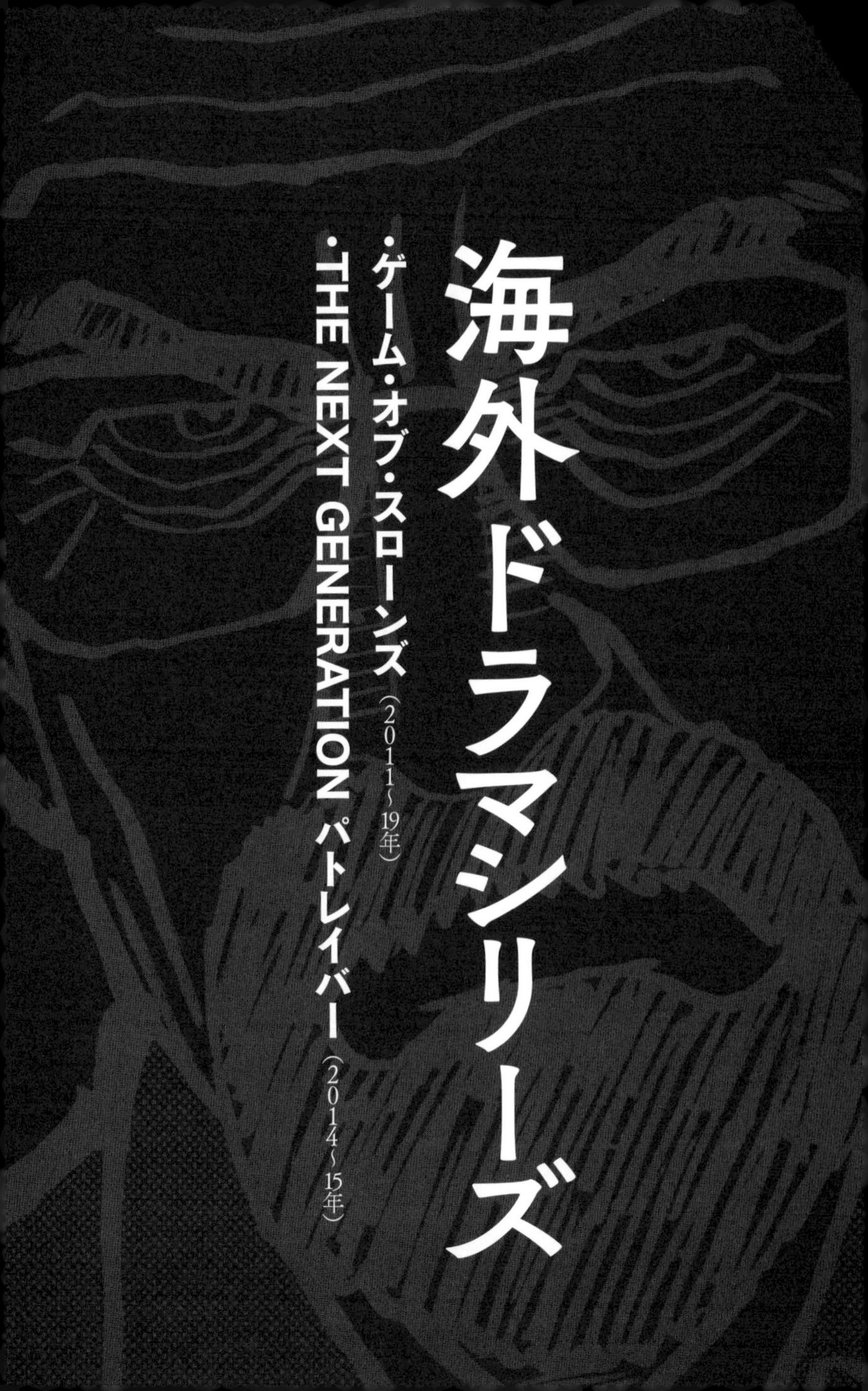

海外ドラマシリーズ

・ゲーム・オブ・スローンズ（2011〜19年）

・THE NEXT GENERATION パトレイバー（2014〜15年）

コストと中身の両立を海外ドラマから学んだその成果が「TNG」

――今回のお題は「海外ドラマシリーズ」ということで、ついに映画の話ではなくなってしまいました（笑）。

押井：これまで何度も「映画の時代じゃない」みたいな話は繰り返されてきたわけだよね。特に邦画の世界はそう言われて久しい。僕が大学を卒業して映画の仕事をしようと思った70年代の後半、すでにもう撮影所は終わりつつあったし、邦画はそろそろおしまいじゃないかという時期だった。そういう意味じゃアンラッキーな時代に遭遇しちゃった。「悪い時期に映画を始めちゃったな」と思っていたんだよ。だからこそアニメスタジオに入ったんだけど。

――今に比べれば、あの頃の邦画業界はまだマシだったと思うのですが、若き日の押井青年が

「ゲーム・オブ・スローンズ」ファンタジー小説シリーズ『氷と炎の歌』を原作としたテレビドラマシリーズ。ドラゴンや魔法が存在する架空の世界を舞台に多くの登場人物が入り乱れる群像劇。2019年に完結して話題となった。原作者のジョージ・R・R・マーティンは脚本家としても参加している。全8シーズン、73話。

「THE NEXT GENERATION パトレイバー」メディアミックス作品「機動警察パトレイバー」シリーズの実写作品。「三代目」をテーマに、かつての特車二課第二小隊の「その後」を描く。BSでの放送と平行して2話ずつ劇場公開され、0話も含めて計13話が製作された後に劇場用長編も作られた。総監督：押井守。

ブレイキング・バッド
(2008〜2013)
海外ドラマが苦手な
ワタシが「完走」できた
作品がコチラ。
オススメです。
チェルノブイリ
(2019)

アニメに活路を見出したのは邦画業界に見切りをつけたから、というわけではないんですよね。

押井：別にアニメスタジオに未来があるという意識で入ったわけじゃないよ。ほかに行くところがなかっただけ（笑）。だから大学を出た後、タツノコに入る前はしばらくラジオの仕事とかしてた。

――なんでまたラジオの仕事を？

押井：僕が家庭教師をやっていたところの前任者だったお姉ちゃんが、たまたま某プロダクションの社長の知り合いで、という流れで。

――ずいぶん薄い知り合いですね。

押井：そうそう。結構気風の良いお姉さんだったんだけどさ、「人を探してるみたいだから会ってみない？」って言われて会いに行って、今まで作った自主映画とか見せて「こういうものをやってきた男ですけど」と。そしたら「とりあえず編集はできるんだよな？」って言われたの。もちろんフィルムはいじってたし、音声の編集、ミキシングも致し方なく自分でやってた。こんなダイヤルが4つ付いてるような機材を人から借りてやってたんだけど。ミキシングはともかく、少なくとも（フィルムの）切った貼ったは経験してますよと。だから「じゃあ6ミリテープも扱えるよね？」という話で。

――フィルムと6ミリの磁気テープはだいぶ違うじゃないですか。

押井：似たようなもんだよ。斜めに切るか縦に切るかの違いだもん。テープで貼るのは同じなんだから。16ミリだと削ってセメントでくっつけるんだけど、8ミリというのはガッチャンコと切ってテープでバシャッとやればおしまい。6ミリは斜めにカットするだけ。

――適当ですねぇ（笑）。

ラジオの仕事は「消耗品」に思えた

押井：それで「じゃあラジオの仕事をやるか」ということになったんだけど、実際は1年もやらなかった。なにしろ給料をくれなかったから。あとで聞いたけど、その会社は借金の山だったんだよね。もともとテレビの番組を作ってるプロダクションだったんだけど、倒産しちゃって「ラジオから再起するぞ、そのうちテレビ番組始めるから」とか「最後は映画だ」とか言ってさ。まあ、プロデューサーはいつも景気のいい話をするんだよ。

――どこのプロデューサーも似たようなものですね（笑）。

押井：僕も学校出たてで若くてバカだったからさ、まんまといいように使われて、あらゆる仕事を全部やらされた。ひどかったよね。今思うとなんで入れてくれたのかよくわかるよ。

――なぜだったんですか？

押井：なんでも言うこと聞いたからだよ（笑）。スチールカメラマンまでやったんだから。たまたま写真やってたんでカメラだけは持ってたし。

――学生時代に作った、「ラ・ジュテ」（1962）風の自主映画の時ですね。

押井：とにかくありとあらゆることをやらされた。請求書を切って納品して、毎月レコード会社を回って新譜をかき集めたりとかさ。もちろん現場の演出もやり、編集もやり。放送台本も全部自分で書いた。CMも作らされたし、ロケも行った。公開録音までやらされた。

――本当にありとあらゆることをやったんですね（笑）。

押井：公開録音なんて、バンドマスターと打ち合わせとかいわれて、楽譜広げられてもなんにもわかんない（笑）。でもわからないとは言えないから「十年やってるような顔してろ」って言われて「ふんふん」とか言ってさ。とにかくひどかったよ。めちゃくちゃ。

――その頃からハッタリはうまかったんですね。最終的にはどうしてラジオの仕事を辞めたんですか？

押井：ラジオって結局、消耗品なんだよね。オンエアして2週間経ったらイレイザーにかけて全部消しちゃうわけ。何も残らないんだよ。毎日めちゃくちゃ忙しくて、いろんなものを作ったのに何一つ残らない。それでつくづく嫌になった。

——いくらやっても成果物が残らないのはしんどいですね。

押井：忙しいのはたいして苦痛じゃなかったんだよ。若いし体力あったし。そういう意味で言えば、作ること自体は面白いから。まあ、ディスクジョッキーみたいな番組ばっかりだけど、放送業界の末端で踏ん張ってたわけだよね。でも結局何も残らない。テープを使い回すから、きれいさっぱりみんな消えちゃう。

ランニングテープって納品用のマスターテープなんだよね。「10インチ」と呼ばれていた金属リールのすげえ重たいやつ。そんなものを10本ぐらい抱えて走り回ってたんだけどさ、それはハサミを入れちゃいけないわけ。完成したものからコピーして検音、要するに全部チェックして納品するんだけど、納品用のマスターテープは局を行ったり来たりするだけなんで、それ以外の作業に使えないわけ。それやらこれやらも全部消すのが僕の仕事。まとめてガーッと消しちゃう。一回間違えて納品のまで消しちゃったことがあるんだけどさ。

——うははは。

押井：大変だったけど、一つだけほめられたのは「ハサミを入れるのにためらいがない」ってこと。普通はみんなビビるんだよ。特に音というのはフィルムと違って見えないから。本当にここで切っていいのかって。でも僕は容赦なくバスバス切ったから（笑）。「お前はいい度胸してる」

とほめてくれたのは覚えてる。金をくれればもっとよかったんだけどさ。

映画を巡って人生ドタバタ

押井：それでラジオの会社を辞めて、「どんな末端でも、給料が安くてもいいから映画の仕事をしたい」と思ったわけ。画を作りたい、できれば形に残る仕事をしたいって。だけど撮影所はもちろん人なんか募集してない。映画不況の真っ最中。そもそも映画の撮影所が終わるか終わらないかぐらいだったよね。撮影所システムがなくなりつつあった。後に実写映画を作り始めたときに来た照明さんとかカメラマンのおじさんとか一部の女優さんとかは、撮影所の最後の人たちだった。

そんな時代だったんでアニメスタジオしか行くところがなくて入ったんだけど、今思えばそこからが波乱万丈だったんだよね。個人的な運命もそうだけど、映画という環境をめぐって二転三転のほぼすべてを体験した。

――どういうことでしょうか？

押井：音響のシステムもモノラルから始まって、ステレオになって、4チャンネルになって、5・1になって。サラウンドからアトモスまでやったわけだから。映像のほうも最初はもちろんフィルムで、アニメーションも昔は35ミリで撮ってたんだけど、それが経済的な問題で16ミリになって、それでしばらくやってたけどそのうちそれがデジタルというかビデオシステムに変わって、原版というものが消えた。ネガなんかどこにもない。今付き合っている編集さんで、フィルムを扱った経験がある人間なんて数えるほどしかいなくなった。ここ（プロダクション・アイジー）にいる植松（淳一）という男は数少ないフィルム編集の生き残り。だから全然考え方が違う。

――僕も昔フィルムで編集をした経験がありますが、フィルムで物理的な編集をやったことがあるかどうかで、感覚がだいぶ違いますよね。

押井：今編集をやってる人間はみんなコンピューターでしか編集を知らないからね。ソフトを覚えるところからしか始まらない。そういう意味ではデジタル化は大きな技術的な変化だったけど、そういう現場の技術的な問題以前に、映画を取り巻く環境自体が配給も含めて劇的に変わった。もう系列館の時代が終わってシネコンの時代に変わり、さらには配信だというさ。さすがにサイレント時代は知らないけど。

――押井監督はトーキーとカラー化以外は全部やってるかもしれないですね。

押井：そうそう。映画がカラーに変わったのが小学校に上がるか上がらないかぐらいのとき、総天然色。そういう意味ではあらかたのことを経験した。今から思えばいい時代に仕事をしたと言えるのかもしれない。アニメスタジオに入って数年でアニメブームが世の中を席巻したわけで、そのときに便乗して監督になったからね。タツノコに入ってから3年で監督になった。

そういうことも含めて、今の一番大きな変化、映画という表現に関わっていく中で最大の変化というのは、映画が映画館の占有物じゃなくなりつつあるということだよね。

——配信の時代になりつつあると。

配信のせいでサッカーが見られない

押井：それはかつて「テレビの時代になって映画はダメになった」ということとは根本的に違うんだよ。だってテレビはもっと勢いがない。地上波なんか今誰が見てるんだよ。僕だってここ10年間ぐらい地上波も全然見てないよ。そもそも（今暮らしている）熱海は電波が入らないんだから。地デジすら入らない。

——ええー、そうなんですか？

押井：そうだよ。衛星放送は見れるけど、ちょっと雨が強くなったら映らないからね。台風だとか肝心なときには何も映らない。じゃあ地域でアンテナ建てるかっていう話になって、何世帯か集まったらアンテナを建てるのに国が半分補助金を出してくれるという説明会があったんだよ。でもその説明会に来たのは、うちを含めて3世帯。

——あらら（笑）。

押井：みんな地上波のために金をかけようとか、これっぽっちも思ってないよね。そういうわけでかれこれ地上波なんて10年以上見ていない。「もうBSとCSでいいじゃん」と思ってたんだけど、今度は配信が勃興してきた。それで何が問題かって、サッカーが見れなくなったんだよ。

——映画じゃなくてサッカーですか（笑）。DAZN（スポーツ専門の定額制動画配信サービス）とかで見れるんじゃないですか。

押井：逆に言うとDAZNに入らないとサッカーが見れなくなった。それまではCSでサッカー中継をやってたんですよ。プレミアだろうがブンデスリーガだろうがリーガだろうがセリアAだろうが見放題だった。サッカーキングダムというのに契約してたから、チャンピオンズリーグだろうがヨーロッパリーグだろうが全部見れたわけ。ワールドカップは別だけど。ところがみんな配信に買い占められちゃった。そうなるとプレミアもブンデスも見れない。NHKがたまにやるぐらい。しょうがないから今はラグビーを見てる。

——ラグビーですか。

押井：ワールドカップ以降もうラグビーばっかり。うちの奥さんはサッカーの次にラグビーにハマっちゃったから。ニュージーランドの国内リーグまでやってるんだから。

——そんなの放送してるんですか？

押井：やってるんだよこれが。わかったのは、やっぱりニュージーランドもオールブラックス以外はたいしてうまくないということ。

——まあ、ニュージーランドも島国ですからね。

押井：ブンデスリーガだってはっきり言って、トップ4以外はJリーグとたいして変わんないよ。

プレミアだってボトムの入れ替え戦のところなんかはFC東京とかとほとんど変わらない。そういうもんなんだよ。やっぱりどこのリーグもトップ4だなというさ。

それはともかく、サッカーが見れなくなったので、そこで初めて配信を意識したわけ。ところがうちは配信ダメなんだよ。

――どうしてですか？

押井：ネット環境が最悪だから。ついこの間まで携帯も通じなかったし、PS4だってゲームのダウンロードにえらい時間がかかるんだよ。バージョンアップするだけで数時間かかる。だから寝る前にセットするしかない。やり込むようなのは東京のPCでやる。だから東京ではPCゲーマー。今、小島（秀夫）君の「デス・ストランディング」もPS4で半分までやったんだよ。普通みんな50、60時間で終わるところを、半分までに300時間かけた。なぜかといったら、オンラインじゃないから誰も助けてくれないの。ソロプレイ。あのゲームをソロでやってるバカってそんな多くないよ。たぶん5％もいない。道を作るのだって自力だからめちゃくちゃ時間がかかる。ネット環境が弱いからオンラインゲームはいっさいできないわけ。ましてDAZNなんて、というさ。

――試してみたりもしなかったんですか？

押井：いや、いちおうDAZNも入ってみたんだよ。だけど全くお話にならない。しょっちゅう止まる。光ケーブルがウチに来てないんだもん。光を引っ張るという話も出たんだけど、こちらも5世帯以上じゃないと引っ張ってくれない。近所にはじいさんばあさんしかいないのに、それを取りまとめるのなんか無理に決まってる。だからこれはダメだとわかってすぐやめた。やめるのも大変だったんだから。

――（笑）

配信は資本による「独占」が徹底している

押井：それで結局サッカーを見るのは諦めたんだよ。そしてサッカーが配信になったら、YouTubeでもサッカーのハイライトとかがいっさい見れなくなった。片っ端から削除される。資本の論理が徹底してるよね。

――今まではCSへの誘導としてYouTubeなんかに出されていた動画が、全て消えてしまったと。

押井：そうそう。YouTubeでハイライト動画とかあって見れたんだけど、もういっさい見れない。乱闘シーンとかを編集したやつは流れてるんだけど、先週のゲームとかは見れない。僕にとっての配信の脅威というのはまずそこから始まったんだよね（笑）。

――そうだったんですか。

押井：「配信すげえや」と。何がすごいと言ったらその資本の論理がすごい。自分のところで全部独占するぞということだよね。あれは基本的にストリーミングでしか見れないわけじゃん。その代わりどのタイミングでもどの話数でも、何なら一気見でも好きなときに全部見れますよという巨大なライブラリーなわけじゃん。アーカイブされているというか。しかも単なるアーカイブじゃなくて、オリジナル作品もいっぱい作ってて、これが結構面白そうだという。興味はあるよもちろん。あるんだけど、なぜか東京の自分の部屋では映画を見ない主義なんだよ。

――Vシネの頃とえらく変わりましたね。

押井：そうそう。最近もう決めちゃったの。仕事と読書とゲーム以外はしないぞと。

――どうしてですか？

押井：見始めたら終わらないから。昔のレンタルビデオだったら3本借りて、翌朝3本返して、またついでに3本借りてきてというローテーションがあったんだよね。でも今は見始めたら終わりがないじゃん。いくらでも続きが見れちゃうから、仕事ができない。本も読めないし、ゲームもできないじゃん。だからもう何も見ないことに決めたわけ。最近は本もそうなんだけど、自分でテーマを決めて「これを見ます」というもの以外は全部無視してる。新作だろうが何だろうが関係ない。新作でどうしても映画館で見るぞというのは、サー（リドリー・スコット）の映画、あとはせいぜい（クリストファー・）ノーランとか（デヴィット・）フィンチャーとかぐらいかな。あとはエミリー・ブラントが主演をやってれば映画館に行くけど。そういうふうなことだよ。

僕はそういう意味で言えば今の流れから取り残されたというか、上がっちゃったんだよね。岸に上がって眺めていて、波に全然乗ってませんと。そして岸に上がって波を眺めてみると結構いろんなことがわかる、という立ち位置なわけ。

CSで大量に海外ドラマを見た成果物が「TNG」

押井：映画館は以前は絶対行かなかったんだけど、逆に最近は映画館にそれなりに行くようになったんだよね。なぜかといったらシルバー料金で行けるようになったから。

――そこですか（笑）。

押井：別に金がないわけじゃないし、ケチってるわけじゃないんだけど、なんとなく千円だったらハズレでもいいかというさ。

――それまではなぜ行かなかったんですか？

押井：人混みが嫌いだから。単純にそれだけ。繁華街の人混みに行って、電車で往復して映画を見に行くという価値観はなくなっちゃった。スターチャンネルで見ればいいやと。WOWOWもマイナーな映画をいっぱいやってる。マイナーな映画を見るんだったらCSでいいんだよ、結構不思議な映画をやってるよ。CS局は映画をパッケージ買いしてるから、一本の目玉商品にわけのわかんない作品がいっぱいくっついてくるわけだよね。そのパッケージ買いした中に思わぬ珍作とかトンデモ映画があったりするのが楽しみだったわけ。日本未公開がどっさり見れるのがいい。WOWOWなんて未公開映画の宝庫だもん。しばらくはそれでいいやと思ってた。

――映画を観るならCSを見ていれば十分だと。

押井：その流れで、ある時ドラマシリーズを見始めたんだよね。一時はCSで海外ドラマを山ほど見てた。そうしたら日本のドラマなんかお呼びじゃないぐらい、みんな面白い。よく考えられてるし、単に予算使ってますというだけじゃなくて知恵があって、しかも脚本にすごいお金をかけてるのがよくわかる。

そこで、どういうシステムで作ってるかということをぜひ勉強しようと思ったんだよ。それで「CSI：科学捜査班」（米TV／2000～15、以下「CSI」）とかあの手のやつを浴びるように見た。「FRINGE／フリンジ」（米TV／2008～13）とか「X－ファイル」（米TV／1993～2018）とか、どうやってこのドラマを作ってるんだろうと。どうやって脚本書いて、どうやって撮影して、どういうふうにシリーズのメリットを活かしてるんだろうというのを研究しながら見てたわけ。その成果物が「TNGパトレイバー（2014～15）」だったわけですよ。

――「TNGパトレイバー」は、最初から一話60分ものののフォーマットで、という話だったんですか。

押井：最初に話が来た時は「30分もののシリーズで24本作ってほしい」という話だったんだよ。でもちょっと待てよと思ったの。30分ものだと正味で22分ぐらいなわけだけど、22分であの手のものをやるとアニメと同じになっちゃうんだよね。事件が起こって、出動して、なんかやってしまい。それだと「ヤッターマン」の頃と何も変わってない。

——確かにそうですね（笑）。

押井：ちょっと日常があって、事件が起きて出動シーンがあって、現場でワーワーやって、帰ってきてやれやれというさ。何も変わらないじゃん。そして、海外ドラマシリーズの何がいいかといったら「1時間枠」なんですよ。1時間枠だと事件だけじゃなくて登場人物たちを追いかけられる。それは30分じゃ無理なの。1本のシリーズをやってせいぜい主人公まわりを多少いじれるぐらい。あとは類型で、いつも同じ反応をする連中として固めるしかない。

——押井さんの今までやってきた経験で考えると、それしかできないと。

押井：だからプロデューサーと相談して「30分もの24本じゃなくて1時間枠、52分ぐらいで12本にしない？　そのほうが現場も楽だと思うよ」と提案した。

連続ドラマの強みは「初期投資」にあり

押井：実は一本当たりの手間は30分でも60分でもそう変わらないんだよ。アニメもそうだけど実写も脚本を上げて、ロケハンに行って、撮影場所を決めて、キャスティングして、スケジュールを作って、やることは全部一緒。で、編集してアフレコしてダビングして。アフレコは実写だと同録でやるから部分的だけど。一本を完成させる手間は変わらないんだったら、本数を半分にしてやったほうが現場の負担は楽だし、なおかつ一本一本やりがいあるじゃん。一話で2本分のお金が使えるし。

押井：海外ドラマを見ていて思ったのは初期投資にお金をかけられるということ。頭でガーンと（毎回使える）設定まわりにお金をかけちゃうんですよ。例えば「CSI」だったらラボのセットを作っちゃう。ロケ分はまとめて全部撮っちゃう。「CSI」で面白いと思ったのはシーンが変わるたびに街の夜景とか全景とかの空撮が入るの。これはなかなかいい方法だと思った。実際にはマイアミだろうがラスベガスだろうがLAだろうがニューヨークだろうが……「CSI」ってその4シリーズを並行してやってるわけだけど……実は全部ロス（ロサンゼルス）で作ってるわけですよ。

――でもそれを差し込むことで、ドラマの中ではパッとそこに行けちゃうわけですか。

押井：そう。「CSI：ニューヨーク」だってニューヨークでほとんど撮影してない。「この話数はスペシャルでニューヨークロケをしたんだ」とかインタビューで答えてたからね。やっぱり普段は現地でやってねえじゃんと。「CSI：マイアミ」だってビーチの道路を突っ走ってるところとかは空撮なわけだ。あとはそれっぽいところを探して撮るだけ。これはすばらしい方法論だと思った。だから「TNGパトレイバー」もそれを真似して、セットの初期投資に金を使おうと思ったわけ。それででっかい倉庫を借りて、特車二課のハンガーを作るところから始めたんだよ。

しかも、部分的にじゃなくてまるごと作っちゃおうと。

――豪勢ですね。

押井：倉庫の中にハンガーをまるごと作って、それに整備員もセットでつける。整備員は出番があろうがなかろうが、常にセット付き。「とりあえず全員セットに入ってろ」と。そして監督が好きなときに呼び出して使える。これが画期的だったんですよ。特車二課のセットを倉庫に組んじゃって、6割ぐらいはそこで撮ろうぜと。

そのために実寸で全部作っちゃう。レイバーも、搭乗するタラップも、リボルバーカノンもロッカーも全部実寸。これ、映画だったらなかなか成立しないよ。1本の映画ですら作らせてくれるかどうかは怪しい。でも12本で割ると採算は合うんだよね。

――12本分の予算を集めれば可能だと。

押井：実寸のレイバーも二つ作った。一つはトレーラーに積んだまま。一つはハンガーに立たせて固定。乗るところまでは実寸で、動きがあるところはCG。レイバーも大変だったけど、あのセットを作るだけで確か4カ月以上かかった。時間もお金もかかったけど、一回組んだらあとは使い放題。あっちで撮り、こっちの隅っこで撮り。

そしてひと部屋だけはなんでも使えるように空けておいた。そこは可変式にして、ロッカールームにしたり宿直室にしたり。あとは全部置きっぱなし。これは我ながらいいアイディアだと思った。あのシリーズは結構お金も使えて、東北新社さんは太っ腹だったので「ガンガン作れ！」

って。一本一本の話は、お金がかかる話数もあれば安い話数もあるんだけど、僕は総監督の責任として基本的に安い話数をやった。

——ガッパの話は安くはないんじゃないですか（笑）。

押井：熱海ロケをやった以外は何もお金かかってないもん。ガッパ自体は田口に別に発注して「百万円で全部作れ」って丸投げしたの。「百万円は好きに使っていいからちゃんとガッパの登場シーン、熱海に上陸して火の海にするところは作れ。特撮だろうがCGだろうがお前の自由だ」「百万円ですか。わかりました！」って。

出てくる連中はみんな整備員だからタダ。あとはお友達。熱海編はオールロケだから宿泊には金がかかってるけど、それ以外は何も金かかってない。ゲストだって言子さん（松本圭未）さんとベンガルさんだけだもん。

――……（佐伯日菜子さんとか、奥田恵梨華さん、リリーズさん、古川登志夫さんと冨永みーなさんとか、たくさん出てると思いますよ……）。

押井：だからシリーズの良さというのは、費用対効果でいろんなことができるということ。費用対効果さえ満たしていれば何をやってもいい。それは脚本の段階で決めるんだけど「全体の6割はハンガーで撮れよな」と各監督にそれを厳命した。もちろん話数によって凸凹はあって、辻本がやったコンビニの銃撃戦（第4話「野良犬たちの午後」）とか、あれはコンビニ自体を作っちゃったから金がかかってます。コンビニまるごとというのは結構大変だった。出てくるのはUFOとかどん兵衛とか、日清関係だけだけどさ（笑）。もちろんバーターで。あのロケが終わったあと、膨大な食料品は「現場スタッフでみんな持って帰れ」ってわーっとやって、きれいさっぱりはけた。

「TNGパトレイバー」は本当にいろんなことをやれた。オールロケもあればオール下水道もあったし、オールナイターもあったし、カーチェイスもやったし、銃撃戦もやった。盛大に飯も食ったし。いろんなことをやれるのがシリーズの醍醐味だよね。決まったことを決まったようにパターンでやるんだったらシリーズをやってる面白さなんてないよ。

――それは、今までやってた仕事のやり方とまったく違うわけですよね。

押井：まったく違う。

――怖くなかったですか？

押井：いや、むしろ楽しみだった。新しいことをやるぞって。だからあの三人（辻本・湯浅・田口）を呼んだんだよ。もちろん一人では手に負えないというのはあるけど、三人別々のテーマでやれという話なんだよね。それぞれのやり方を考えろと。だから当たりもあったけどハズレもある。「何やってんだお前は」というのもそれぞれ1本ぐらいはある。「よくやった」というのも1、2本はある。

僕は総監督だから頭とお尻は責任取ってやりますと。まとめなきゃいけないから。真ん中はその代わりに思い切り遊ばせてもらうぞというので熱海で2本。熱海で怪獣ものというのは最初から決めてたから。撮影はめちゃくちゃ楽しんだよ。楽しみすぎて画が足りなかった（笑）。編集の段階で「あれ？」って。言子さん（熱海の回のヒロイン）を撮るのに夢中でほかのは全然撮ってなかったから、必要なカットがないじゃんという。無理やりつじつま合わせたんだけどさ。

——ダメじゃないですか（笑）。

映画の予算が残ってない!?

押井：それはともかく、「TNGパトレイバー」は僕の海外ドラマ研究の大成果なんです。たぶん日本であんな形式でシリーズをやってるのは他にないと思う。しかもその世に出すやり方も2本ずつセットで6回イベント上映やって、上映会場でブルーレイやいろんな商品も売っちゃおうぜという、新しいスキームだったわけ。東北新社的にも大成功。失敗したのは映画だけ（笑）。

――映画はどういう流れで作ることになったんですか。

押井：映画を作ることは最初から決まってた。最後は映画でと。ところがシリーズが終わってみたら、予算を使いすぎていて残りのお金がないことが判明したんだよ。「残りの予算が2億もないんだけど」「どうやって映画作るんだよ」って。2億なんかでできるわけないじゃん。

――それでどうしたんですか。

押井：そこでプロデューサーが発明したんだよね。「4Kでアトモス（ドルビーアトモス／立体音響の規格のひとつ）でやりましょう」と。東北新社というのは面白い会社で、新技術に目がないんですよ。昔もニューメディアと言っていきなりパラボラをガーンと立てたりとか、新しいことが大好きなの。だから「日本で初めて4Kアトモスでやるぞ」ということで予算を新たにふんだくった……というと聞こえがよくないか（笑）。要するに増資してくれたわけ。おかげで確か7億だったかな？　半分ぐらいは機材に投資したんだけどね。その代わり4K関係の機材は全部財産として東北新社さんに残りまっせと。

アトモスのダビングとか4Kの撮影はなかなか面白かったですよ、大変だったけど。現場がデカかったから。現場の人数が100人超えてた。でも監督的には全然らくちん。やっぱ現場がデカいと楽だわーという。12人、13人でやる低予算映画も楽しいんだけど、100人規模でやるとこんなに楽なのかと思った。

——現場が大きいとやることが増えそうな気がするんですが。

押井：いや、監督は演出に専念できる。撮影監督が全部仕切ってくれるから、現場のケンカに介入したりとかしなくていいし。演出部なんて映画のときは最大で12人いたんだもん。顔も全員は覚えられなかったからね。B班もあって、そっちはオールナイター。でも僕はB班の現場は一回も行ってないから。

——前に言ってた「シベリア送り」ですね。

隙のないリッチな画を作る

押井：そんなこともあって「TNGパトレイバー」ではいろんなことが経験できた。いつも言うんだけど、映画をやるたびにいろんなことを経験するのが監督にとっては一番重要。そのきっかけになったのが、海外ドラマの魅力に取り憑かれたということなんだよ。

——あとで役に立てようと思って見てたわけではないんですよね。

押井：そのときは面白いなと思って見てただけなんだけど「ちょっと待てよ。この連続ドラマ形式だったら日本でも似たようなことはできるかもしれない」と思ったんだよ。

映画であのスケール感でハリウッド並みのことをやるのは、日本じゃどう考えても無理。それは「ガルム・ウォーズ」（2016）をやってわかった。あの10倍くらい予算がないと無理だね。

仮にお金をかけたとしても、その金額を回収し得るビジネススキーム自体が存在しない。さらに回収できたとしても3年後4年後になるんだから、そんな金をどこの誰が出すんだというさ。

――日本が相手にしているマーケットは小さいですからね。

押井：でも「シリーズ形式だったら日本でも十分可能だ」と見ていて気がついたんだよ。すごい役者が出てるわけじゃない。すごい規模の撮影をしているわけでもない。でもそこそこお金がかかっていて隙が見えない。この「隙が見えない」というのが一番大事なんだよ。「ここのところは目をつぶってね」というのがない。実はこれがとても大事なことなんだよ。

お客さんというのは、基本的には「リッチな体験」を求めて来ている。それは「CSI」のすばらしい近代的なラボのセットであっても、特車二課の小汚い油だらけのものであっても、要はリッチであるかどうかなんだよ。

――その「リッチさ」というのは、どういうものなんでしょうか。小汚いとか、そういう表面上の話じゃないと思うのですが。

押井：そうそう。確かに特車二課のハンガーは小汚かったけど、いろいろおもちゃが転がっているわけだよね。装甲車もあればラダーもあれば、なんつったってレイバーもある。ありとあらゆる遊び道具が置いてあるわけだ。「卓球台だろうが何だろうが、遊べるものは何でもいいから持ってこい」って、ありとあらゆるものが置いてあるわけ。天井の高いところで外にソファを置いてゴロゴロするとか、やっぱり楽しいわけだよね。狭苦しいところでせせこましく撮影してるわけじゃない。ハンガー内でドローンの撮影までできたんだから。どうやって画を満たすかということが大事なんだよ。特に実写の場合は。

アニメの場合はなんだかんだいっても全部「描く」からさ。それだってクオリティの差は画面にはっきり出るんだけど、実写の場合はもっと露骨。貧しい現場は貧しい画面しか映らない。それが嫌だったら全部ナイターの照明で「必殺仕掛人」（TV／1972〜73）の世界にしちゃうしかない。

――必殺シリーズですね。夜の世界にして全部隠しちゃえと。

第一小隊はなぜ登場しなかったのか

押井：　あれは画期的だったわけだよね。道行きなんてライトだけなんだからさ。毎回毎回似たようなことやって、半分以上は同じセットの使い回しだよね。でもどこかしらそういうノウハウというか、費用対効果で一番効果がある方法で現場は成立するんだよ。バックライトとかガンガン使って照明でかっこいい画を……それまでの時代劇になかった画を作ったわけですよ。

それと同じようなことでも、SFっぽいものはどこかしら物量が必要なんだよね。シンちゃん（樋口真嗣）なんかは「MM9」（TV／2010）でずいぶん苦労してた。あれも始める前に「どうやってるのかな」って見せてもらったんだよ。そしたら、セットはがんばって作って、特撮は売りなんだけど毎回ちょっとずつ。最終回でやっと特撮映画になった。あとは役者の芝居でどうがんばるか。それで脚本が面白ければなんとかなると。でも田口がやったほとんど飲み会だけの話数とかあったからね。カップラーメンだけ食ってる話数とか。やっぱり苦労してるわと思ったよ。あれは「TNGパトレイバー」と違ってお金なかったから。でも方法論としては似たようなことをやろうとしてた。要するに特車二課ですよ。

——ああ、なるほど。

押井：僕はアニメの「パトレイバー」を「NEXT GENERATION（次世代）」にして実写で作りやすいように変えた。第一小隊を出したら大変だから無くしちゃって、第二小隊だけにした。そしてレイバー犯罪なんかやったらCGが大変なことになるから、基本的にやらない。第1話だけはお約束でレイバー犯罪をやったけど、そのあとは二度と起きてないからね（笑）。あとは「ゲームセンターあらし」だとか、出前がどうこうとか、怪獣とかダンジョンとか変化球ばっかりだよ。レイバーと戦ったのは第1話だけ。あれは本物のロボットを使ったからね。

——水道橋重工の「クラタス」が実名で登場しました。

押井：だからそういうことはできるんだよ。あと、映画のときに使ったプロペラボート。見に行って「これ使おう」と即決したの。あれに高島（礼子）さんを乗せて東京湾を突っ走ったら絶対かっこいいぞと思ったんだよね。要するに、実写映画はメインになるガジェットが絶対に必要なんだよ。実写というのはまず「物ありき」だから。役者ありきで物ありき。でも映画だと一回で終わり。だからシリーズ12本をやったほうが映画1本撮るよりもお金を使えるんですよ。回収も効率がいいからね。ブルーレイで売ったら2本セットで1枚と、映画版1枚と値段は同じなんだもん。シリーズをやれば6枚できる。

――ですね。

押井：「どっちがお金をかけられると思う?」という話なんだよ。その余力ですばらしいゲストだって呼べる。すばらしいと言ったって変なゲストが多かったけどさ（笑）。まともなゲストは高島さんぐらいで、あとは鴻上（尚史）さんとか竹中直人とか変化球ばっかり。怪しいロシア人とか。

シリーズでやったからあきらめなくて済んだ

押井：そしてシリーズをやる最大のメリットと言えば、役者と付き合えるということ。これが一番大きい。

――映画でもそれなりに濃厚にお付き合いできるのでは?

押井：でも映画だとせいぜい3～4週間しか付き合えないけど、シリーズをやると半年以上付き合うことになるんだよ。だから役者と相談していろんなことをやれる。キャラクターを作り上げていく楽しさというのは映画じゃ無理。だから結局類型になっちゃう。特にSFっぽい作品だとキャラクターを造形することは映画だとできない。でもシリーズだったらいろいろいじれるんだよね。だからいじりまくった。寛（利夫）さんなんかいじり倒したよ。

――やりがいがありましたね。

押井：そういう意味で言ったら映画をやるよりも10倍楽しかったし、10倍やりがいがあった。達成感もあった。映画はどんなにがんばったって2時間だもん。シリーズ12本撮って、ことのついでに映画も撮ったからいうことない。いろんなものを試したし、いろんなことがやれたし、いろんなノウハウがわかった。

ノウハウというのはやっぱり自分でやってみないとわからないんだよね。「こんなに大変だったのか」というのもあったけどさ。コンビニまるごと作ってアクションシーンをやるとどういうことになるかもよくわかった。映画で「コンビニ作ろう」と言ったって「作ってもいいけど、他のこと何もできないからね？」ということになるから、この経験はシリーズじゃないと無理だったんだよ。

「警視庁か、自衛隊か、二つに一つだ」

押井：（TNGパトレイバーの）映画の時は、警視庁の会議室を作るか、自衛隊の防空指令所を作るか、二つに一つだと言われたんだよね。本当は両方作るつもりだったんだけど、お金がないからって。

——さきほど、新たに十分な予算を確保したというお話でしたが。

押井：グレイゴースト（劇中に登場する、最高機密の光学迷彩を備えた戦闘ヘリ）を実寸で作っちゃったからお金がかかったんだよ。「あれ全部CGじゃダメ？」って言われたんだけど、補給シーンとか乗り込むところまであるんだから、実寸で作ってとお願いした。あのグレイゴーストというヘリコプターを実寸で作ったばっかりに、警視庁の会議室は天井も壁も作らなかった。柱を立てて黒いカーテン垂らしただけ。その柱だって途中までしかなくて、あとはCGで伸ばした。

——もう一つの「自衛隊の防空指令所」はどうしたんですか？

押井：防空指令所は泣く泣くあきらめた。本当は「パトレイバー2」みたいなすごい指令所を作りたかったんだけど。映画だとどうしても足したり引いたりがあるんですよ。こっちに金をつぎ込んだから、これはあきらめるしかないな、というゼロサムだからね。

その点、シリーズの良さというのはあきらめなくていいことなんだよ。毎回「目玉」を作れる。各話数でやれることを一個やってもいいよという。二つも三つもはダメだけど。それがコンビニだったり、下水道のロケだったりとか。この回は火薬に金をかけようとか、この回はパトカー3台潰せとか、そういうことができるわけ。シリーズを通して使うものに関しては、初期投資で最初からお金をかける。かけた分はちゃんと毎回使えよなという話。

役者も一緒。レギュラーはどれだけ出番が多かろうが少なかろうが、ギャラは一緒なんだからさ。「役者も使い倒せ、整備員はタダなんだから思い切り使え」というさ。

――セットに常駐の整備員さんは、タダなんですか？

押井：そうだよ。あれは東北新社のタレント学校の生徒だからね。役のある三人組だけは、さすがに芝居で絡むからオーディションをして選んだけど、それ以外の有象無象は全員生徒。バスに乗せて飯を食わせるだけ（笑）。毎回メンバーが違うなんてのはダメだから、「シリーズが終わるまでここにいろ、飯は食わせるから毎日来い」と。その中から面白い奴も出てくるかなと思ったんだけど、意外に出てこなかった。演出部が選んだおっぱい姉ちゃんがいて、それがやたら目立ったくらい（笑）。

――いましたね（笑）。確かに目立ってました。

押井：あれは確か演出部のセカンドが選んだと思うんだけど、演出部のマスコット。「役者に手を出しちゃダメだぞ」と言ってはあったんだよ。明（真野恵里菜）とかカーシャ（太田莉菜）に手を出しちゃダメ。整備員のお姉ちゃんだったら目をつぶるからという（笑）。だからおっぱい姉ちゃんがどうしても一人欲しかったんでしょ。まあ、別にそういうのは邪魔にならないから。ある意味ではどこかでポイントになるからね。

――そういう「役者未満」の人たちにはどうやって演技をつけるんですか。

押井：だいたい漠然と役どころを決めるんだよ。あとはとにかくワーワー走り回ってろというさ。それだって訓練したからあそこまでになったんだよ。いちおう訓練したからね。（ブチヤマ副長の）「タラタラしてるんじゃねえ！」というのはそういうことなんだよ。

「ゲーム・オブ・スローンズ」の合理性

押井：海外のドラマシリーズに話を戻すと、「ＴＮＧパトレイバー」をやれたことで僕的には十分元を取った。元を取ったからもうこれ以上見なくていいやと思ってたんだけど、しばらく経ってからまたハマっちゃった。それが「ゲーム・オブ・スローンズ」（米ＴＶ／2011〜19）。

あれはやっぱり画期的だったと思う。考え方は今まで言ったことと同じなんだよ。すごい予算で、そんじょそこらの映画よりもはるかにすごいことをやっている。それをものすごく合理的にやったんだよね。メイキングを見ればすぐわかるよ。

――どういうやり方なんでしょうか。

押井：とにかくまずロケ場所を真っ先に決めちゃう。そして一番多く使い倒すところはセットを組む。アイルランドのベルファスト（イギリス・北アイルランドの首府）で撮ってるんだけど、ベルファストのスタジオを何年間か借り切っちゃうところから始めたんですよ。そしてプロデューサーを何チームも組んで、ロケ先ごとに全部別班を作って、撮影に入る1年ぐらい前から準備を始める。まずインフラを作っちゃうところから。トータルで50本以上作ったわけだから、１本で割るとものすごく安上がりで合理的なんだよね。

出演しているのは錚々たる役者だけど、7割ぐらいはイギリスの役者なんだよ。アメリカ人はほとんど入れてない。

――アメリカのTV番組のはずですが、なぜなんでしょうか。

押井：ファンタジー系はやっぱりイギリスの俳優じゃないと画にならない。甲冑なんかを着ても、見栄えがするのはやっぱり舞台をやっている連中なんだよ。立ち姿も顔もいい。要するにイギリス人俳優はヨーロッパの伝統的なファンタジーの世界の登場人物にただちに成り代われる。そばにドラゴンがいても全然違和感がない。アメリカの俳優で固めちゃったらああいうふうにはならない。

なおかつヨーロッパでほとんど撮ってるから。アイルランド、スペイン、あとアイスランド。とにかく綿密にプロジェクトとして構想を作って、発注するものは全部発注して、別班を使えるところは全部別班を使って、現地雇用でいいところは全部現地雇用。で、キャストは契約して全部の期間押さえちゃう。

メンバーが微妙に入れ替わる裏事情

押井：他のドラマだと、シーズンごとにメンバーが微妙に変わるんだよね。「CSI」はその典型。あれは何かと言ったら、エージェントがギャラをつり上げるからなんですよ。だから何人かが途中で必ず消えるわけ。それのはしりだったのが「ER緊急救命室」（米TV／1994〜2009）。「ER」がそのパターンを作った。あの先生はどこかに行っちゃいましたとか、結婚して辞めたとか、死んじゃったとか。そうやってシーズンごとにメンツが変わるのはギャラの高騰を抑えるためなんだよ。向こうはシーズンごとに契約するから。

――ギャラが高くなって、予算がオーバーするのを避けるためなんですね。

押井：たぶん「ゲーム・オブ・スローンズ」は最初に全シリーズで契約しちゃったんだと思う。ああいう作りで、あれだけの人数が同時進行で話を作るなんて、そんなものスケジュールの立てようがないはずだから全期間拘束したんだと思うよ。他の映画でメインを張ってる人たちはほとんど出てこないけど、バイプレイヤーはあの人もこの人もみんなどこかで見たことあるという。最近うちでいろんな映画見てても「あ、『ゲーム・オブ・スローンズ』の○○家の父ちゃんだ」とかやたらそういうセリフが出るのは、出演者にそのクラスの人が多いんですよ。主役を張るタイプの人たちじゃない。

――でもそれだと、画面に華がないということにはなりませんか？

押井：ファンタジーの世界だからそれでいいんだよ。スターが出ちゃうとファンタジーにならない。その世界の人間じゃなくなっちゃう。

ティリオン（ピーター・ディンクレイジ）なんてその典型だよね。小さい（身長132センチ）から他の映画じゃみんなキワモノ扱いされちゃうけど、あの世界に馴染みまくってるでしょ。

それでいてフリークスでもない。めちゃくちゃ頭がよくて、ものすごく人間味がある。本人も「この映画で初めて一人の人間として演技できた」とインタビューか何かで語ってたけどさ。あの人は他の映画に出るとどうしてもキワモノになっちゃうけど、ファンタジーに合ってるんですよ。

シリーズものにスターは無用

押井：とにかくよくできたシステムなんですよ。やっぱり向こうはシステムの世界であって、事業として、どうやったら完成度と費用対効果を高められるかという、そういう発想から入っていくんだよね。そうじゃなくて、どれだけお金かかってもいいからどんどんイケイケになっちゃうと（フランシス・フォード・）コッポラになっちゃう。「地獄の黙示録」（1979）がその典型だよね。この映画はどれだけ金を使ったら終わるの、という。監督が主導権を取っちゃうとだいたいそうなる。

監督はだいたいパラノイアだから。始めちゃったら何も関係なくなってイケイケになっちゃう。（ジェームズ・）キャメロンもそう。「タイタニック」（1997）のとき、金を借りるために自分の家屋敷まで抵当に入れたんだから。じゃないと終わらないんだもん。

――キャメロンは回収したからいいものの。

押井：主演が（レオナルド・）ディカプリオじゃないと配給がGOを出さないというんで、あのプライドの高い男がディカプリオに頭を下げに行ったくらいだからね。キャメロンがディカプリオを好きなわけないじゃん。本人がそう言ってたよ（笑）。

――本人情報ですか（笑）。

押井：向こうの投資家というか、スタジオもそうだけど、やっぱりスターを欲しがるんだよ。どう考えたってキャメロンの映画にスターなんかいらないのに。「アバター」（2009）がいい例じゃん。いちおう僕が大好きなシガニー・ウィーバー様が出てたけどさ、シガニー・ウィーバーじゃなくたっていいからね。だからさっさと殺しちゃった。パート2からは影も形も出ないよね。キャメロン映画にスターは必要ないし、（スティーブン・）スピルバーグの映画だって本来はノースターだったんだから。映画というのはなんでもかんでもスターが必要なんじゃなくて、スターの存在がむしろハンデにしかならない映画だっていっぱいある。「ゲーム・オブ・スローンズ」でスター級の役者を揃えたらどうなっちゃうか。ただのコスプレ大会にしかならないよ。

――ファンタジーの世界からはみ出しちゃうと。

押井：「TNGパトレイバー」も同じだよ。アニメと同じキャラクターで今売れている若い子をキャスティングしたら、ただのコスプレになっちゃうからね。あれは結構キャスティングに苦労したんですよ。真野（恵里菜）は元アイドルだけど、ちょうどアイドルを辞めて役者で行きたいというタイミングだったから。福士（誠治）は売れてはいたけど基本的には舞台の男だよ。

というか、キャストの半分以上は舞台の人間だった。筧（利夫）さんも含めてね。だから事務所もうるさいこと言ってこないし、すごくやりやすかった。キャスティングでバクチをやったのはカーシャの太田（莉菜）だけ。カーシャだけはみんな半信半疑だった。プロデューサーは全員反対したし。

――どうして反対されたんですか？

押井：演技経験がほとんどなかったから。僕はその前の仕事で会ったんだけど、「009」（短編3Dアニメ／2010）のモーションキャプチャーの時に彼女が来たんだよ。その時に「あ、こいつは絶対いつか撮るぞ」と決めてたから。まあ、ああいう役だから候補は山ほどいた。でもあいつじゃなきゃ嫌だもんねと言って押し切った。だけどいざ始めてみたら不安的中でさ。

――問題があったんですか？

押井：やっぱりセリフがね。モデルだったから立ち姿もいいし、何を着せてもどう動かしても画になるんだけど、セリフがネックになるだろうなとは思ってたの。そこで発明したのがロシア語というやつだよね。

――棒読みでもわからないように。

押井：ロシア語でまくし立てたら、上手いもヘチマもあるかという。もう一つはやっぱりアクションだよね。アクションをやると何がいいかって、自信がつくんですよ。物怖じしなくなる。だからコンビニのアクションが彼女には絶対必要だったの。あの回をやってアクションで大暴れしてから、太田はガラッと変わったもん。押し出しが出てきた。

――デカい銃が似合うかっこいいお姉さんですよね。

押井：そうそう。AK（I-74／AK-47の後継として開発されたアサルトライフル）が似合う子ってそんなにいないんだよ。明（泉野 明、真野が演じるヒロイン）がいくらがんばってもAKは合わない。ショットガンが精いっぱい。AK持たせて画になる人ってめったにいない。高島さんを選んだのだって、機関銃を撃たせるつもりだったからさ。あの人、オートマチックでもリボルバーでも、日本で銃が似合う断トツの人だからね。ガタイがいいし。顔もシャープだし。バイクに乗ってたんだからね。そういうようなことですよ。

「デッキアップする」ことに意味がある

――実寸大レイバーも使い倒しましたもんね。今でもまだどこかで活躍してるんでしたよね。

押井：まだドサ回りしてるよ。あのレイバーをデッキアップ（トレーラー上であお向けの状態から直立させること）すると言ったときも全員が反対したんだから。「そんなのできるわけないじゃないですか」って。僕も実際に立ち上がるまでは不安でいっぱいだったけど。

――やっぱり（笑）。

押井：テストのときに首が折れたからね。だからシャフトを倍に増やして、それでもデッキアップを決めるたびにガーンと来るわけ。毎回ヒヤヒヤしてたよ。人間だったらとっくにむち打ちになってる。しかもデッキアップ用のレイバーは、ハンガーに立ってるレイバーより実は小さいんだよね。トレーラーのサイズで決まっちゃうから、1メートルぐらい小さいの。でも「絶対わかんないからやってくれ」と言ってさ。ハンガーに立ってるのは、立ってるまんまだからね。動き出した瞬間からCG。

――それ自体が動かなくてもいいんだと。

押井：トレーラーを作ってデッキアップさせたというのが、僕に言わせれば最大の正解。「デッキアップする」というのが象徴的な行為だから。

あれがなかったら「パトレイバー」じゃないんだよ。「ちゃんとトレーラーで現場まで運んでデッキアップする」というのが山場なんであって、そのあとガチャガチャやるのは、いってしまえばオマケなんだから。作っちゃってあらゆるところでデッキアップする。熱海だろうが駅前だろうがデッキアップする。そこが山場なんだから。あとはCGで破綻しないでなんとかがんばってくれと。

2話からもういきなり土手をレイバーがランニングしてたでしょ。あれはそういうことなんだよ。「こういう世界だからね?」とわかってもらうためのシーン。だからこそデッキアップはめちゃくちゃリアルじゃなきゃいけない。リアルにやるためには実寸でやるしかないんだというさ。

あれを作ったおかげでいろんな画が撮れた。まわりで人間が動き回って、レイバーの肩に乗っ

て整備してとか、そんなのいちいち合成じゃやってられない。そういうところで合成に無駄な時間とお金をかけたくない。作っちゃったらいくらでも使えるんだから。殴ろうが叩こうが磨こうが汚そうが。

――実物が目の前にあるのとないのとでは、役者の演技も違いますしね。

押井：あとは指揮車として使った装甲車（フェレット装甲車／イギリス軍が偵察用に設計した装輪装甲車）。あれはレンタルというかリースなんだけど、たまたま趣味で持ってるおっさんがいて「指揮車1年間貸してね」って借りてきた。手を加えたのはエンジンチューニングだけだからね。ナンバープレートも取得できるし、実際に公道を走れるんだから。本当は運転してるのは福士じゃないけどね。あんなの素人が運転したらどこに突っ込むかわかりゃしない。

――乗り込むだけでも大変そうな車でした。

押井：そういうガジェットも含めて、監督という仕事をする上で何が一番効率がいいかを考えたんですよ。映画を1本撮ったって丸々1年、下手すりゃ2年かかる。ちょっと凝った合成だなんだを始めたらすぐ2年かかっちゃう。それでも1本。シリーズだったら12本できる。しかもお金はシリーズのほうがかけられる。効率よくお金を使えば12本をリッチに作れる。

1本の映画とシリーズの1本を比べたら、そりゃ映画にはかなわないよ。スケールもかけてる日数も違うから。だいたい1話撮るのにかけて8日から10日。10日かけるとプロデューサーがいい顔しないから、かかっても8日ぐらいかな。映画だったら最低でも2週間ぐらい撮影させてよねというさ。かけたってせいぜい4週間とか6週間。

でも束にしたらどうよということなの。完成するアイテム数が多いというのは大事なことなんだよね。映画のブルーレイを1枚売るのと、シリーズを6枚に分けるのとどっちがおいしいか、という。ガジェットだって山ほど出せる。

――商売的にもその方が有利です。

押井：そういうふうに考えると、特に日本における映画のあり方というか「1本の映画で勝負するんだ」というのはあまりにも効率が悪いと思ったわけ。それで当たった外れたを繰り返してさ、いつまでそれを繰り返すんだと。

シリーズをやれば「この話数はちょっとあれだけど、この話数はいいじゃない」とかリスクを分散できるわけだ。話の幅を広げられる。いろんな人間も呼べるし。

「作っても見てもらえない映画」が山ほどある

押井：それにしても、映画を作って回収するということがこんなに難しい時代はかつてなかったよ。鈴木敏夫（スタジオジブリ社長）が言ってたけど「10年ぐらい前までは映画なんか作るの簡単だった。映画やるぞって金集めて作ればよかったんだもん。どこかが必ず配給してくれたし、宣伝をがんばれば必ず当てられるし、簡単だったよ」って。今はめちゃくちゃ難しくなった。40年やってるけど、こんなに映画を作りづらい時代は僕も経験がない。作って配給してという一連のことが通用しないというか、作るまではできても配給できないとかさ。

配給できない映画なんて、今は日本に山ほどあるよ。公開できない。DVDすら出せない。それこそBSとかCSとか日本映画専門チャンネルでやっておしまいとかさ。みんな苦労してるんだよ。志はあるんだけど、でも全然できない。

――うーん。

押井：例えば、誰でも知ってるようなヒットしたマンガが原作で、それを今売れてる若い子を集めて実写でやったとする。そこそこヒットするかもしれないけど、それでも絶対ある割合でしか成功しないんだよね。そこまで同じ条件で作ったとしても全部の映画が当たるということはあり得ない。

――初期の角川映画のようなわけにはいかないんですね。

押井：3割も回収できてないかもしれない。そんなことをいつまで繰り返すんだ、と思うんだよね。

――8割くらいヒットするなら、「売れてる原作と役者」の方法論もありかもしれませんが。

押井：じゃあそのやり方で安心できるのは誰なんだという話。少なくとも現場じゃないよ。監督でもプロデューサーでもない。配給だけだよ。「やるだけのことはやりました。キャスティングもこれだけ揃えたし、原作も売れてるし。それでダメならしょうがないでしょ」というアリバイのためにやってるだけ。あれはアリバイですよ。

宣伝だってたいしたことやってるわけじゃない、というかそもそも映画の宣伝自体が変わっちゃったから。雑誌なんかにいくら記事を出したって微塵も関係ないから。どの媒体に出したらいいのっていう段階じゃなくて、媒体で宣伝すること自体がもう違うんじゃないの。

――確かにそんな感じがしますね。

押井：いまだに、僕だって映画を一本やれば雑誌が来るけど「それ本当に宣伝の意味があるの？」と思うんだよ。どうしてもやりたいんだったら、みんな集めてまとめて取材一回でやっちゃえばいいじゃん。でもそれはできないんだよね。「これだけやりました」って会社に報告したいだけ。もっと違うやり方があるでしょうと思うんだけど。

前にも言ったけど、「スカイ・クロラ」のときはありとあらゆることをやったけど結局「イノセンス」と同じ動員。要は僕の映画は上限が決まってるんだということが判明しただけ。そんなところにお金使うんだったら違うこと考えようよという話だよね。

──どうすればいいんでしょうか。

押井：僕に言わせれば「もっと数を作らせろ」ということなんだよね。実は僕という監督は数を作るほうが向いてるんだと。僕がやってきた仕事というのは、博打のように見えて実は博打じゃない。割とコンスタントな打率でしか成立してないんですよ。大コケしたことはない。大ヒットしたこともない。こういう監督に一番効率のいい仕事のさせ方は、数作らせることでしょ。

──なるほど。

押井：こんな簡単なことがなぜ誰にもわかんないの。みんな僕という監督を理解してないよ。たまにとんでもない金で作らせるけど、普段は信じられないぐらい安い予算でシコシコやってますと。天国と地獄を繰り返してるわけじゃん。まあ、両方好きだけどさ。三千万ぐらいで作る映画も好きだし、二十億ぐらいで作る映画も大好きだし。いくらでもいいんだもん。なんだったら三百万でも作りまっせという。でも何をやったって決まってるんだから。

──お客さんの数はだいたい一緒だと。

押井：極論するとね。

だったら賭け金を少なくしていっぱい賭けたほうがいい。

押井：僕ほど費用対効果を常に考えて映画作ってる人間はいないんだから。そのために個人的にずいぶんいろんな投資もしてるし。最近やって、ある程度実証できた投資の一つが「ドラマシリーズ」なんだよ。「シリーズって映画より全然効率がいいぜ」というさ。

配信が嫌いなのは、語られないからです

押井：映画監督というのは映画館で上映することにこだわるから。いまだにそういう人は多いよね。若くても歳取ってても関係ない。「映画はそうじゃなきゃならんのだ」という、これは美意識なんだよ。

――それは、押井さんが配信を嫌がるのとは違うんですか。

押井：僕がなぜ配信を嫌がるのかというのは単純な理由です。手応えがないから。リアクションがないから。

これは映画にとって本質的なことであって、だから「配信」は大きな出来事だと思っている。やってる側からすると、誰が見てるんだかさっぱりわからない。

映画はある種の社会的な行為なわけだよね。不特定多数の人間がある時間を共有して同時に見ているわけだ。そこには必ず言説が生まれる。よかった悪かったから始まって、何がいいのか何がひどかったのか。それを炎上と呼ぼうが百叩きと呼ぼうが、大絶賛だろうが大感動だろうが、

要するにリアクションがあるわけだ。

だけど配信というのは個人的な体験なんだよ。基本的には一人で見る。せいぜい数人、家庭で見るということはあるかもしれないけど、基本的には個人的な体験なんだよ。デートでもなければ、誰かと一緒に行って帰りに飯を食うかという話でもない。個人の時間を合理的に使ってるだけなんだよ。自分の好きな時に好きな話数を見れる。それは一人で図書館に行くのと同じなんだよ。しかも家まで届けてくれる上に定額料金制。手元に何も残らないけど。家に付属した図書館の利用パスを持ってるようなもんだよね。

――押井さん側からするとそれは寂しいことなんですか？

押井：だって全然リアクションがないんだもん。

――ネットに作品の評判とかを書かれるのは違うんですか。

押井：ネットの言論なんて存在しないに等しいよ。匿名の言論に何の意味があるんだって。しかもよかった悪かった大会で、百叩きにするか大絶賛するかしかない。言論は絶えずその中間にあるんだから。

僕は語られない映画を作る気はない。「映画は語られることでしか成立しない」っていつも言ってるでしょ。映画というのは語られた時に初めて映画になるんであって、個人的な体験は映画体験とは言わないんですよ。

それが、僕が映画についてさんざんしゃべり倒してきた最大の理由。昔から変わらない。映画を見たら必ず誰かとしゃべる。しゃべらずにはいられない。ずいぶん嫌がられたけど。でもたまに「ふんふん」と聞いてくれる人もいるし、「そうじゃない」って喧嘩になることもあるわけだ。それも含めて言論と呼ぶんだよ。匿名で言いたい放題ネットにアップして、それにどんなレスがつこうがそれは言論でもなんでもない。

―― 確かに最近は「映画について語る」という機会そのものが減っているような気がします。

押井：だから配信というのは確かに映画のいち形態ではあるんだけど、映画の社会性というのが……全くないとは言わないし、違う形であるにはあるんだけど、今のところ個人的な体験にしか収斂しない。

例えば、配信オリジナルで作った面白いドラマがどうもたくさんあるらしいと風の噂に聞くんだけど、それについての情報がどこにもない。「ROMA／ローマ」（2018）はオスカーを取ったから話題になったし、ドラマを見てる人はいっぱいいるんだろうけど、そのドラマについて語る場がどこにあるのというさ。最近ドラマの専門誌ができたらしいけど、まだマイナーだよね。せいぜいネットで評判を聞いたりとか自分で書いたりとか、そこで完結しちゃうわけだ。

昔は「この映画について本を一冊書いちゃいました」というようなことがあったわけだよね。今はない。そういう文化自体がなくなっちゃった。映画の本はとことん売れないからね。

―― 嫌なこと言わないでください（笑）。これも映画の本なんですから。

押井：とにかく映画の本は売れないよ。映画に関する言論というものに今は値打ちがないんだもん。そもそも映画専門誌って今なにがある？　風前の灯火の「キネマ旬報」があるだけじゃない。昔は5誌も6誌もあったけどさ。映画関係の書籍が売れないだけじゃなくて、映画を語るということが昔はかっこよかったわけだよね。

映画を語る能力があるということはその人間の知性の証明だった。文化人類学者だろうが仏文の教授だろうが現代詩人だろうが、みんな映画を語ったわけだ。吉本隆明だって三島由紀夫だって「映画芸術」に書いてたんだからさ。今誰が映画について語るのよ。

日本映画は社会的使命を自ら失った

――それは、日本の映画が社会的使命を終えたということなんですか？

押井：僕はそう思ってないんだけどね。でも、もしかしたら日本ではどんどん社会性を失いつつあるのかもしれない。邦画は若い人しか見に行かないじゃん。洋画はまたちょっと違うんだろうけど。

そして、その邦画の世界は追体験の場にしかなってない。原作モノじゃないオリジナル企画の映画というのはまず敬遠される。途中まで見て違ってたら嫌だから、わかっているものしか見たくない。わかっているものをそのとおりにやってくれるのが一番嬉しいというさ。アニメもそうだからね。今、現場はみんなそれを言われてるんだから。「マンガとカット割りも変えてほしくない」って言われたって、マンガに色をつけて動かして声を入れたら、それは違うものに決まってるじゃん。

――ですよねえ。

押井：そしたら今度は「それをマンガと同じ印象にまとめるのが演出の力だ」って言い出すわけ。これを本末転倒と言わずに何を本末転倒と言うんだ。

――ひぃぃぃ（笑）。

押井：原作マンガの印象を変えない演出が優れた演出だということになってるんだもん。何だよそれ。ほかならぬ僕が言うんだよ。

――押井さんは原作マンガを換骨奪胎することで名を上げた監督ですからね。

押井：だからそういう意味では、社会的な場に出たときの映画の値打ちというのは、日本映画の場合大幅に下がってる。「半沢直樹」（TV／2013）くらいであれだけ大騒ぎしてるのにさ。あれも前のシーズンをカナダに行くときに飛行機で見たんだよ。

――ヒマだったんですね。

押井：やることないからさ。正直がっかりした。テンポがこんなむちゃくちゃ遅いのかって。「海外ドラマシリーズをちょっと見れば？」って言いたくなったよ。1回倍返しするのに3話も4話も使うなという。毎回倍返しすりゃいいじゃないの。

――あははは、確かに（笑）。

押井：しかも1時間枠でやってるんだから、なんでできないの。銀行の話なんて12〜13本作るくらい簡単でしょ。しかもまた（笑福亭）鶴瓶が町工場のオヤジで出てきて。最近町工場のオヤジっていうと鶴瓶ばっかりでいいかげんにしろよと思うんだけどさ。この間の「アルキメデスの大戦」（2019）だっけ。あれも中小企業の造船会社のオヤジが鶴瓶で……。

――あのキャラクターは原作マンガの時点で鶴瓶そっくりに描いてある（しかも名前が「鶴辺《つるべ》清《きよし》」）んで、当て書きなんですよ。

押井：そのマンガ家が似せて描こうとするぐらい、鶴瓶といったら町工場のオヤジということになっちゃっているわけだよ。それ自体が本末転倒じゃないの。「半沢直樹」がその典型。こんなに設定上作りやすそうな話はないじゃん。やることは決まってるんだから。復讐で倍返し。だったら毎回やれって。毎回やってちょうどいいぐらいだよ。必殺シリーズはちゃんと毎回殺してたじゃないの。あんなに引っ張り回されて、最後に香川照之（が演じる大和田暁）が土下座して終わり。首を吊るわけでも崖から落ちるわけでもない、土下座するだけ。どこが倍返しだよ。

――うははは。

押井：片方は首吊ってるのにさ。倍どころか5分の1にもなってない。主人公が銀行員だから殺しちゃうわけにはいかないんだろうけど。だったら破滅させるにしたっていろんなやり方があるじゃん。土下座なんか何十回だってできるよ。僕だってしょっちゅう謝ってるし。スタッフにもやってるんだから。

――押井さんは土下座まではしてないじゃないですか（笑）。

押井：何だったら股の下だってくぐっちゃうよ。侍みたいに土下座するぐらいなら腹を切るとかじゃないんだから。

――話を戻しますと、「映画は時代の不安を閉じ込めたものなんだ」という役割をどんどん捨てて、社会の不安と向き合うことをやめてしまった、のみならず、旧来の作り方にしがみついているがゆえに、日本の映画は社会的な使命を失ったんでしょうか。

押井：失ったというか、自分で放棄していったんだよ。

――角川映画やVシネマの章でも、すでにその社会的使命の話はほとんど出ていませんでしたねえ。

押井：日本ではもう、そうした社会的使命が求められていなかった、というのもあるんだろうけど、日本映画のほうが自ら手放していったんじゃないかという気がしているね。

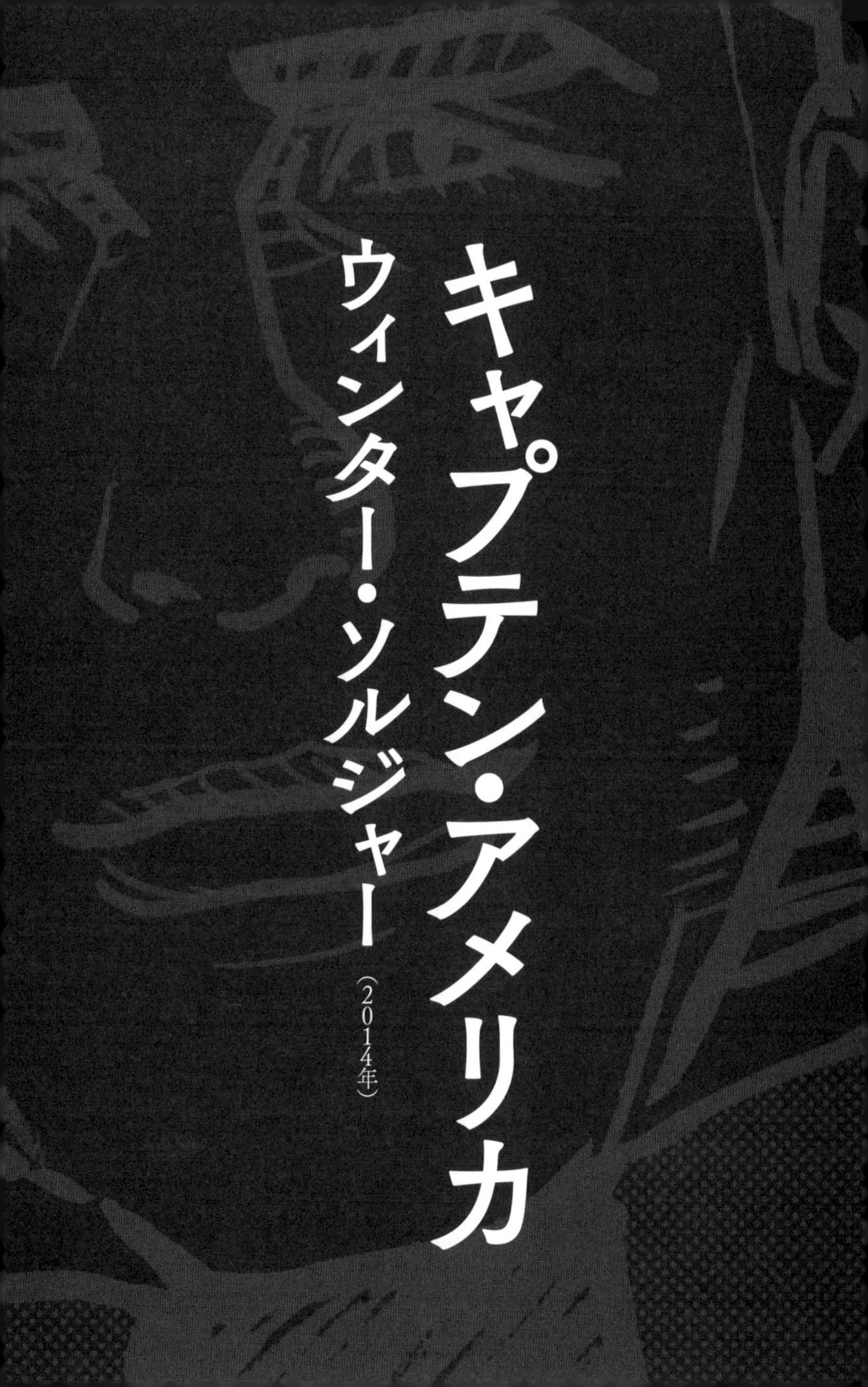

キャプテン・アメリカ
ウィンター・ソルジャー（2014年）

「時代の不安」を描くエンタメ ハリウッド映画の底力を見た

アメコミ「キャプテン・アメリカ」の実写化第二作。「マーベル・シネマティック・ユニバース」としては第9作。70年の眠りから覚め、アベンジャーズの一員として戦ったキャプテン・アメリカと暗殺者ウィンター・ソルジャーとの死闘を描く。監督：アンソニー・ルッソ、ジョー・ルッソ。

——日本の映画界が「時代の不安のタイムカプセル」という機能を自ら放棄していく中、ハリウッドはどうでしょう。ということで今回のお題は「キャプテン・アメリカ／ウィンター・ソルジャー」（２０１４）ですが、押井監督がマーベルの映画をお題に出す、というのはちょっと意外な気がしますけど。

押井：僕はスターチャンネルの常連だから、マーベル、DC、X-MEN、あの辺はもれなく見る仕掛けになってるんですよ。その中に、時たま面白いのがあるんだよね。量産効果というか、シリーズものには時々変わったやつが出てくる。それはプログラムピクチャーの良さでもあるんだけど。

――その一つがこの映画ということですね。

押井：だけど、この前作（「キャプテン・アメリカ／ザ・ファースト・アベンジャー」2011）はねえ……しようもないヒーローものだった。

――二作目は傑作で、前作は駄作と。珍しいケースですかね。

押井：主演（クリス・エヴァンス）はものすごい肉体の持ち主なんだよ。一方、映画のストーリーは、モヤシみたいな青年が改造されてヒーローになる。だから、改造前のキャプテンはデジタル加工でヒョロヒョロになってるわけ。あの技術は見事だった。だけど「ザ・ファースト・アベンジャー」は、僕的にはデジタル技術以外に何も評価するものはない。ナチと戦う単なるヒーローものだからね。

だから続編の「ウィンター・ソルジャー」に

はさしたる期待もなく、家のテレビで見てたんだよ。だけど始まって3、4分で、「これはなんか違うぞ」って座り直した。

――この映画はちゃんと見ようと思ったと。

押井：そうそう。あきらかに「なんかやらかそうとしている」とわかったの。しばらく見てると、敵のヒドラという組織が、1作目は大戦中だからナチスのイメージだったんだけど、この「ウィンター・ソルジャー」ではソ連のイメージに変わってるわけ。一番象徴的なのは、主人公のかつての親友だった男がサイボーグになって出てくる。その肩に赤い星が描いてあるんだよ、あからさまに。その瞬間に「あっ」と思ったわけ。

――この映画の「仕掛け」に気がついたんですね。

戦後アメリカの最大の脅威とは

押井：アメリカ映画というのは、基本的にその時々の国内問題や外交問題といった、アメリカの置かれている状況と無関係ではない。それは文芸映画とか社会派と呼ばれる映画だけじゃなくて、エンターテインメントの大作でも同じ。そしてエンタメの場合はよく暗喩を使うんだよね。

――それは、アメリカ映画は「時代の不安を封じ込める」という、社会的使命をまだ失っていない、ということでしょうか。

押井：そういうこと。今でもそうした社会的な役割を果たしているエンタメ映画の最良の一本がこの「ウィンター・ソルジャー」なんだよ。

押井：それで、戦後のアメリカの最大の脅威は何かというと、それはもちろん「冷戦」だよ。その冷戦期のアメリカの最大のテーマといえば、軍事的にはもちろん核の恐怖なんだけど、内政的な意味でというと「洗脳」だよ。それによる内部からの裏切り。

――「ウィンター・ソルジャー」でも、組織の中に裏切り者が出てきますね。

押井：突然、隣人が共産党員であったことがわかる、とか、共産主義者が組織の中に入り込んでいた、とか。いわゆる「赤狩り」というやつだよね。

――前回の本（『仕事に必要なことはすべて映画で学べる』）でも、ロバート・アルドリッチ監督の作品で赤狩りについて触れました。

押井：「ハリウッドには大量の共産党員がいる」って1950年代に（ジョセフ・）マッカーシーがぶち上げて、片っ端から監督や役者を喚問した。議会証言で嘘をついたら刑務所行きだからね。

そして、それ以前には「裏切り」を奨励してたんだよ。「仲間の名前を吐けばお前は助けてやる」って。ハリウッドで共産党員だと示された瞬間、未来はなくなる。監督なら映画を撮れなくなるし、役者は映画に出られなくなる。それはものすごい恐怖だったんだよね。それで裏切りや密告がハリウッドで横行しまくった。その当時のことを伝える本や映画もたくさんある。

――そんな事態になってしまったのは……。

押井：そう、赤狩りの恐怖というか、アメリカ人が内部に入り込んだ共産主義者、洗脳された人間をどれだけ恐れたか、ということだよね。それはハリウッド映画にいろんな影を落としている。

そもそも「ウィンター・ソルジャー」っていうタイトル、何のことかわかる？

――北の国、ソ連から来た兵士、ってことかなと思ってたんですが。

押井：諸説あるけど、僕の理解ではこれは帰還兵のことなんだよ。帰還兵というのはベトナムの時も問題になったし、戦争によるPTSD（心的外傷後ストレス障害）をめぐる映画が山ほど作られたけど、それとは別に「帰ってきたときには、前とは違う人間になっている」ということの象徴でもある。典型的なのは捕虜になって帰ってきた人間。彼らは洗脳されてないかどうかを真っ先に疑われる。これは朝鮮戦争で始まったんだけど、捕虜として敵の手に落ちて、再び戻ってきたらものの見事に洗脳されていた、ということがあったんだよ。

――恐ろしいですね……。

押井：そういう「ウィンター・ソルジャー」である彼（バッキー）自体がこの映画のすべて。それは洗脳の恐怖だよ。洗脳によって、ヒーロー達が参加している「S.H.I.E.L.D.（シールド）」という正義の組織自体が乗っ取られていた、という大どんでん返しにつながる……まあ、たぶんそういう展開だろうと思って見てたんだけど（笑）。しかもシールドの最重要人物である、理事のロバート・レッドフォード（役名はアレクサンダー・ピアース）が実は敵だったと。

――それにしても、レッドフォードが裏切る役だとは思いませんでした。

押井：でも考えてみたら、レッドフォードがただ単なる「偉い人」の役で出てくるわけないじゃん。あのアメリカの良心そのものみたいなレッドフォードがあえて悪役で、しかも洗脳してくる側、というのが面白い。ああいう「組織のトップが敵だった」というのは、アメリカ人にとって最大の恐怖なんだよね。だからレッドフォードぐらいは持って来ないとインパクトがない。とはいえ、この役をレッドフォードによくやらせたよね。

――我々の世代にとってロバート・レッドフォードと言えば、ウォーターゲート事件を題材にした映画「大統領の陰謀」(1976)で、ニクソン大統領の疑惑を暴くワシントン・ポスト紙の記者、ボブ・ウッドワードを演じた人ですからね。

押井：これはあきらかに、プロデューサーか脚本家かわからないけど、あの映画を作ったクリエイターたちの確信的行為だよ。すべてがそれに集約される。

冷戦を眠って通り越した男

押井：そもそも、このキャプテン・アメリカというヒーローには、他のヒーローたちとは決定的に違う部分があるんだよ。

――それはなんでしょう。

押井：キャプテン・アメリカの本質といってもいいんだけど、大戦中にアメリカのために戦い、北極海に墜落して氷の中で眠りについて、救出されて目が覚めたら冷戦を通り越していた、ということ。要するにキャプテン・アメリカというのは、アメリカにとって一番肝心な時代をスルーしちゃった男なんだよね。冷戦時代の間はずっと冷凍睡眠で寝てたんだから。

それが端的に表れてるのが、この映画の最初の場面。ジョギングのシーンから始まるんだけど、そのジョギングしてる場所というのが、ワシントンのオベリスク（ワシントン記念塔）がある有名な場所（ナショナル・モール）。あそこはベトナム戦争のときには帰還兵の集会をやった場所で、反戦運動で帰還兵が初めて登場した場所でもある。

――そういう象徴的な場所なんですね。

物語の始まりから「何かあるぞ」の連発

押井：そう。のっけから「ウィンター・ソルジャー」というテーマを象徴する場所から映画が始まってるわけだよね。僕らの年代の人間にとっては、例のリンカーンの彫像がある広場。そしてアメリカの象徴であるオベリスク。オベリスクはいろんな映画の中で何度も倒されてるし、あるいはよくＵＦＯが飛んでくる場所でもある。ホワイトハウス以上にアメリカを象徴する場所なんだよ。

ホワイトハウスは国家の最高権威が住んでる場所であり政治の中心なんだけど、あの広場はアメリカの歴史そのもの。オベリスクというのは歴史の象徴だからね。ベトナム戦争のときはどれだけ反戦集会が開かれたか。僕も何度もニュース映像で見てたから覚えてるし、アメリカ人が忘れるわけがない。だからこそ、そこから始めた物語が政治的な寓意を含んでないわけがない。

――確かに「何か」があることを感じさせます。

押井：キャプテン・アメリカがそういう「意味のある場所」を早朝に走っていて、後に仲間になる、翼で飛び回るおっさん（ファルコン）と出会うんだけど、何度も何度も追い抜いていく。「左から失礼」って言いながら、しかも時計周りに走ってる。

――それにも意味があるんですか。

押井：これもある種の象徴的な表現だよ。アメリカにとって一番重要な時間をスルーしちゃった男が時計回りに走ってる。しかも「左から失礼」とか言っててね。「左から失礼」ってかなり意味深なセリフだよ。もともと陸上のトラック競技は反時計回りに走るから、周回遅れの人間を追い越していくときに右側から抜かなきゃいけないというルールがある。にもかかわらず「左から失礼」と。あのセリフはあきらかに意味がある。「左」が文字通り政治的な左翼を意味してるのかどうかは知らないけど。

――そこまでは考えていませんでした。

押井：意味あり気な場所に意味深なセリフ。だからテレビの前で座り直したんだよ。「これはなんかやる気だ」って。

キャプテン・アメリカと「アメリカの理想」

押井：姿勢を正して続きを見てみたら、やはりその通りだった。冷戦を再現してみせたというか、冷戦期のテーマを現代のアメリカでぶち上げていた。でも戦う相手はソ連とは言ってないんだよ。シールドが戦おうとしてる相手はテロリストなんだよね。

――市井に潜むテロリストを先制攻撃しよう、というのがレッドフォード、じゃなくてシールドの作戦でした。

押井：「(テロリストを）先制攻撃しよう」っていうのはブッシュの親父（ジョージ・H・W・ブッシュ／第41代アメリカ大統領）のときから始めて、ブッシュのバカ息子（ジョージ・W・ブッシュ／第43代アメリカ大統領）が徹底的にやった。その思想を極限まで推し進めるとどうなるかというと、巨大な空飛ぶ空母（ヘリキャリア）から、巨大な機関砲でテロリストを殲滅するんだと。そのためのソフトウェアも作っちゃった。それにアイパッチのオヤジ（役名ニック・フューリー、シールド長官／俳優はサミュエル・L・ジャクソン）は「これやばくない？」って疑問を抱くわけだよね。そしてキャプテン・アメリカは、この先制攻撃には真っ向から反対する。

――なぜ反対するんでしょうか。

押井：キャプテン・アメリカというのは「アメリカの理想」を信じてるから。「国内に敵を作っちゃダメだ。仮にいたとしても先制攻撃しちゃいかん。それをやったらソ連のやったことと一緒だろう」ということなんだよ。ムスリムだろうが白人のインテリゲンチャだろうが、怪しい奴はみんな撃ち殺せ、とやっちゃったら大粛清（1930年代にソ連が行った大規模な政治弾圧）と同じで、これの極限が現在のアメリカがやっている反テロ戦争のことだよ。

——なるほど。

押井：それを阻止する物語、というのが「ウィンター・ソルジャー」であって、これは冷戦期から今日にかけてのアメリカの姿そのものなわけだ。

——手段を選ばずテロリストを食い止めようとするアメリカと、それをやっちゃったらかつてのソ連と同じことになってしまうからダメだ、というアメリカの理想。でも、テロ対策でまさにソ連と同じことを我々の国は始めてるんじゃないか？　という。

押井：この期に及んで、というか逆に言えば今だからこそとも言えるよね。今アメリカ国内は格差が広がっていてとてもやばい。そんな中、どうやって民意を統一するか。それに絶えず一役買ってきたのがハリウッド映画なわけだ。ハリウッドというのはそういう社会的使命を持っている。

もちろん製作者たちにはそういう意識がある。最近は中国に買い占められてハリウッドの地位も危ういんだけど、今「これ以上中国に買い占めさせてはならん」と巻き返そうとしてるからね。国にとって重要な企業は外国からの投資を受けてはならない、という法律があるんだよ。それを一部修正してハリウッドを守ろうとしている。

――ハリウッドにも中国マネーが進出していますね。

押井：すでに配給会社の半分近くは中国に買収されてるし、最近の映画を見ると、かっこいい中国人があふれかえってる。しかもみんな「いい人」の役。サー（リドリー・スコット）の「オデッセイ」（2015）もそう。火星に置き去りにされたマット・デイモン（役名はマーク・ワトニー）を助ける話だけど、最後にロケットを貸してくれたのが中国だからね。サーの映画といえどもチャイナマネーが入ってるわけで、そのことはエンディングを注意深く見ればすぐわかる。あきらかに中国名の企業が出てくるからね。それぐらいハリウッド映画には中国が入り込んでる。

そんな状況だからこそなのかは知らないけど、マーベルというのは確かに面白い会社だよ。「アベンジャーズ」というシリーズのポリシーでもあるんだけど、あのアベンジャーズというヒーロー軍団自体が「アメリカ軍」の暗喩だからね。勝手に国境をバンバン越えるしさ。

――なるほど（笑）。

押井：ご丁寧にも、「ウィンター・ソルジャー」の続編である「シビル・ウォー／キャプテン・アメリカ」（2016）は、アベンジャーズの〝暴走〟をなんとかしようという映画になっている。いわば内紛の話で、いろんな国から苦情が来てるからアベンジャーズを国連の管理下に置こうとするわけ。「勝手に国境を越えてドンパチ始めるし、なんとかしてくれ」って。それはまさに米軍のことだよね。

――そんな目でマーベルの映画を鑑賞する人がいるとは思いませんでした。

アメリカ映画界の懐の深さ

押井：マーベルが面白いのは、（「ウィンター・ソルジャー」で）1本やっただけならともかく、「シビル・ウォー」でもやったんだよ。あの会社は単にデジタルバリバリのアクション映画を作って大金稼ごうぜ、というだけじゃない。それ以外に、あきらかにある種のテーマや使命感を持っている。

これがマーベルという会社の意志なのか、プロデューサーの意志なのか、脚本家の企みなのか、いずれにしても上の人間が結託しなきゃこんなことはできるわけない。監督にそんな権限はないんだから。

――え、そうなんですか？　むしろ監督がこっそりやってるのかと思ったんですが。

押井：ハリウッドの監督というのは、日本と違ってギチギチに縛られてるから。「脚本やセリフを一言一句変えちゃならん」と。日本みたいに甘くない。だから監督だけの意志でできるわけがない。監督も結託した可能性はもちろんあるけど。

だからマーベル映画といえども馬鹿にしちゃダメ。一度は見てみなきゃわからない。かねて僕が言ってるように、映画というのは読み解くものなんだよ。読み解いたときに初めて、映画の企みがわかる。お金を払って2時間楽しくヒーローたちの活躍を見てスカッとしようぜ、っていう人は、それはそれでいいんだよ。でも「それ以外の見方もあるぜ」という話なの。それこそが映画を作る人間の望んでることなんだよ。「わかる奴はわかってくれ」と。

アメリカの映画界って本当に面白い世界なんだよね。「夢のハリウッド」と語って済ませられない複雑さというか、奥行きを持ってる。

——懐の深さというか。

押井：そうそう。もっと言えば、その片方でとんでもない監督に平気で撮らせたりするんだから。マーベル映画とかDC映画ばかり作ってるわけじゃないんだよ。僕の大好きなティム・バートンとか、最近はすっかりディズニーに捕らわれて、監督としては尻子玉を抜かれたみたいになってるけど「マーズ・アタック！」（1996）なんてまさにそうでしょ。ああいうのをティム・バートンに撮らせる懐の深さがある。

あるいは「シン・レッド・ライン」（1998）を撮った、テレンス・マリック。彼の「ツリー・オブ・ライフ」（2011）なんてとんでもない映画、アートそのものだよ。エンタメのエの字もない。「シン・レッド・ライン」だって戦争映画という触れ込みだったけど、全然戦争してない。文芸映画を通り越してアートになってる。僕も好きな監督だけど、ものすごく美しい映画を撮る人だよね。ああいう監督にたまにポンとすごい規模で撮らせたりする。

だからつくづくハリウッドというのは通り一遍には語り切れない。いつも期待しているというか、そういう思いで僕は見てる。ハリウッドのエンターテインメントの大作は時折こういうことをやらかすからね。

――単なる娯楽作品を大量生産しているわけではない。

押井：あだやおろそかに見ちゃいかんと。社会派みたいな映画だけがハリウッドの良心じゃない……良心と言っていいのかもわからないけど、一種の政治性だよね。

――その典型がこの映画なんですね。

映画に込める「もう一つのメッセージ」

押井：そう。「ウィンター・ソルジャー」ではひさびさに全面展開だったから驚いた。ありとあらゆるシーン、あのセリフもこのセリフも全部メタファーになってる。「裏目読み」というやつだよね。ちゃんと裏を読むと、全然別の映画に見えてくる。裏目読みは訓練も場数も知識も必要で、教養がなかったら裏なんか読めやしない。だから「ウィンター・ソルジャー」ではアメリカの歴史を知っていればこそメタファーが有効になる。

――それを知らなくても、普通に面白く見られるところもすごいです。

押井：そうそう。そこがすごいところなんだよ。僕もそれを心がけてるんだけど、うまくいったりいかなかったり。「パトレイバー（劇場版）」とか「GHOST　IN　THE　SHELL／

攻殻機動隊」は成功した例。普通に見ても面白かったはずだし、なおかつ僕は言いたいこともやりたいこともすべてやった。でも調子に乗ってやった「ビューティフル・ドリーマー」とか「イノセンス」とかはエンタメとしての限度を超えちゃった部分がいっぱいあった。

――「ビューティフル・ドリーマー」は十二分にエンタメだと思いますけど。

押井：あれはまだ幸福な例だったけど、そのあと調子に乗った「天使のたまご」（1985）がよくなかったね（笑）。

いつも目指してはいるんだけど、エンタメと自分の哲学、ある種のメッセージ性との両立というのは大変難しい。素材にもよるからね。

――そうだと思います。

押井：実は「スカイ・クロラ」はかなりうまくいったんだよ。だけど、うまくいきすぎて誰にも気がついてもらえなかった（笑）。僕は原作を微妙なところだけいじくっていて、その微妙にいじくったところに気がつけばすぐにわかる仕掛けになってる。でもその辺は語られたことがない。

「ビューティフル・ドリーマー」は記号的にわかりやすく作ったから、語ってくれる人間は山ほどいたし、「パトレイバー2」に至っては「みんな大好き『パトレイバー2』」だから。ああいう政治的なやつはわかりやすい。でも政治的なメッセージじゃない部分とかになってくると見えにくくなってくるし、読み解く人間も極端に減る。

それでも、理想はそれなんです。真面目にエンタメをやればエンタメになるかというと、僕に言わせるとそんなことはない。客をなめるなと。

――監督にとって「映画に〝もう一つ〟のメッセージを込めること」は必須なんですね。

押井：映画というのは不思議なんだけど、「秘められた哲学」ってやつがないと「格」というものが出てこないんだよね。スカスカのエンタメになっちゃう。「いろんなことをやってるんだけど全然面白くない、1回見たらおしまい」という最初の「ザ・ファースト・アベンジャー」がまさにそうだよ。デジタルはがんばった、という以外に何も言うことがない。おまけにガジェットが全然つまらなかったから。

ガジェットにももちろん寓意がある

――「ウィンター・ソルジャー」のガジェットはどうでしたか?

押井：最大のガジェットである空中空母みたいなやつが全然ダメだったね。VTOL機みたいなやつ（クインジェット）はそこそこよかったけど。

あの空中空母は、言ってみればアメリカの機動部隊、タスクフォースそのもので、あれほどわかりやすいものはないからあえてそれを選んだんだろうね。わけのわからない要塞を浮かべるよりは、原子力空母を浮かべたほうがよっぽどわかりやすいから。ビジュアル的には残念ながら飛ぶように見えないけど（笑）、それはいいんですよ。だってメタファーなんだから、そこは目をつぶろうと。

——ガジェットにも裏の意味があるということですか。

押井：ガジェットだって立派なメタファーなんですよ。なぜあえて、ジョージ・ワシントンっぽい原子力空母みたいなものにしたのかという話。お腹にいっぱいわけわかんない砲塔を付けてるけど。あんなところで撃ちまくったらテロリストを殺すだけじゃなくて街が崩壊するじゃん（笑）。現に目標に赤い点をつけていったら真っ赤になった……真っ赤にした、というのも悪意が入ってるんだよね。あからさまにやってるんだから。

裏切り、監視のメタファーが潜む

押井：ガジェットだけじゃないよ。いろいろ挙げれば、裏読みできる要素はきりなくある。キャプテン・アメリカは、同僚のブラック・ウィドウ（女優はスカーレット・ヨハンソン）に、同じシールドに勤めているお姉ちゃん（シャロン・カーター／女優はエミリー・ヴァンキャンプ）を「あの子いいんじゃない？」と勧められてたけど、じつはそれが自分の監視者だった、とかね。

ブラック・ウィドウというお姉ちゃん自体も非常に微妙なキャラクターだよね。査問されて「アンタ、元ソ連のスパイだったじゃん」と。彼女自身がアベンジャーズの中で微妙な立ち位置にいる。絶えずそういう危険をはらんだ女だよね。続編の「シビル・ウォー」でも最初はアイア

のちに「ゴースト・イン・ザ・シェル」(2017)で
草薙素子役となるスカーレット・ヨハンソンと
トグサ役となるチン・ハンが
クライマックスのS.H.I.E.L.D.本部シーンで
共演しています。
ご確認あれ。
「ダークナイト」で顔おぼえた→
Ng Chin Han
Scarlett Johansson
19.11.6

ンマンについてたのに、途中でキャプテン・アメリカに鞍替えした。そういう意味では非常に便利に使われているキャラクターでもある。脚本家にとっては使い勝手のいい「ジョーカー」なんだよね。女だからどこでも出せるし、みんなガードが下がる。アイアンマンだってどこかしら彼女には甘いんだよね。

——なるほど。日本ではそういうことをしている映画はありますか。

押井：日本で同じようなことはたぶんできない。アメリカ映画の強さというのは、プロデューサーの権限の強さとか、そういう構造的なものがあるから成立するんだよ。

　だけど日本映画でも、エンターテインメント作品で、歴史性を持ったテーマを語ったりとか、政治性や哲学を混ぜたりとかいうことは不可能じゃない。それが不可能だったら僕の映画はほとんどできてない。

――押井監督の映画は、常に寓意に満ちているように見えます。

押井：僕が絶えず追求してきたテーマがそれなんですよ。映画は重層的に作るものであって、表面上のストーリーとは別のストーリーを語れるんです。表面に出てこない「キャラクターの裏側」を描けるんであって、ありとあらゆるものをメタファーに置き換えることが可能なんだよ。

特にアニメーションは記号だからそれがやりやすい。レイアウトまで全部指定できるし、芝居だって全部コントロールできる。実写映画は監督だけじゃ不可能だから、いろんな人間が結託しなきゃ難しい。やろうとした人もいるみたいというか、僕も大作ではないけどやってみたこともある。大作じゃなければ何やったっていいんですよ。

――そんな（笑）。

押井：とは言え、それでも何千万もかかるから「それなり」なんだけど。それでやりすぎて痛い目にも遭った。どの映画かは言わなくてもわかると思うけどさ。

――わかるような、わからないような（笑）。

「パシフィック・リム」にだって哲学はある

押井：映画というものを語るときに、特に娯楽映画を語るときにはそういう部分は外しちゃならないテーマなんです。これがない映画はただの暇つぶしにすぎない。暇つぶしにすぎないものは暇つぶしとして扱われるし、そういう映画でしかない。「サウンド・オブ・ミュージック」(1965)といえども、最後にナチスが出てくるんだからね。

――エンタメ映画でも評価されているものは何かしら、政治的なものじゃなくてもメタファーがあるんでしょうか。

押井：当然ある。少なくとも僕が評価してる映画はみんなそう。サーの映画だけじゃなくて(スタンリー・)キューブリックだろうが、ジェームズ・キャメロンだろうが、誰の映画にもある。キャスリン・ビグローなんかはもっと先鋭な人だから、メタファーもヘチマもない。

そういう意味でも、「ウィンター・ソルジャー」は見たことない人はぜひ見てほしい。あちこちにメタファーが仕掛けられていて、2回や3回見たってわからないよ。僕は6、7回、テレビでやるたびについ見ちゃうんだよ。そして新しいメタファーをまた見つけちゃう。「あ、ここにもあった。こんなところにも仕掛けてたのか」って。

――アメリカではまだちゃんと「映画の社会的使命」が機能しているんですね。それにしてもマーベルの映画に「時代の不安」が埋め込まれているとは思いませんでした。

押井：そうそう。「ウィンター・ソルジャー」は本当に驚いた。最近ハリウッド映画にそういう政治的なメタファーを僕はあまり感じてなかったからね。メタファーはたまにあるんだけど、あってもさほど政治的じゃなかった。哲学っぽいものなら、例えばギレルモ・デル・トロとかあったけどね。

――デル・トロですか。「パシフィック・リム」(2013)の。

押井:あのおっさんはモンスター映画専門だと思ったら大間違いで、ちゃんと哲学が入ってる。トンデモ系の哲学だけどさ(笑)。「シェイプ・オブ・ウォーター」(2017)とか「ブレイド2」(2002)とか「ヘルボーイ」(2004)とか。もちろん「パシフィック・リム」も。あれはデル・トロの趣味で、アニメが大好きなことはよくわかった(笑)。だけどモンスター系をやるときにこそあの人の思想が出てくる。単に半魚人大好きというだけじゃない。

――そんなデル・トロ監督の思想とは何でしょうか。

押井:ひとことで言えば、あの人の全ての映画を支えてるのは「マイノリティ」なんですよ。

――あ、そう言われてみれば。

押井:彼自身がメキシコ系で、ハリウッドにおけるマイノリティなんだよ。彼に会ったときに「自分本来の仕事はスペインでやる」って言ってたから。例の「パンズ・ラビリンス」(2006)がそう。あれを撮った男がなぜ「ヘルボーイ」を撮れるのか。それは映画の本質がわかっているから。一見わからないところでやるんだということを、デル・トロはよくわかってる。だから僕は評価してるんだよ。

彼はマイノリティしか描いてこなかった。吸血鬼だろうがミュータントだろうが半魚人だろうが。「シェイプ・オブ・ウォーター」で半魚人と恋愛するおばさん、彼女が典型的なマイノリティだよ、聾唖者だもん。そして、悪役が典型的なアメリカの家庭を持った白人。わかりやすいでしょ？ アメリカ人だったら、彼のまなざしがどっちに向いているかすぐわかる。デル・トロに（マジョリティ側の）「キャプテン・アメリカ」も撮らせてみたいよね。どうやって戦うのか。

――正反対ですもんね。

押井：「キャプテン・アメリカ」は、あまりにもアメリカの理想を体現したがゆえに、ものすごく生きづらくなったっていう、そういう映画だから。お尋ね者にまでされちゃった。

――あのものすごいコスチュームで誤解してました。愛国者だけど、「アメリカ政府の犬」というわけじゃない。

押井：「本当の愛国者はこういうものだ」という理想だよね。自分がアメリカを応援する内実は何なんだと。これはヒーローとしてはつらいんですよ。

「これって無理じゃない？」こそ、映画製作者にとっては大チャンス

押井：でも、マーベルだけじゃなくてDC（DCコミックス。マーベルと双璧をなすアメリカのヒーローコミックの出版社）でも最近はそういう怖い問いかけをやってるんだよね。「もしかしてスーパーマンってやばくない？ あの人が本気になったら人類やばいんじゃないの？」ということで、バットマンが退治にいくのが「バットマンVSスーパーマン　ジャスティスの誕生」

（2016）。これは珍しく劇場に見に行きました。

――何が気になったんですか。

押井：監督が「300〈スリーハンドレッド〉」（2006）のザック・スナイダーだから。僕が評価してる監督の一人ですよ。マイケル・ベイだったら絶対許さない（笑）、だけど「ザックだったら許しちゃってもいいや」とえこひいきしてる。

それと、「バットマンVSスーパーマン」のような「VSもの」とかコラボをやるときは、手練手管やメタファーを行使しやすいから、チャンスなんですよ。

――どうしてなんですか？

押井：もともと設定に無理があるから、多少強引なことをやっても企画が通過しちゃうんだよ。これが面白いところで、僕がパート2ものをやるときに使う手に似てるんだよ。「パート2だから、一本目と同じことやってもお客さんは減るわけだし、思い切ったことやらないとダメだと思うよ」って周りを説得して、実際に思い切ったことをやる。

――なるほど……まんまとだまされそうです。

押井：「パトレイバー2」は（泉）野明も（篠原）遊馬もお飾りで、おじさんとおばさんしか出てこない。それでも通っちゃうんだよ。ついでにキャラクターも全部カチンカチンにしちゃった。「パトレイバー2」に比べれば「パトレイバー1」のキャラなんてマンガみたいでしょ。

――でも、「パトレイバー1」も公開当時は「キャラクターの顔にほうれい線が」ってショックを受けてる人がいましたよね。

押井： いや、まだまだマンガっぽいよ。結構コロコロしてるし、野明もふっくらしてるじゃん。「パトレイバー2」なんてバキバキだもん。動かないし。

―― 確かにそうでしたけど（笑）。

押井： それと、大作というのは時間をかけてじっくり撮るから、そういう意味ではディテールでいろんな仕掛けをしやすい。だから時間をかけられる大作で、しかも鉄板になりつつあるシリーズであればあるほど「仕掛ける」ものなんだよ。アメリカのプロデューサーとか脚本家はバカじゃないから、ちゃんと仕込んでくる。ただのバカだったらそこの地位まで上り詰めたりしないよね。まあ、ジョエル・シルバー（「リーサル・ウェポン」「ダイ・ハード」「マトリックス」などのプロデューサー）みたいなマッチョしかわからないおっさんもいるけどさ。

シルバーには、ワーナー・ブラザースに行ったときに会ったことがあるんだよ。「イノセンス」の企画で、主だったスタジオを石川（光久／プロダクション・アイジー社長）と一緒に回ったの。そしたら絵に描いたようなハリウッドのプロデューサーだった（笑）。アロハシャツ、短パン、葉巻。胸元からは胸毛が出てて、金髪のパツンパツンの秘書。「本当かよ？」って思ったの、まるっきり映画（笑）。で、開口一番「いくらいるんだ？」って（笑）。

―― 一度は言われてみたいセリフです（笑）。

押井： それはともかく、映画というのは舞台裏というか現場がわかってくれれば、業界の人間じゃない普通のお客さんだとしても察しはつくはずなんだよ。「なんか今回の作品は変だぞ？」って。

――その映画の「お約束」が崩れているような状況があったら、ってことでしょうか。

押井：そういうときは、ぜひ何度も見直してほしい。あるいはほかの作品と見比べてみてほしい。

映画への「仕掛け」は脚本から始まる

押井：間違いなく言えるのは、寓意、もう一つのストーリーを映画に仕込みたければ、脚本の段階で仕掛けなかったら絶対にできない。そこから企みが始まってるんだよ。そして脚本を完成させるのがプロデューサーの最大の仕事だから、ヘゲモニーを持っているプロデューサーにその意志がなければあり得ない。

――日本の映画だと、「仕掛け」は監督の仕業、という印象ですが。

押井：日本の場合は脚本を読めるプロデューサーが少ないからね。ちゃんと読める人はほとんどいない。

――え？

押井：もちろん、キャストが何人必要だとか、ロケの現場が多そうだとか、そういうのは現場やってればわかるんですよ。「このぐらいの規模になりそうだ」とか「この予算じゃ無理だ」とかね。だから脚本の段階で削ったりするわけだよね。だけど「その脚本が何を目指して、何を企んでいるのか」を読み取れる日本のプロデューサーは少ないんだよ。

――そうなんですか。

押井：「なんでこのシーンが必要なの」とか「どうしてこのキャラクターが要るんだろう」とか、監督はある程度考えて脚本を作る。「このキャラクターがここで裏切る意味というのは何なんだろう」とかね。「ここで男と女を接近させるのはメロドラマの要素以外に何かあるんだろうか」とか。そういう裏を読まなかったら監督は仕事にならないよ。だけど、そういうことを読み取れるプロデューサーは日本にはあまりいない。

――「ウィンター・ソルジャー」はそもそもプロデューサーのケヴィン・ファイギが、「ヒーロー映画を装った70年代のポリティカルサスペンスをやりたい」と考えて立てた企画だった、という話です。

押井：僕もなんかの番組で見たけど「ウィンター・ソルジャー」の場合はあきらかに企画からその意志があった。「ザ・ファースト・アベンジャー」をもう一本作っても仕方ないんだから。あれはあからさまにB級なんだもん。予算規模とかスケールがB級なんじゃなくて、映画としてB級以上になり得ない。

わかりやすすぎるキャラクター、わかりやすすぎる敵、わかりやすすぎる状況。たぶん100人いたら98人が半分居眠りしててもわかる映画だよ。でも「ウィンター・ソルジャー」だとそういうわけにはいかない。

——ケヴィンさんは「一作目と完全に異なるジャンルの続編を作ることが大切だ」とも語っているそうです。

押井：非常に私と気が合いそうなプロデューサーですね（笑）。

単独ヒーローものはどうしても夜郎自大化する

——アベンジャーズで言うと、押井監督的には「アイアンマン」はどうなんですか？

押井：アイアンマンはやっぱりアメリカらしいなというか。要するに資本家でしょ。成功した資本家が正義の味方をやると。それだけだと「アメリカはいい気なもんだよな」という、単なる夜郎自大なんですよ。それは要するに「勝手に正義をやるんじゃねえよ」と言われがちな、アメリカのグローバリズムそのもの。「善意の力でなんか悪いのか！　文句あるならドルやらねえぞ！」というさ。

——めっちゃ押しつけがましい感じ（笑）。

押井：だけど「アベンジャーズ」になった途端、アイアンマンの立ち位置が変わるんだよ。それは対立物が出てくるから。その対立物がキャプテン・アメリカだったりするわけ。

——対立する存在が出ることで、相対化されるわけですね。

押井：「単独のヒーローは何も表現できない」というのが僕の持論なんだよ。スーパーマンだろうがスパイダーマンだろうが、一人でやってるとどれもおおむね夜郎自大になる。スパイダーマンはまだ悩んでるふりしてるからいいんだけど、別に「あの程度のことで悩むなよ」という、しょせんは小僧の映画だとしか思わないからね。「お姉ちゃん一人のことで何ウジウジ言ってるんだよ」って（笑）。

――スパイダーマンはまだ高校生ですから（笑）。

押井：それはともかく、スーパーヒーローというのは複数になって初めて何事かが始まるんです。「アベンジャーズ」を眺めて使えそうなキャラは誰かというと、どんな監督でもある程度同じことを考えると思う。キャプテン・アメリカとアイアンマン、この二人は使えるぞって。

――どうしてその2人なんですか。

押井：どちらもアメリカを体現してるから。その意味では、その二人が対立する「シビル・ウォー」が作られるのは必然なんです。二人が対立する以外の軸はないからね。あとの連中はみんなオマケだもん。スパイダーマンなんてオマケそのものじゃない。「若いのも入れとこうか」って。あと速い奴（クイックシルバー）とかアリ人間（アントマン）とか、あんなのいたっていなくたって同じでしょ。ハンマーのおっさん（ソー）も。

――そこまで言わなくても（笑）。

押井：ブラック・ウィドウも似たようなもんだけど、唯一の女性だから華がある。あとハルクを手なずけるには、彼女以外に適役がない。だって（ハルクは）キングコングだもん。コングが誰の言うこと聞くと思うか、となったら「やっぱり女だよな」ってなるに決まってる。それをそのままやってるだけだよ。

他の連中は名前も思い出せないよ。翼をつけて飛び回ってるおっさん（ファルコン）とか。

あまりに強力な自国の軍隊への恐怖

――押井監督は、マーベルの映画は結構見てるんですね。

押井：なんだかんだ言いながら、ほとんど見てるんじゃないかな。「スパイダーマン：ホームカミング」（2017）は見てないけど。予告編見ただけで、どう考えても六十過ぎたおっさんの見る映画じゃないなと。

雷様の（マイティ・）ソーは全部見てる。面白い。僕はコスチュームプレイは好きだから。甲冑を着て暴れまわってるコスチュームキャラは大好きなの。あまり感心できない甲冑だけどね。ただキャラは面白いから。あの役者（クリス・ヘムズワース）がこなれてきたというか、最初はでくの坊っぽかったんだけど、この人ギャグに向いてるなと感心した。

――へえ、そうなんですか。

押井：玄関に入ってきて、トンカチを帽子掛けに掛けるとか、地下鉄から降りてくるところとか。あのシリーズはまあ、そこそこ気に入ってます。

——マーベルで「これも面白いよ」というのはほかにもありますか?

押井：「シビル・ウォー」もそれなりに面白かったよね。「ウィンター・ソルジャー」のインパクトには遠く及ばないけど、「ウィンター・ソルジャー」をやったあとはこれしかないという映画。要するにいかに国論を統一するかという、そういう物語。アベンジャーズの連中に国をめちゃくちゃにされちゃって、家族を殺されたおっさんの復讐劇。結局はそれをやるんだよ。ヒーローものというのは必ず、そういう「被害者が復讐に来る」パターンが出てくる。

——「バットマンVSスーパーマン」と似てますね。

押井：「シビル・ウォー」と同じ傾向の作品だよね。ヒーローが危険人物になっていく。というかならざるを得ない。それはある意味で言えばアメリカのシビリアンの恐怖でもある。

——というと?

押井：要するに、米軍がどこまで肥大化するか、とヒーローを自国の軍隊に見立ててるわけ。

——えっ、だって自国の軍隊ですよね。

押井：ここが面白いんだけど、アメリカというのは基本的に(国の)軍隊を信用してないんですよ。

——そうなんですか?

押井：これはアメリカの建国の歴史に関わるんだけど、アメリカは連邦軍を巨大化させなかった。あくまで地方分権なんであって、だから「合衆国」なんですよ。いまだに州軍は手放さないし。

連邦軍が巨大化することを建国者たちは一番恐れて、それでいろんな縛りをつけたの。それでも第一次世界大戦に参戦してから、第二次世界大戦を通してどんどん肥大化していった。今はあきらかにアメリカの闇の勢力になっちゃってる。特にアメリカ空軍。僕はケネディ(ジョン・F・ケネディ、第35代アメリカ大統領)は空軍が殺したといまだに思ってるから。空軍というのはマフィアなんで、歴代の政治家はみんな空軍と戦ってきた。核を持ってこのかた、現在に至るまで戦略爆撃機にこだわり続けているんだからね。

——そうやって考えていくと「アベンジャーズは米軍だから」という先ほどのお話とつながってくるわけですね。キャプテン・アメリカは陸軍っぽいし、アイアンマンは空軍っぽいと(笑)。

押井:そうそう(笑)。そういう意味で言うとアベンジャーズは空軍と陸軍の戦い。まあ、海軍なんてヒーローものでは使い道ないから。(DCで)アクアマンというのも出てきたけどさ。

「量産効果」が寓意を込める隙を生む

押井:まとめておくと、「アベンジャーズ」というのは、確かにいろんなテーマを語りやすい、ユニークなシリーズなんだよ。数が作れるということもあって。だけどシリーズどの映画も全ていい映画というわけじゃない。実際、アイアンマン単独のシリーズは全然面白くない。それは「単独のヒーローは何者でもない、ただの夜郎自大にしかならない」という僕の持論の証明みたいな映画。ところがアベンジャーズになった途端に映画として違うレベルになるんだよ。いわゆるちゃんとした映画になる条件が揃った。

――ということは、ちゃんとした映画の条件の一つが「対立軸」なんですね。

押井：そう。「対立軸」を得たことで、社会性をはらむ切り口ができた。

スーパーマンも「マン・オブ・スティール」（2013）から急に良くなったというか、急に「映画」になった。それはバットマンが「ダークナイト」シリーズ（ダークナイト・トリロジー）で別世界になったのと一緒。やっぱりかつてのかっこいい、強いだけのヒーローじゃ通用しなくなって、「奥行き」が必要になってきたんだよね。バットマンも「ダークナイト」（2008）になった途端にテーマがドーンと出てきた。

――そして、そうなったのはシリーズ化によって、たくさん作ることになったからですね。

押井：そうそう。シリーズでずっと同じことをやってると飽きられちゃうから、「ちょっと大人っぽくやろうぜ」って。もちろんそのほうが現場は燃えるし、監督だってやる気が違う。クリストファー・ノーランになったら昔のバットマンみたいなのやるわけないじゃん。「ダークナイト」だからこそやったんだよ。そしたら途端に全然違う映画になったじゃん。

繰り返すけど、そここそが企画する側の付け目なんですよ。僕もよく使ってた手なんだけど、最近パート2がなくなっちゃったので使えなくなったんだけどさ（笑）。

――パート2は一本目が当たらないとできませんからね。

押井：そうなんだよ。僕は「スカイ・クロラ」が当たってたら「スカイ・クロラ2」をやるつもりだった。あれを空母の艦載機の世界でやってみたかったんだよ。だからその伏線を張ったんです。1カットだけ空母が出てくるの。次は機動部隊同士の戦いにしちゃおうと思ってた。もちろん、やるなら森（博嗣／「スカイ・クロラ」原作者）さんの許可は必要だけど、森さんはたぶんイヤって言わないと思う。あれほど原作者と幸福な関係を結べたのは僕も初めてだったからね。お互いにすごくメリットがあったし、お互いに幸福になった。そうじゃない例はごまんとあるけどさ（笑）。

――そこは突っ込まないことにします（笑）。

押井：あとシリーズの量産効果で言うと、「X－MEN」シリーズというのがある。あれもヒーローが束になって出てくるからいろんなことをやれそうな気がするんだけど、いまいち突き抜けない。いまだにどこかしら子どもっぽい世界に終始してる。

――どうしてなんでしょうか。

押井：X－MENたちはミュータントで、彼ら彼女らは最初から迫害されてるからね。最初から被害者という面を持っていると、ドラマ的に発展しにくい。

アンチヒーローってなかなか難しいんだよ。スパイダーマンなんかある程度そうなんだけど、アンチヒーローはアンチヒーローであることで自己完結しやすい。ところがスーパーマン、バットマン、アイアンマン、キャプテン・アメリカというのは転落がある。当たり前だけど、主人公というのは転落するから面白いんで、見てる側はそれが快感だったりするし、それと同時に怒りをかき立てるから。「今までさんざん世話になっといてこの仕打ちかい」とか、すぐドラマの世界に引っ張り込める。

かといって、X－MENがミュータントとして社会的に認知されたらハッピーエンドになるかというと、そうなったら彼らの存在価値自体が消滅するからね。どういう構造を作ればいいのか。

「ワンダーウーマン」は珍しく見に行ったけど

――それにしても、その辺のヒーローもの映画を押井監督がたくさん見ているのは意外でした。

押井：スターチャンネルでやってれば見ちゃうからさ。「ファンタスティック・フォー」シリーズももれなく見てる。スーパーヒーローものはだいたい見てるんじゃないかな。意識的に見なかったのは「スパイダーマン」シリーズだけ。

――そこまで見たら「スパイダーマン」も見ましょうよ。

押井：もともと嫌いなの。かっこ悪いし。あと僕らの世代は日本のテレビシリーズで（東映版）「スパイダーマン」（TV／1978）を見てるから。昔の「スーパーマン」（1978）はそれなりにかっこよかったじゃない。「スパイダーマン」は初体験がよくなかったんだね。電信柱に登ってるだけなんだもん（笑）。しかもあのスーツはどう考えてもかっこよくない。キャプテン・

アメリカも相当なものだけど、割と見慣れちゃったからさ。

――スパイダーマンも見慣れると思うんですが（笑）。

押井：でもそれで言ったらワンダーウーマンだって「これナニ？」という感じなんだけど、女優（ガル・ガドット）がすばらしかったから。

あの女優が気に入ったから「ワンダーウーマン」（2017）は珍しく劇場に見に行った。それは「バットマンVSスーパーマン」のときのワンダーウーマンがすばらしかったから。演出がいいんだよね。さすがザックだという。出るのもかっこよければ、飛行機に乗ったところで（危機を察して）突然降り始めるというさ。で、登場したときにドンドコドンドコ……って音楽で「おっ出てきた！」というさ。

ところが（単独作の）「ワンダーウーマン」で一人になったら対立軸がない。アメリカ陸軍パイロットのお兄ちゃん（スティーブ・トレバー、キャストはクリス・パイン）だけじゃ全然頼りにならないし、翻弄されてるだけ。

ワンダーウーマンはまだやる余地がある。だからつくづく思ったんだよ。スーパーヒーローは一人にしちゃいかん。次は誰かと絡んでほしい。ワンダーウーマンはアマゾンという隔絶したファンタジーの世界から来てるから、一人だと「マイティ・ソー」と同じにしかならないんだよ。彼女も神様だからドラマの契機をはらみにくい。しかもアマゾネスだから恋愛の対象になり得ない。

――なるほど。

不幸なDC、脳天気なマーベル

押井：DCの不幸というか、DCとマーベルはどこが違うんだろうっていつも考えてきたんだよね。僕はどっちかと言ったらDCのほうが好きだったから。暗いし、スーパーマンもバットマンも不幸な過去を背負ってる。金持ちになったけど夜中にスーツ着て悪党をこらしめて回ってる。アイアンマンのスタークとどう違うのか。スタークも親を殺されて、金持ちで、個人的にスーパーヒーローやってるんだけど、あいつは能天気なんだよね。「シビル・ウォー」で親父がウィンター・ソルジャーに殺されたことが判明して暴走したけど、それじゃあ今までの能天気さは何だったのって。

DCはある意味古典的なんだよね。「あの時代のアメリカ」をいまだに背負ってるから。アメリカの夢みたいなやつ。だからDCはもう一つブレイクしにくいのかも。僕は好きだけど、ザックとクリストファー・ノーランがやめちゃったら見ないかもしれない。今度の「ジョーカー」（2019）はまだ見てないのでどうなのかわからないけど。ジョーカーなんてDCじゃないと登場し得ないキャラクターだよ。歴代のスーパーヒーローもので最大の悪役。哲学があるんだもん。「ダークナイト」のジョーカー役で、「お前も俺も同じだ」という、あれね。まあ、役者（ヒー

ス・レジャー）もよかったんだけど、せっかく評価された瞬間に睡眠薬の過剰摂取で死んじゃった。

——お気の毒でした。

押井：後半はスーパーヒーローものの話になっちゃったけど「ウィンター・ソルジャー」はハリウッドのメタファーを駆使した政治性をひさびさに堪能した。往時の覇気はないにしても、やっぱりアメリカ映画はまだ捨てたもんじゃないな、というのが今回の結論かな。

——「映画の中に時代の不安を閉じ込めるんだ」という社会的使命がまだアメリカでは有効なんですね。

押井：そう。「歴史の記憶装置」としての役割は日本映画ではほぼ失われてしまったんだけど、海外ではまだまだそういう映画が出てくる素地が十分にあるんだよ。

アフターコロナの日本映画

時代の不安は溜め込まれて消えていくのか、爆発するのか？

――というわけでそろそろまとめに入りたいと思います。アメリカ映画はまだまだ「映画の社会的使命」が有効で、「ウィンター・ソルジャー」のように政治的寓意をエンタメ映画に込めることが可能である、というのを前の章で見てきました。一方、日本の映画には社会性がなくなってきたんじゃないかという話ですね。

押井：ほぼないね。

――力の入ったドラマシリーズにはまだ映像エンタメとしての可能性が残る、というお話も海外ドラマのところで伺ったかと思います。では配信や連続ドラマが、映画の役割を受け継いでいけるものなんでしょうか？　それともやっぱり公開というスタイルを取って、映画館で見ることでこそ「時代の不安を閉じ込める」といった社会的使命が機能し得るのでしょうか

押井：うーん、どうなんだろう。本来はそれを言わば担保するための文化というのがあったわけだよね。文化でもサブカルでもいいんだけど、時代というものをどこかで担保していく文化。今は何がその役割を果たしているんだろう。YouTubeなのかな？

——やはりそこですか。

押井：最近も相変わらずよくYouTubeを見ているんだけどさ、1日に2～3時間見ていて、面白いチャンネルをたまに見つけると一気に全部見ちゃうんだよね（笑）。

——最近は何が面白かったんですか？

押井：コロナ禍で自粛自粛になっちゃって、食い物系のチャンネルが全滅しちゃったんだよ。僕が好きだったチャーハンで飯を食うオヤジとか、日曜日の朝8時からずっとビール飲んでるオヤジとか、みんな「自宅で弁当食ってます」ってなっちゃった。インドの屋台のオヤジ（「今日ヤバイ奴に会った」）とかは日本に帰ってきちゃったからね。

——あの人、帰国してたんですか。

押井：「いつになったらインドに行けるかわかりません。帰ってしばらくは埼玉の一軒家で3週間これから一人です」とかそれを中継してやってる。確かに今インドで屋台なんかとんでもないからね。自殺行為だよ。

こないだ見つけたのは「ぴよぴーよ速報」というチャンネル。ものすごく下品だけどネット方面の言論を編集してたり、あと「小学生でもわかる」歴史シリーズというのをやってるの。これ

YOUTUBERの
代名詞として
HIKAKIN
(1989〜)
きっと後世に名を
残すのでしょうね
ウチのコドモも
大スキですわ
201003

も全部見ちゃった。

――登録者数20万人とかですね。「小学生でもわかる毛沢東の生涯」。

押井：どういう人がやってるのかわかんないけどなかなか傑作ですよ。ネットの気持ち悪いレスをかき集めたやつもなかなか面白い。こういうところにハマってるのかなという。

――確かにこれも「時代の不安」と言えなくもないですね。

押井：今の世相がなんとなく、でも濃厚に出ているんですよ。どういう人間がやってるかさっぱりわからないけど。ネットの書き込みとか半分くらいは「こんな非常時にバカやってるんじゃない」という内容だけど、それだからこそそういうところにぶら下がってる人間のありようというか、そういうのがなかなか面白いなと。やっぱりふざける奴が必ずいるんだよね。

――そういうYouTubeみたいに、味噌もクソもいっぱいある中から何かが見えてくる、という感じでしょうか。

押井：そう。結局配信って一方的な関わりしかないから。山のようにあって注文するだけの関係。最近はYouTubeも規制がすごくなって、なかなか厳しいらしいけど。

もう一つ僕が最近見てるのは、韓国をいじって面白がってるチャンネル。「コーカのFPS戦力外」だったかな。毎日のように動画を上げてるけど、韓国をいじってるだけ。特に韓国の兵器系。でもよく調べてるんだよ。ニュースソースはどこなんだろう。向こうのサイトを全部当たってるらしいんだけど、なかなか面白い。運営者はYouTubeに目をつけられていて、しょっちゅう移転したり配信が止まったり、BAN（YouTubeチャンネルを停止・削除されること）と戦ってますよ。だから隠語だらけ。「韓国」なんて言葉は一回も出てこないからね。「かの国」とか「K国」とか。まあ、韓国の国産兵器がいかにひどいかという話が半分ぐらいだけど、意外に経済対策がどうこうとかそういうこともやってるの。ニュースソースはかなり広い。よく集めてるしよく調べてる。

日本映画には「日常」しかなくなったのか

――では日本映画は今後、どこに向かって行くのでしょうか。

押井：自分の映画で言うと、たとえば「パトレイバー」は結局警察ものではあるんだけど、基本的には時代を追いかけようという意志はあったんだよ。だからこそテロリストの話を延々と続けてたわけ。でもエンタメという形式の中で言ったら、それがギリギリのところだよ。

今のいわゆる商業映画とか娯楽映画とかの世界は、結局本当に「日常」なんだよね。日常の片隅なんですよ。「この世界の片隅に」だったらまだいいんだよ。そこを通して世界を見ようとしてたんだから。でも日常の片隅を見ても、日常すら見通せないでしょ。しかも親も上司も何も関係ない。同じ年代の中で終始してる世界。そこを通して家庭が見えたり、社会が見えたり、親の世代が見えたりとか、そういうことすらないんだから。

――日本映画の見ている範囲が狭いと。

押井：若い人のドラマはいっぱいやってるけどさ、親との葛藤とか最近まず見ないよね。僕らの時代は、みんなもれなくそれがあった。世代間闘争というか家庭内闘争というか。教師との戦いだったり親との戦いだったり、仲間同士だって裏切りもあれば密告もあれば、なんでもアリだった。恋愛だってその一部にすぎなかったわけだよね。

恋愛はもちろん大きなドラマではあるし、若い人たちにとっては最大のドラマかもしれない。でも少なくともそのバックグラウンドに対する思いというのが、かつての作る側にはあった。高校生を扱えば、もれなく親なり教師なりが若者と対立する存在として出てきてたわけじゃん。昔だって青春ドラマは結構能天気だったかもしれないけど、映画になった瞬間から「いくらなんでも社会的な広がりとか深度が必要だよな」という意識は作り手にあったんだよ。今はそれすらない。映画でテレビと同じことをやってる。テレビよりはちゃんと作ってるというだけ。さすがにお金を取るんだからテレビをそのまま映画でやっちゃダメだよな、という以上の意志がない。ないとしか思えない。

――映画は「ちょっと画面が大きくて音がいいテレビ」でしかない。

押井：だったら荒唐無稽でもいいからすごい非日常を見せてくれるかと言ったら、そういうものもほぼない。ホラーはあってもSFはないからね。ファンタジーもほぼ絶滅状態。たまにあってもイケメンのチャンバラみたいな、2・5次元の世界しかない。それが日本の映画の状況。

――わかってはいましたが、厳しいですね。

土手の上から何も見えない

押井：そういうパース（奥行き）を持とうという映画は世の中にあるわけだよね。一方で前に話した通り、アメリカでは「アベンジャーズ」といえども歴史を語ろうとしてるし、今のアメリカ社会を語ろうとしてるでしょ。「ウインター・ソルジャー」とか「シビル・ウォー」とか見ればあからさまに出てくる。あれはアメリカ社会の縮図だからね。

ヒーローものだろうがファンタジーだろうが学園ものだろうが何でもいいけど、そこで日本の世の中を語ろうとか、日本を一つの構図に収めてみようとか、そういう野心は今の日本映画にはほぼないじゃん。もしかしたら僕が知らないだけなのかもしれないけどさ。だけど、いくら僕が土手の上から見物してるにしても、そういう作品があれば見えてくるはずなんだよ。

――でも何も見えないと。

押井：僕はもう波に翻弄されるのはまっぴらごめんだから土手の上でいいんだけど、土手の上からでも見えるものがあれば見えるはずなんだよ。だけど噂すら聞こえないもん。まだしもアニメのほうでは多少やってる部分があるらしい。それだってそんな数は多くないけどね。

別に「社会派」と言う必要すらないんだよ。逆に社会派のドラマとか言ってるようなのは僕からすれば結構いかがわしい。そういう大テーマを抱えた瞬間にある種の免罪符を持っちゃうから。そうじゃなくてむしろエンタメの世界でそういうものを見たいと思ってるし、やるべきだと思ってる。僕の「立喰師列伝」みたいなもんだよ。「実は冗談じゃないんだぜ？」というさ。冗談を装わないとできないからやってるだけで、今さら正面切って今村昌平をやってもしょうがないじゃん。でも「立喰師列伝」で実際に僕がやってることは、あの時代に今村昌平がやっていたようなこととたいして変わらないんだよ。戦後をどういう構図で見ようかという話だからね。

――そのお話は前にも伺いましたね。

押井：そういう意味で言ったらテレビなんて映画よりもっと後退してるからね。バラエティしかやってないじゃん。それもかなり自虐的なバラエティになってる。もう末期的だよね。コロナがあろうがなかろうが、テレビには何も期待できない世界だなというのはあからさまになっちゃった。みんな言わないけど、あきらかにそうだよ。面白がることはできても、意図的に面白がらない限り面白くないんだよ。そうとしか思えない。前にも言ったけど、たけしの「アウトレイジ」と一緒。あきらかに玩弄してるだけであって、主人公に感情移入も何もしていない。芝居を楽しんでいるだけ、役者を楽しんでるだけ。

バッファか、コンデンサーか

押井：そうすると、本来そういうところでバッファとして溜め込まれるべき「時代のエネルギー」というか、不安やら反抗の意志やら、そういう漠然とした意志や違和感を今の日本はどこに溜め込んでいるんだろうか、と思うんだよ。そのバッファとかコンデンサーってどこにあるんだろう。コンデンサーだったらいつか爆発するからね（笑）。

そこが文化というものの微妙なところなんだよね。バッファとして機能するのか、コンデンサーになるのか。いったん引き受けて担保するという、実は機能としては似たようなものだから。そこは紙一重なんだよね。下手すると文化が歴史の忘却装置になっちゃうよ、というのはそういうことを言ってるんだよ。

――溜め込んでいつか爆発するのか、それとも溜め込んでそのまま忘れてしまうのか。

押井：文化が歴史の忘却装置になっちゃうのか、不安のタイムカプセルになるのか。どっちだというのは誰にもわからない。少なくともそういう場が必要なんだということは間違いない。それが今はどうも正体不明のところに流れ込んでるような気はする。その正体不明の行き先が、僕がたまたま見つけたＹｏｕＴｕｂｅ方面なのかもしれない。

――ああ〜、なるほど。

押井：少なくとも配信の世界にはそういう溜め込み機能はなさそうなんだよ。それはつまり、言説がないから。逆にＹｏｕＴｕｂｅのチャンネルは言説しかない。もちろん、言説と言ったって簡単なものだよ、ピヨピヨしゃべってるだけだからね。ツッコミ入れてるだけのチャンネル、だけどなぜかやたら面白い。

――面白いんですか（笑）。

押井：面白い。一人で笑っちゃったもん。ひたすら下世話で下品だけどね。ただ、そういう割とくだらないところから始めるというのは僕の趣味には合ってる。相変わらず銃器系のＹｏｕＴｕｂｅを見ているというのもそうなんだよね。単に好きだからというだけじゃなくて、そこに論評が入ってるから。

最近、自衛隊の新しい小銃が決まったんだよ、二〇式というさ。あれのどこがよくてどこが悪くて、そもそもこれＦＮ　ＳＣＡＲ（ベルギーのＦＮハースタル社がアメリカ特殊作戦軍向けに開発したアサルトライフル）のパクリだろというところから始まって、なぜ自衛隊の小銃というのはいつまでも同じことを繰り返すんだろうかとか。日本という特殊な事情があって一社特命だから、他の国と違って選択肢が最初からないんだよという話で、そもそも国防がそんなのでいいのという話になってくるんだよね。

いつも言ってるけど、入り口は趣味的であっていいのよ。アサルトライフルから入ったってい

い。「そこを通って抜けて出て行くところがあるか」という話なんだよね。

そういうものがかつては映画という強力なバッファだかコンデンサーがあったんだけど、今映画は少なくともそういう機能をほぼ果たしていない。テレビも果たしていない。ラジオはとっくに終わった。

――配信はどうなんでしょうか。

押井：残念ながら配信というのは、市場の原理がものの見事に貫徹されすぎていてリターンがない。ブロイラーの工場みたい。流れてくるものをパクパク食べてるだけ。食べる時間が決まってるわけでもない。一年中流れてるから。自分が好きな時に、たまたまつかんでパクパク食べるだけ。で、「美味しかった」「まずかった」という。でもクセになるから流れてくるとまた食べちゃう。クセになっちゃったという動機以外に何もない。

――習性化するだけですか。

押井：それで言ったら、海外ドラマというのは確かにクセになるんだよ。見始めたら終わらない。(渡辺) 麻紀さん (押井さんの本をよく担当している映画ライター) なんて、自粛中にドラマを

見まくって「楽しくって一日中見てました。ご飯とお風呂以外ずっと見てました」って。それでもまだ全部終わらない。僕も今BBCの「オックスフォードミステリー　ルイス警部」（英TV／2006〜15）っていうシリーズを見てるんだけど、1本90分で1シーズン4本なんだよね。それが第9シーズンまでやってるわけ。今、半分ぐらい見終わったけどさ、何が面白いのかわからないんだよ。

――え、わからないんですか？

何が面白いのかわかるまで見る

押井：正統派のミステリーなの。伏線がいっぱいあって、最後にどんでん返しがあって、犯人が逮捕されてというのを延々繰り返してる。刑事の二人組と検死のおばさんとわけのわからない上司と。イギリス特有の謎解きに特化した正統派の推理もの。そこに多少の人間に対する見解みたいなものがチョロチョロ出てくるだけ。やっぱりイギリスだから役者がやたら面白いんだよね。

BBCのドラマが面白いというのは、基本的に大人の視線に耐え得るから。どう考えても大人が見るための作品だなという。時々皮肉が効いてるんだよね。僕が好きなサッカーネタもチョロチョロ出てくる。主人公がニューカッスルの出身で、ニューカッスル（・ユナイテッドFC）が好きなんだよね。「また負けやがった」とか「最後に勝った何年の試合を覚えてるか」とか出てくるんだよ。そういうイギリスの特殊な文化を全部背負い込んでる。オックスフォードがある小さな大学都市の大学街の話。大学都市の中ですべて事件が起こり、終わる。出てくるのは教授とか学生とかそんなのばっかり。あとはパブのおっさんしか出てこない。でもなぜか見始めたら止まらなくなっちゃった。

——何が面白いのかよくわからないのに、よく見続けられますね。

押井：なぜ面白いのかがわかるまで見ようと思ったんだよ。僕の見方はいつもそうだから。なぜ面白いのかがわかるまで見る。それがわかれば、あとで必ず何かの役に立つから。何か秘密があるんだよ、絶対に。

「FRINGE／フリンジ」とか「X－ファイル」とか「結局風呂敷閉じない系」のドラマはいっぱいあったわけだよね。「24－TWENTY FOUR－」（米TV／2001～14）とか「LOST」（米TV／2004～10）とか。引っ張るだけ引っ張りまくって、ついに終われないまま終わっちゃった。あれもその理由がわかるまで見ようと思っただけ。「X－ファイル」も「FRINGE／フリンジ」も結局風呂敷閉じなかった。

引っ張りまくるということがすべてなんだよね。それは見る側もわかってる。どこまで引っ張ってくれるのかを見てる。「そっちに行ったか」というやつ。絶えず意表を突き続けて、意表を突くがゆえに永遠に閉じられない。「嘘だろ!?」というところに行っちゃうんだよね。それでも引っ張られたいからまた見ちゃう。その気にさせてくれるものはいいものだという、引っ張ること以外にテーマないんだよ。

――「引っ張ってくれてありがとう」なんですね。

押井：そうそう。どこまで引っ張ってくれるかが楽しみというさ。ほかに面白いことあるわけじゃないんだからさ。

――ドラマシリーズは終わらせることが目的ではないと。

「終わらせること」が監督の仕事だった

押井：かつては「映画を終わらせること」が監督の仕事だった。始めることは誰でもできるから、どうやってその風呂敷を閉じるかに監督の手腕と思想がかかってる。大げさに言えば風呂敷を閉じるのは思想の問題なんだよ。監督が世の中をどう見てるかとか、どう生きてるかとか、どういうふうに人間を見てるかとか、どういう世界観なのかとかいう価値観が問われるのはね、風呂敷を閉じる瞬間なんだよ。広げて始めることは誰にだってできるから。だけど、今は風呂敷を閉じることは要求されてないんですよ。

――「エヴァンゲリオン」なんかまさにそうではないですか。

押井：そうそう。まさに「エヴァ」が典型だよ。あれが終わることを誰も望んでないから。どこまで引っ張ってくれるかを楽しみにしてるだけ。

それはシリーズという形式が生み出した、独特の欲望のあり方なんだよね。評判になったドラマのシリーズはみんなそう。どこまで引っ張ってくれるかを唯一の価値観にしている。それを見る側も作る側も共有している。だからこそ長ったらしいシリーズは成立するし、望まれるんだよね。

――僕は終わりが見たいですけどねえ。

押井：「ゲーム・オブ・スローンズ」だってようやく終わったけど、あの風呂敷の閉じ方に納得している人間は誰もいないからね。でもそうせざるを得ない。スノウがデナーリスを殺す以外に終わりようがなかったんだよ。ドラゴンが死骸をつかんで彼方に飛び去っちゃうという以外に終わり方がある？

――延々と作り続ける選択肢はなかったんですかね。

押井：それは実際問題できない。もう疲れ果ててるもん。10年かけた仕事だからね、キャストたちがこれ以上付き合えるかとなったんじゃないかな。準備入れて10年で、キャストを拘束してるのは3年ぐらいだと思うけど、それにしたって長いよね。それに出続けるメリットがあるかという話。

それで言ったら、アニメだったら無限に引っ張れるよ。役者と違って描けばいいんだから。そこが実写のつらいところで「ハリー・ポッター」だってこれ以上は無理だというところまでやったんだから。

――ハリー・ポッター（ダニエル・ラドクリフ）がおっさんになっちゃいましたからね。

押井：胸毛生えてるじゃん。「これは子どもの世界です」って言い張れる限界を超えてるでしょ。ハーマイオニー（エマ・ワトソン）だって最初は少女だったけど、とっくに成熟しちゃったじゃないの。実写の限界はそれ。「ロード・オブ・ザ・リング」であってもあれ以上は作れない。「アバター」なら可能かもしれないけどさ。

だから特殊なヒーローものを除けばシリーズは実写の場合は終わらざるを得ないんだから、ぶっちぎって終わるしかない。どんなエンディングを迎えようが、誰も納得しないんだよ。

シリーズの目的は「終わらないこと」

――お話としては完結しているにもかかわらず、納得はできないんでしょうか。

押井：ロジックが完結しないからじゃなくて、欲望が完結しないからだよ。「終わらせないでくれ。永遠に見ていたいんだ」という欲求はよくわかるよ。アニメーションもそうだから。

――「ビューティフル・ドリーマー」のお話みたいですね（笑）。

押井：「ビューティフル・ドリーマー」は「うる星やつら」を終わらせるつもりでやったんだけど、結局終わらなかった。「ルパン（三世）」が終わらないように、やっぱり終わらないんだよ。「サザエさん」みたいに永遠にやるしかない。僕のあとにやまざき（かずお／押井監督の後の「うる星やつら」チーフディレクター）君がやった映画で、あいつら揃って三年生に進級しましたというのも、やまざき君はやまざき君で違う形で終わらせようとしたんだよ。だけどそれでも終わらなくて、そこからさらに映画を3本作った。

だからどうやろうが終わらないんだよ。終わったにしたっていつでも始められるぜというさ。それってエンタメの世界に割とありがちなパターンじゃん。マンガでもそうなんだけど、一つの欲望のあり方としては、シリーズはあきらかに古典的な映画の世界とは違うんですよ。今しゃべってて気づいたけど、シリーズの使命は何かと言ったら「終わらないこと」なんだからさ。

――そうか、映画は終わりますからね。

終わる使命、終わらない使命、どっちがいいか

押井：映画は終わることが使命だけど、シリーズは終わらないことが使命。映画だってシリーズものに関してはみんな苦戦してるわけだ。「アベンジャーズ」だろうが「ジャスティス・リーグ」だろうが「バットマン」だろうが、どう終わらせたって誰も納得しないから、絶対に終わらない。シリーズと呼ばれてるものはみんなそうだよ。

単発の映画というのは終わらせなきゃいけない。終わらせることにおいて実は値打ちがある。そのありようが全然違うんだよね。

で、監督というのはどっちの仕事がいいんだろうと思うわけ。

――どちらがいいですか。

押井：昔だったら躊躇なく映画を選んだ。だからこそテレビシリーズをやめて、フリーになって映画に専念しようと思ったんだよ。それにしては最初のヒット作が「パトレイバー」のビデオシリーズだったんだけどさ。でもフリーになって以降、あれと「御先祖様万々歳！」以外でシリーズをやったことないわけだ。今久しぶりにやってる（「ぶらどらぶ」）けどさ。

シリーズと言ったって「御先祖様万々歳！」はOVAで6本で終わることが前提だった。そういう意味ではちゃんと風呂敷を閉じたわけだ。近親相姦だから師匠にはさんざん怒られたけどさ。でも家庭の物語をやってるのに、近親相姦以外に終わらせようがあるかというさ。師匠にめちゃくちゃ怒られたよ。「なんてもの作るんだお前は」というさ。

一方で「パトレイバー」はご覧のとおり。「ケルベロス・サーガ」もご覧のとおり。延々とやっても終わらない。「パトレイバー」もまたやってるし（「PATLABOR　EZY」）。やろうと思ったらいつだってどこだって再開できるんだもん。僕だって「TNGパトレイバー」を第四世代だろうが第五世代だろうが、いくらだってできるからね。やれと言われたらやるから。

――やるんですね（笑）。

押井：なぜやるかって、仕事として面白いから。

まったく同じものをやるかは別として、前と同じものをもうワンシーズン作ってくれと言われたら、たぶんやるよそれは。だって面白かったもん。

監督とはそういう仕事なんだと気がついた

押井：最近思うんだけど、昔は躊躇なく映画を選んだ。終わらせることを選んだ。それはある思想を語りたかったからだよね。最近はそうじゃないんですよ。映画をエンジョイしたいだけなんだよ。

――映画をエンジョイですか。

押井：うん。映画を作るということの面白さに目覚めちゃったから。とりあえず仕事がしたい。面白がりたい。面白がっているうちに何か見えてくるだろう、と発想が逆転した。何かを成すために映画を手段化しようとか全然思っていない。どう考えたって監督の人生として映画を作ることを楽しんだほうがいいに決まってるんだもん。難しい顔をして（イングマール・）ベルイマンみたいな映画を作りたくない。

――目的が変わっちゃった。

押井：そうだね。僕はつくづく思うけど、そういう意味で言えば今のほうが昔より全然楽しいもん。

――作品として完結するかは置いておいたとしても、とりあえずなんかやっていたいと。

押井：そうやってとりあえずやっていると、それだけで済まなくなって何らかのテーマが必ず浮上してくる。それが自分の中にあることがわかったから。逆にそうじゃないと出てこないこともわかった。自前でそこまで用意するのは監督の仕事じゃないとすら思い始めたね。

今でもいろんな本を読みまくってうんちくを溜め込んでるけど、それは別に何かの目的のためじゃないんだよね。トレーニングしてるようなもので、いざ仕事の話が来たときにどっちのほうに持っていこうかなというストックを増やしたいだけ。その引き出しを増やす努力はいまだに続けてる。そのためにいろんなものを読んでる。だけど自前のテーマを持ち出しして企画から全部やろうとかいうことは全然思ってない。なんか来るのを待ってるだけ。

待ってること自体もそんなに嫌いでもないから。今はとりあえずアニメをやってるし。それはもうじき終わるんだけど、その次が来てることは来てるし。それが動き出したら何をはめようかなと思ってるだけ。自分で脚本を書く気もない。

――なんかすっかり解脱してますね。

押井：監督という仕事はそういう仕事なんだと、そうじゃないとうまく行かないと気がついたし、そうあるべきだとも思い始めた。やっぱりどこかしら頭で作っててもダメだなというかさ。自分の資質みたいなのも含めて、自分が溜め込んだものすべてがどう反応するかというところで、言ってみれば身幅に合ったテーマが見えてくる。

――なにも思いつかないということはないんでしょうか。

押井：見えてこないはずがないと思ってる。40年もやってたら何か見えてこないわけがあるかと。だから絶えずいろんなものに興味を持とうと思ってるわけ。それは若者が何やってるかのぞいてみるということと本質的に違うんだよ。自分が見て面白いと思ったものにしか食いつかないから。それが今はドラマのシリーズだったり、YouTubeだったり。変なチャンネルないかしらと探してる。YouTubeは緊張感あるよ、いきなりBANされるからね。

――あ、やっと気がつきました。配信の「いつでも見れる」というのは、見るほうの緊張感が激減する、ということでしょうか。

押井：間違いなくそう。今見なきゃいけないというのが何もないから。

逆に僕なんか毎週家に帰るたびに、溜め込んだ「ルイス警部」を1日2本しか見ないと決めてるの。

――そうなんですか？

押井：もちろん見ようと思ったら何本でも見れるんだよ、どうせ猫の世話をしてるだけだからさ。でもとにかく夕飯が終わったあとに2本見て寝るということにしている。そして昼間明るいうちは本を読む。そういうふうに決めないとなんか緊張感がない。特にミステリーなんて見たそばからみんな忘れちゃうから。まあ、とりあえずこういう話だね。

――そういう意味では、今は時代の転換点なんでしょうか。

押井：今が転換点とか過渡期という感じはしないんだよね。かつてはそういう感じだったんだけど、今はどちらかと言うと末期的な感じがする。世紀末的な感じ。そのぐらい閉塞感があるというか。

映画ということに限って言うともっとひどい。閉塞感の塊。停滞どころじゃなくて汚れが固着してヘドロ化しつつあるというか。だって全然流れてないんだもん。本当にまずいと思うよ。

——何か解決策はないんでしょうか。

映画を作るのは自分ではなく、世の中の都合

押井：僕はまだ割とシリーズものに活路があるかなと思ってる。そういう意味では「TNGパトレイバー」は自分にとってはかなり大きな収穫だった。何しろ楽しかったし、大きな規模で仕事を転がせて、ある程度成功したから。映画も本来だったら成功してもおかしくなかったのに、いろいろあってもうひとつ行かなかったけど。まあもともと映画でやるものじゃないんだよね。そういう身幅で作ってないから。

アニメだったらシリーズから映画にすることは容易なんだけど、ドラマでシリーズをやったものを映画にするというのは難しいね。単に事件のスケールを広げれば映画になるというものじゃないんだよ。そこをみんな勘違いしてるんだけどさ。まあ、それがうまくいってなかったなという、完成度以前の話として。悪くはないと思うんだけど、もうちょっと違うものをやるべきだっ

たなと今は思うね。

――ああいう題材を選んだのは押井さんだったんですか。

押井：「『パトレイバー2』をやってくれ」というのはプロデューサーのオーダー。だから「じゃあ思いきり『パトレイバー2』をやるしかないな」と思ったんだけど、もうひとつ踏ん切りが悪かったよね。

でもそういう意味で言えば今アニメのシリーズをやってるのもそうだけど、今はとにかく数をやるということにある程度の意義を見出した。とは言え、なんでもかんでもシリーズをやっていればいいということでもないから、理想を言えば順番にやるというのが正しいと思うね。何でもそうだけど「これだけをやっていればいい」ということはないんで、いろいろやるべきだと思ってる。だけどこのあとにデカい仕事があるのかもしれないし、入らないかもしれない。それはわからない。

――そこは自分ではコントロールできないですからね。

押井：基本的に映画を作るというのは、世の中の都合で作ってるだけだから、自分の意志とか持たないほうがいいとわかったんだよ。だから今は何も考えてない。来たら考えようと思ってるだけ。そこそこは話が来てるから、どれか決まるかなと思ってる。それもこれもコロナ次第。コロナなんてそういう意味で言えば停滞だの末期だのと言われてることの集中的な現れだという気がするね、自分にとっては。世の中にとってはどうか知らないけど、自分にとってはそうだった。

だから自粛期間中は僕にとっては意外に充実してた。

全国一斉公開時代の終焉

——コロナと言えばトム・ハンクスが駆逐艦の艦長の「グレイハウンド」（2020）がコロナの影響で劇場公開を中止して配信で公開したじゃないですか。それでトム・ハンクスが「悲しい」とか言って。公開後の再生数はよかったみたいですけど、監督としては「なんで映画館で見てくれないの」と思っちゃうもんですか。

押井：行定（勲）君も待機中の2本の映画（「劇場」（2020）と「窮鼠はチーズの夢を見る」（2020））があって、「劇場」は公開すると同時に配信も始めたんだよね。たぶんこれからは、そうなるんじゃないかというさ。コロナがどうこうじゃなくて、配信ということと共存しないとダメなんじゃないのと。少し前にスピルバーグが「配信をオスカーの対象から外すべきだ」と言ってちょっと物議になったじゃん。だからどこかしら共存を模索しようという作品は増えると思うよ。どうしてもスクリーンで見たい人は映画館に見に来てねという。

——配信の時代になっても映画館は残ると。

押井：映画にとっては全国ロードショーということは必ずしも必要ないんじゃないか、実は僕もそう思っている。全国で500館だ700館だとか、そういうのははっきり言って意味がなくなった。それは言論とは別のところで成立すると思ってるから。だけど配信にすべてが流れ込んじゃうと、映画に関する言論とか言説はきっとそこで終わっちゃうだろうなと。

映画について語ることが、よくできてるか出来が悪いか以外になくなっちゃうというか。シリーズというのは基本的にはそうだから。続くということ以外のテーマに逢着しなかったよね。

シリーズというのは面白い発見だったし、自分でもやって事実面白かったけど、それだけでやっていこうとは思ってなくて、やるなら映画と同時にやりたいと思ってる。映画に限らないけど、表現の仕方というのはいずれにしても媒体だから。映画館だろうが配信だろうが媒体なんですよ。あれかこれかじゃないと思ってる。あれもこれもだし、ケースバイケースだと思ってる。

依然として封切り館で一発勝負の映画があっても全然困らないけど、僕は効率が悪いと思ってるだけ。「カメラを止めるな!」（2017）みたいに、10館20館からスタートして当たったら広げよう、というやり方もある。最初から何百館で勝負だというのは、紅白歌合戦と一緒でそういうイベントは終わったと思うね。作る側にとってもメリットないもん。

——イベントではなくなった分、その時代を象徴する力が小さくなってるようにも感じます。

押井：間違いなくそうだろうね。そういう時代ですよ。

映画館にしがみつくのも、4年に1回のオリンピックを目標にするのも、たいして変わらない。ましてや全国何百館同時封切りとか、全世界同時公開とか、何の意味もないと思う。今まで「何となく」だったのが、コロナで外側からわからせてくれたということはあるんじゃない？「い

つまでも待機しててもどうにもならないから踏み切った」って行定君が言ってたけど、もしかしたらそれがこれからの映画の新しい媒体のあり方かもしれない。

　いずれにせよ僕らがやることは一緒だから。ただ今まで通りで成立しなくなったことは間違いない。どうやって世の中に出そうかということに関しては、プロデューサーが勝手に考えろということでもない気がしてる。

　だったら最初からそういうふうに考えて作りますよ、という話だよね。逆に言えば配信で見てねとか、最後は映画館でしかやらないからね、ということもあるだろうし、その逆もある。違う監督で同時にやるということがあっても構わない。

　エンターテインメントというのはそれができるからね。

あとがき

最後までお付き合いいただきまして、ありがとうございます。

本書は、日経ＢＰさんの「日経ビジネス電子版」での連載（２０１９年10月2日～20年9月17日）を加筆修正して一冊にまとめたものです。当初「映画で現代史を学ぶというテーマで連載を」というオファーをいただいてはみたものの、どういう内容になるのか漠然としたまま不安なスタートを迎えました。途中、コロナ禍での中断もありましたが、なんとか完走して出版に漕ぎ着けることができたのは幸運だったというほかないでしょう。

まえがきにもありますように、押井監督の「映画は時代のタイムカプセルだ」という考えが本書のテーマになっています。そのテーマについては、本書を最後まで読んでいただいた方には十分ご理解いただけたことと思います。

そしてもう一つ、本書は戦後日本の映画の歴史、というか日本の映像文化の歴史、もっといってしまうと日本の大衆文化の歴史について、押井監督なりの視点で考察された一冊でもあります。

この「もう一つのテーマ」は、もう一つのというよりも、「表裏一体」のテーマなのかもしれませんが。

戦後、時代の不安や希望を映し出す形で作品を作ってきた日本映画が、次第に時代から離れていき（それは日本の大衆文化全体に言えることでもあります）、社会的使命を失うと同時に緩やかに衰退していく。一方海外では、社会的使命を担っている作品が今でも生み出されているという現状。さらには、劇場から配信へと変化する映画を取り巻く状況と、大衆文化の新しい担い手としてのＹｏｕＴｕｂｅ。押井監督が時代時代でそうした変化をいち早く嗅ぎ分けて、新しいメディアをどん欲に吸収してきたということには、取材中何度も大いに驚かされました。

そして現在。

ウイズコロナの時代が今までの流れを加速させ、映画を取り巻く環境は現在進行形で変わっています。これを書いている間にも「００７　ノー・タイム・トゥ・ダイ」の公開再延期が発表されました。本書がそんな激動の時代を生きる指針になれば、と思わなくもないですが、まあそんな大層なことは気にしないで、「押井監督の映画の歴史語り」としてお楽しみいただければ、それだけで幸甚でございます。

最後になりますが、本書の作業に関わっていただいたすべてのみなさん。とりわけ、毎回素敵なイラストを描いていただいたプロダクション I.Gの西尾鉄也さん、日経BPで編集をご担当いただいた山中浩之さん、プロダクション I.Gで押井監督のスケジュール調整にご尽力をいただいた井上亜希さんに限りない感謝を。

野田真外

2020年10月　骨髄提供手術後のベッドの上で

イラスト:西尾 鉄也

押井 守

おしい・まもる

1951年生まれ、東京都出身。1977年、竜の子プロダクション入社。1979年、スタジオぴえろに移籍。1981年、チーフディレクターを務めたテレビアニメ「うる星やつら」がヒット、「うる星やつら オンリー・ユー」（83）で劇場監督デビュー。アニメと実写の両方を得意とする。『イノセンス』（2004）がカンヌ国際映画祭コンペティション部門、『スカイ・クロラ The Sky Crawlers』（08）がヴェネチア国際映画祭コンペティション部門入り。2016年、アニー賞ウィンザー・マッケイ賞を受賞。2019年より米国アカデミー会員に。

野田 真外

のだ・まこと

1967年生まれ、福岡県出身。CM制作会社を経て、現在はフリーの映像演出家。代表作は『東京静脈』（2003）、『大阪静脈』（2011）など。トークイベント「Howling in the Night 〜押井守、戦争を語る」を主催している。

押井守監督が語る 映画で学ぶ現代史

発行日 2020年11月2日 第1版第1刷発行

著者 押井 守 野田 真外
イラスト 西尾 鉄也
発行者 伊藤 暢人
発行 日経BP
発売 日経BPマーケティング
〒105-8308
東京都港区虎ノ門4-3-12
https://business.nikkei.com/
編集 山中 浩之
校正 西村 創（円水社）
ブックデザイン 中川 英祐（トリプルライン）
DTP 中澤 愛子（トリプルライン）
印刷・製本 大日本印刷株式会社

ISBN 978-4-296-10770-4